EL AUTOR

Gary Wilson fue educador de Patología Humana, Anatomía y Fisiología durante años y mostró interés por la neuroquímica de la adicción, el apareamiento y las relaciones. En 2015, la Society for the Advancement of Sexual Health galardonó a Wilson con su Media Award por sus destacables contribuciones a los medios de comunicación y la formación del público general sobre la adicción a la pornografía.

En 2016, Wilson corredactó con siete doctores de la Marina estadounidense un artículo académico titulado «Is Internet Pornography Causing Sexual Dysfunctions? A Review with Clinical Reports», así como «Eliminate Chronic Internet Pornography Use to Reveal Its Effects».

En 2012, presentó la charla TEDx The Great Porn Experiment («El gran experimento del porno»), que cuenta con más de 16 millones de reproducciones y ha sido traducida a 18 idiomas. En 2010, creó la web Your Brain On Porn para aquellas personas que quisieran comprender y poner fin al consumo compulsivo de pornografía: http://yourbrainonporn.com.

Gary Wilson falleció en 2021. Desde entonces, la fundación The Reward Foundation es la responsable de cuidar y transmitir su legado.

Los beneficios de este libro se donan a una organización sin ánimo de lucro cuyo objetivo es concienciar sobre los efectos sin precedentes del consumo de pornografía en línea.

TU CEREBRO PORNIFICADO

TU CEREBRO PORNIFICADO

Neurobiología de la recompensa

Gary Wilson

COMMONWEALTH

Título original: *Your Brain on Porn*
Traducido de la edición original publicada en 2014 en el Reino Unido
por Commonwealth Publishing (commonwealth-publishing.com)
Edición revisada y actualizada en 2017
Copyright Gary Wilson, 2014, 2017
Reservados todos los derechos.
No está permitida la reproducción total o parcial de este libro,
ni su tratamiento informático, ni la transmisión en cualquier forma
o por cualquier medio sin la autorización previa
y por escrito de los titulares del *copyright*.

Commonwealth Publishing
commonwealth-publishing.com

La información contenida en esta publicación no pretende en ningún caso sustituir el asesoramiento médico o clínico profesional. El propósito de esta es puramente educativo. Consulte siempre con su profesional médico o expertos cualificados antes de comenzar o discontinuar cualquier tratamiento, así como cualquier pregunta sobre cualquier problema de salud. Ningún apartado de esta publicación pretende ser usado como diagnóstico o tratamiento médico.

ISBN: 978-0-9931616-5-0

Para A. Masquilier, cuya generosidad y visión de futuro hizo posible el diálogo abierto que ha impulsado cientos de recuperaciones y lo seguirá haciendo.

ÍNDICE

Prólogo de la segunda edición	1
Prólogo a la edición en español	5
Introducción	7
Capítulo 1: ¿A qué nos enfrentamos?	15
Capítulo 2: Un deseo desbocado	67
Capítulo 3: Recuperar el control	121
Conclusiones	169
Lecturas recomendadas	189
Notas al final	191

PRÓLOGO DE LA SEGUNDA EDICIÓN

La primera edición de este libro se terminó unos meses después de que se publicaran los primeros estudios basados en pruebas cerebrales de usuarios de pornografía en línea. Desde entonces, los científicos han logrado tantos avances en el conocimiento sobre los efectos que tiene la pornografía en el cerebro, así como en otros ámbitos que ya es necesaria una nueva edición. Antes de hablar de otros interesantes desarrollos, resumiré dichos avances.

Empezaré por una breve visión general de los antecedentes: a finales de 2010, creé mi página web www.YourBrainOnPorn.com. Aparte del Dr. Norman Doidge, con su libro *El cerebro se cambia a sí mismo*, era prácticamente la única persona que aplicaba los principios y descubrimientos de la neuroplasticidad para ayudar a los consumidores de pornografía. La adicción es una forma de aprendizaje patológico, al igual que el condicionamiento sexual inducido por la pornografía, y los cerebros pueden cambiar.

Mediante experimentación, muchos usuarios de pornografía con síntomas graves encontraron reconfortante y útil esta información a la hora de poner fin a sus disfunciones sexuales, cambios de preferencia sexual y síntomas de adicción, todos ellos inducidos por la pornografía. Los últimos abarcan la incapacidad para abandonar el consumo a pesar de sus consecuencias negativas, el síndrome de abstinencia y la inquietante progresión a material de contenido más extremo (tolerancia).

En mi página web y la primera edición de este libro, mostré a los afectados los cientos de estudios existentes que confirman los cambios cerebrales (compatibles con el modelo de adicción) observados en adictos al juego, a la comida y a internet. Si hacer clic en Facebook o jugar a las tragaperras puede provocar cambios cerebrales relacionados con la adicción, ver y masturbarse con la nueva pornografía en *streaming* también puede.

Principalmente me basé, además de en deducciones razonables derivadas de estudios existentes sobre la adicción, en testimonios de hombres (principalmente). Lo hice, en parte, debido a la escasez de estudios neurológicos o de otro tipo sobre consumidores de pornografía en línea. La mayoría de las historias de esos hombres siguen contenidas en esta edición (aunque habría sido posible sustituirlas todas por historias similares que todavía hoy se comparten en foros de recuperación). Conservo estas autoevaluaciones porque considero que siguen siendo algunas de las pruebas que más información aportan sobre los posibles efectos de la pornografía.

¿Qué ha cambiado? En los últimos tres años, los investigadores han publicado múltiples estudios sobre consumidores de pornografía en línea que respaldan el modelo de la adicción. Algunos de los hallazgos también ayudan a explicar algunos de los síntomas que padecen consumidores de pornografía no adictos como, por ejemplo, problemas de índole sexual y cambios en los gustos sexuales.

Haremos referencia a este nuevo estudio con mayor detalle en los capítulos pertinentes. Sin embargo, aquí me gustaría plantear una visión general. Este nuevo estudio incluye unos 37 artículos neurológicos sobre consumidores de pornografía, así como 12 nuevas revisiones de publicaciones ya existentes, algunas de ellas realizadas por los mejores neurocientíficos de todo el mundo. También existen unos 15 artículos que revelan el aumento del consumo de pornografía o la adaptación a él (un signo de tolerancia y adicción). En ellos, es posible encontrar pruebas tanto de síntomas de tolerancia como de abstinencia. En relación con los problemas sexuales inducidos por la pornografía, existen en la actualidad 23 artículos que relacionan el consumo pornográfico y la adicción a la pornografía con problemas sexuales y la disminución de la excitación ante estímulos sexuales. Cuatro de estos artículos académicos también contienen pruebas de causalidad, ya que los hombres solucionaron sus problemas al abstenerse de consumir. Además, más de 50 artículos relacionan actualmente el consumo de pornografía con una disminución de la satisfacción con el sexo y con las relaciones. De forma similar, unos 40 artículos relacionan el consumo de pornografía con una peor función cognitiva y problemas de salud mental.

Hoy en día, se reconoce el consumo de pornografía en línea como una posible causa de muchos de los tipos de problemas mencionados en foros sobre recuperación de la adicción a la pornografía. Dicho esto, para algunos científicos todavía no se ha establecido de forma satisfactoria la dirección de dicha causalidad. Tal y como se dice «Se requiere más investigación». Como es obvio, los manuales de diagnóstico no pueden esperar indefinidamente mientras los pacientes sufren. En 2013, el *Manual diagnóstico y estadístico de los trastornos mentales* se mostró reticente a añadir un diagnóstico para la adicción a la pornografía en línea, lo cual justificaba con la escasez de estudios. Sin embargo, la Organización Mundial de la Salud ha actualizado su postura en su nuevo manual *Clasificación Internacional de Enfermedades* (CIE). El *CIE-11* incluye un diagnóstico para el «trastorno por comportamiento sexual compulsivo».[1] Con él, se puede diagnosticar a personas con problemas con la pornografía y fomentará la investigación y la formación de los profesionales sobre sus efectos.[2]

Desde la primera edición de este libro he escrito en colaboración dos artículos sobre la pornografía en línea. Ambos se pueden consultar completos en internet. El primero se titula «Is Internet Pornography Causing Sexual Dysfunctions? A Review with Clinical Reports» y fue corredactado con siete doctores de la Marina estadounidense. Aborda el aumento sin precedentes de las disfunciones sexuales entre hombres menores de 40 años y considera posibles causas subyacentes. El segundo, «Eliminate Chronic Internet Pornography Use to Reveal Its Effects» se escribió por encargo de los editores de una publicación académica sobre la adicción, tras una conferencia que ofrecí en un evento internacional sobre la adicción a internet en Estambul. Es evidente que a otras culturas también les preocupa los posibles efectos de la pornografía.[N. de la T. 1 y 2]

Una invitación a hablar sobre pornografía en línea y disfunciones sexuales en una importante reunión de urólogos latinoamericanos y otros especialistas de la salud sexual masculina de la región fue una muestra más de la preocupación internacional existente. Los urólogos están siendo testigos de una disminución amenazante de la edad media de sus pacientes y evalúan todas las causas posibles.

Las estadísticas realizadas sobre el consumo de pornografía de los jóvenes parecen explicar la realidad. Una encuesta en la que se evaluó el consumo pornográfico de los jóvenes australianos y su posible asociación con comportamientos sexuales de riesgo («Young Australians' use of pornography and associations with sexual risk behaviours») informó de que el 100 % de los hombres jóvenes (de entre 15 y 29 años) había visto pornografía, así como el 82 % de las mujeres jóvenes. Por otro lado, la edad del primer consumo desciende de forma continuada, con el 69 % de los hombres y el 23 % de las mujeres que ve pornografía por primera vez a los 13 años o menos.[3]

Diversos países solicitan más investigación sobre los efectos de la pornografía. Numerosos estados de EE. UU. han aprobado acuerdos para declarar el consumo de pornografía en línea una crisis de la salud pública y exigen más acción al respecto. También se ha iniciado un movimiento (en el RU) para exigir un sistema independiente de verificación de edad para acceder a páginas web de contenido pornográfico. Estas acciones han aumentado la visibilidad del posible efecto dañino de la pornografía y han puesto el foco sobre el debate. Espero que esta edición actualizada ayude a responder preguntas y proporcione información útil sobre este tema de discusión continua.

Gary Wilson, agosto de 2017

PRÓLOGO A LA EDICIÓN EN ESPAÑOL

Era cuestión de tiempo. En los últimos años se han publicado numerosos libros sobre la realidad de la pornografía, testimonios de personas con un consumo problemático, efectos en los adolescentes, guías para padres y educadores o escritos sobre pornografía y explotación sexual. Todos útiles y necesarios, pero faltaba una pieza clave: una obra científica, y divulgativa al mismo tiempo, sobre los efectos de la pornografía en el cerebro y una explicación detallada de la neurobiología de la recompensa.

Gary Wilson (1956 -2021) dedicó muchos años de trabajo intenso, con enorme interés y curiosidad, a una investigación rigurosa y valiente, libre de prejuicios. Tuvo acceso a múltiples testimonios que le ayudaron a alertar de los riesgos de la nueva pornografía y a conocer los «efectos del consumo excesivo y cronificado de un contenido sexual continuamente nuevo, disponible bajo demanda e ilimitado».

Wilson no dudó en señalar también las carencias de las metodologías de investigación utilizadas hasta la fecha, que ilustra de forma ingeniosa en su popular TED Talk "The great porn experiment", con más de 16M de visualizaciones hasta la fecha. Su pasión por la enseñanza y la investigación, y su deseo de ayudar a otros le llevó a crear el portal yourbrainonporn.com, y años más tarde a publicar este libro para elevar al debate público una preocupación acuciante sobre los efectos negativos de la pornografía en el cerebro. En su ámbito, es sin duda un bestseller, traducido a 16 idiomas, con un total de 170 000 ejemplares vendidos.

Tu cerebro pornificado es una lectura obligada para quien desee entender de una manera clara y científica el funcionamiento de la dopamina, la proteína DeltaFosB o la molécula CREB, todas ellas protagonistas principales en los cambios en la estructura cerebral. Así como todo aquel que desee profundizar en la influencia de la pornografía en nuestro comportamiento, la aparición de conductas sexuales disfuncionales, y qué mecanismos se proponen para recuperar el control y dejar la conducta adictiva.

Como señala el propio autor en la Introducción, es necesario advertir que este libro "no pretende determinar qué es natural o no en la sexualidad humana", ni entrar en debates morales. No es su misión adentrarse en la antropología o en la afectividad, elementos capitales para un pleno desarrollo humano, sino que su objetivo se centra en los aspectos neuroquímicos que produce la pornografía desde un punto de vista científico y experimental, alejándose como una opción lícita de condicionamientos ideológicos, religiosos, educativos o sociales.

Nuestra experiencia en Dale Una Vuelta, después de miles de personas atendidas, nos lleva a recomendar la lectura de libros como el que tienes en tus manos, en primer lugar a quienes están perdidos en su consumo habitual de pornografía, y desconocen cómo aprende y cómo se engaña su propio cerebro. También es una lectura útil, como es lógico, para profesionales de la salud, profesores, educadores y todos aquellos que quieran entender mejor todas las consecuencias en el cerebro y en la vida -problemas de disfunción eréctil, por ejemplo- provocadas por la pornografía. La plasticidad del cerebro, explicada por Wilson de forma inteligente, es también motivo de optimismo y esperanza. El libro ofrece perspectivas prácticas y herramientas para cambiar y recuperar un proyecto de vida, en un contexto de relaciones reales.

Dale Una Vuelta, como asociación pionera en español nacida en 2015, agradece la oportunidad de apoyar la primera edición en español de esta obra, alineada con su deseo y búsqueda de proveer de información de calidad, prevenir y dar soporte a personas afectadas con el objetivo de que disfruten de una sexualidad sana, real y plena, al margen de connotaciones ideológicas o de cualquier otro tipo.

Una cita para acabar, entre las reflexiones finales que nos brinda el autor: «Si sospechas que tu consumo de porno te puede estar afectando negativamente, haz un sencillo experimento: déjalo durante un tiempo y comprueba lo que notas por ti mismo. Si no estás seguro de que el porno sea un problema para ti, simplemente déjalo y presta atención a lo que te ocurre». Esperemos que te guste y te sirva este libro, que te ayude a lograr una vida más plena y más libre.

Asociación Dale Una Vuelta
www.daleunavuelta.org

INTRODUCCIÓN

Considero más valiente a aquel que consigue superar sus deseos que al que vence a sus enemigos; ya que la batalla más dura es contra uno mismo.

Aristóteles

Es posible que estés leyendo este libro por la curiosidad de entender por qué cientos de miles de consumidores de pornografía están intentando dejarlo.[4]

Sin embargo, es más probable que te hayas decidido porque has empezado a consumir material pornográfico de forma preocupante. Puede que hayas pasado más tiempo del que quisieras buscando material gráfico en línea, a pesar de haber decidido firmemente no hacerlo. Tal vez tienes problemas para alcanzar el clímax durante tus relaciones sexuales o debes hacer frente a disfunciones eréctiles para las que tu médico no encuentra ninguna causa orgánica. Quizás tus parejas sexuales no te excitan, mientras que tus *cibersirenas* te embaucan constantemente con su canto o has ido progresando a material cada vez más fetichista, que te perturba, no coincide con tus valores ni con tu orientación sexual.

Si te pareces algo a los cientos de personas que se han dado cuenta de que tenían un problema, puede que hayas tardado un poco en relacionarlo con el consumo de pornografía. Es posible que pensaras que te enfrentabas a otro tipo de trastorno. Creíste padecer una depresión inusual, ansiedad social o, como un hombre llegó a pensar, demencia prematura. A lo mejor dedujiste que tus niveles de testosterona eran bajos o que, simplemente, te hacías mayor. Probablemente algún médico, con su mejor intención, te haya recetado un medicamento. Quizás tu doctor te aseguró que no tenías que preocuparte por el consumo que hacías de la pornografía. Hay un sinfín de voces de renombre que te dirán que sentir interés por material explícito es completamente normal y que, por lo tanto, la pornografía en línea es inofensiva. Aunque la primera parte de la afirmación es cierta, tal y como veremos más adelante, la segunda no lo es. Si bien no todos los consumidores de pornografía desarrollan problemas, algunos sí. Actualmente, sin embargo, la cultura general tiende a dar por hecho que el consumo pornográfico no puede causar síntomas graves. Por otro lado, dado que las críticas más severas con frecuencia proceden de organizaciones religiosas y conservadoras, es fácil que las mentalidades más liberales las descarten sin pararse a evaluarlas.

Sin embargo, durante los últimos nueve años he prestado atención a los testimonios sobre el consumo de pornografía. Llevo incluso más tiempo estudiando los descubrimientos científicos sobre el funcionamiento del cerebro y no es una cuestión de liberales y conservadores. No tiene nada que ver con la culpa religiosa o la liberación sexual.

Se trata de la naturaleza de nuestros cerebros y de cómo responden a los desencadenantes de un entorno que ha cambiado de forma radical. Son los efectos del consumo excesivo y cronificado de un contenido sexual continuamente nuevo, disponible bajo demanda e ilimitado. Se trata del acceso sin restricciones de los más jóvenes a vídeos de pornografía *hardcore* en *streaming*; un fenómeno que avanza tan rápido que los investigadores no han podido seguirle el ritmo. Por ejemplo, un estudio de 2008 afirmó que el 14,4 % de los chicos se exponía a contenido pornográfico antes de los 13 años.[5]

Cuando se recopilaron resultados estadísticos, en 2011, el porcentaje había aumentado hasta el 48,7 %.[6] Un estudio transversal con sujetos australianos de entre 15 y 29 años muestra que el 60 % de los hombres y el 23 % de las mujeres ve pornografía por primera vez a los 13 años o menos.[7] Todos los hombres y el 82 % de las mujeres habían visto pornografía en algún momento.

De forma similar, el consumo diario de pornografía era escaso en el estudio de 2008 (un 5,2 %); sin embargo, en el de 2011, más del 13 % de los adolescentes veía pornografía todos los días o casi todos. En 2017, el 39 % de los hombres y el 4 % de las mujeres (de entre 15 y 29 años) consumía este tipo de contenido a diario, a menudo en sus teléfonos móviles.[8]

Hasta hace una década, no tenía una opinión concreta sobre la pornografía en línea. Creía que las imágenes bidimensionales de mujeres eran un pobre sustituto de una mujer tridimensional real. Sin embargo, nunca he estado a favor de su prohibición. Crecí en una familia no religiosa de Seattle, en el noroeste liberal. Mi lema era «Vive y deja vivir».

Sin embargo, cuando empezaron a aparecer hombres en el foro del sitio web de mi mujer, afirmando padecer adicción a la pornografía, se hizo patente que algo grave pasaba. Como educador de Anatomía y Fisiología desde hace años, me interesa especialmente la neuroplasticidad (de qué forma las experiencias que vivimos son capaces de alterar el cerebro), los mecanismos cerebrales para el apetito y, por extensión, la adicción. Me he mantenido al día sobre los estudios biológicos sobre este campo, con curiosidad por los descubrimientos sobre las bases fisiológicas de nuestros apetitos y cómo pueden llegar a desregularse.

Los síntomas que todos esos hombres (y, posteriormente, mujeres) describían sugerían de forma evidente que el consumo de material pornográfico había reentrenado sus cerebros y provocado cambios materiales significativos en ellos. El psiquiatra Norman Doidge explica en su *bestseller El cerebro se cambia a sí mismo*:

Los hombres consumiendo porno ante sus ordenadores (...) se han visto atraídos a sesiones de entrenamiento pornográfico que cumplen todas las condiciones requeridas para generar cambios físicos en sus mapas cerebrales. Dado que las neuronas que se disparan juntas permanecen conectadas, dichos sujetos acumularon un número increíble de horas de práctica conectando esas imágenes a los centros del placer cerebrales, prestando la atención total necesaria para que se implemente un cambio físico. Cada vez que sentían excitación sexual y alcanzaban el orgasmo al masturbarse, una *descarga de dopamina*, el neurotransmisor de recompensa, consolidaba las conexiones cerebrales que se habían creado durante la sesión. Pero la recompensa no es lo único que facilita el comportamiento; ya que, en ningún momento, sienten la vergüenza que experimentaban al comprar la Playboy en una tienda. Es un comportamiento sin *castigo*, tan solo recompensa.

> Lo que encontraban excitante fue cambiando a medida que los sitios web iban introduciendo temas y guiones que alteraban sus cerebros sin que ellos se dieran cuenta. Dada la competitividad de la plasticidad, los mapas cerebrales de imágenes nuevas y excitantes aumentaron en detrimento de lo que antes les atraía; el motivo, creo, por el que empezaron a encontrar a sus parejas menos excitantes (...)
>
> La mayoría de los pacientes aficionados a la pornografía fueron capaces de cortar el consumo en seco al comprender el problema y cómo lo estaban reforzando de forma plástica. Se dieron cuenta de que volvían a sentirse atraídos por sus parejas.

A los hombres que participaban en el foro les pareció reconfortante y útil tanto el material como los estudios que lo respaldaban. Por fin eran capaces de entender cómo había secuestrado la pornografía los mecanismos cerebrales primitivos destinados al apetito sexual. Estas antiguas estructuras cerebrales nos empujan hacia comportamientos beneficiosos desde un punto de vista evolutivo, lo que incluye el gusto por parejas nuevas, que contribuye a evitar la endogamia.

Sin embargo, nuestras elecciones conductuales, a su vez, afectan al equilibrio neuroquímico de esas mismas estructuras cerebrales. Así es como el consumo excesivo puede provocar efectos inesperados. Puede hacernos sentir hiperexcitación por aquello que nos atrae, haciendo que esos deseos inmediatos tengan un mayor peso frente a los deseos a largo plazo. También puede dañar nuestra capacidad para disfrutar de (y responder a) los placeres cotidianos. Puede llevarnos a buscar una estimulación más extrema o causar síntomas de abstinencia tan graves como para hacer que hasta la persona con la mentalidad más fuerte corra desesperada en busca de alivio. También es capaz de alterar nuestro humor, nuestras percepciones y prioridades y, todo ello, sin que seamos conscientes de ello.

Armados con una cuenta sobre el *funcionamiento de la máquina*, que hacía uso del mejor contenido científico disponible, exconsumidores de pornografía se dieron cuenta de la plasticidad de sus cerebros y que existía una gran posibilidad de revertir los cambios inducidos por el porno. Decidieron que no tenía sentido esperar a que los expertos llegaran a un consenso sobre si el consumo de pornografía en línea era potencialmente dañino cuando ellos mismos podían eliminarlo y llevar un seguimiento de sus propios resultados.

Estos pioneros empezaron a tomar control de su comportamiento y dirigirse a sí mismos hacia los resultados que querían lograr. Fueron testigos de los logros que obtenían gracias a la constancia y a no temer a las recaídas, que ahora aceptaban con más autocompasión.

En el recorrido, aprendieron, y compartieron, información realmente fascinante sobre cómo se recuperaban de los problemas derivados del consumo de pornografía en línea; novedosos descubrimientos que hacían menos tormentoso el camino de vuelta al equilibrio de aquellos que decidían seguir sus pasos. Todo eso resultó ser enormemente positivo ya que una avalancha de jóvenes, que habían empezado a consumir pornografía en línea a temprana edad, cuando sus cerebros eran mucho más maleables, iba a aumentar el número de personas en búsqueda de una solución para los problemas relacionados con la pornografía.

Lamentablemente, a muchos de ellos los motivaban disfunciones sexuales graves (eyaculación retardada, anorgasmia, disfunción eréctil y ausencia de atracción por parejas reales). Desgraciadamente, Janssen y Bancroft, renombrados investigadores del campo de la sexología, ya en 2007, encontraron pruebas que demostraban que ver pornografía en línea causaba problemas de erección y que esa «elevada exposición a material de contenido erótico parecía tener como resultado una menor respuesta al erotismo del sexo convencional y una mayor necesidad de novedad y variación». Sin embargo, decidieron no dar la voz de alarma y no siguieron investigando.[9]

Ante la ausencia de advertencias, las disfunciones eréctiles persistentes en hombres jóvenes causadas por el consumo de pornografía cogieron a los médicos por sorpresa. Finalmente, en 2014, empezaron a reconocer el problema. El profesor de Urología y autor de *Why Men Fake It: The Totally Unexpected Truth About Men and Sex, Abraham Morgentaler, afirmó:* «*Es difícil saber* exactamente cuántos jóvenes sufren disfunción eréctil inducida por el consumo de pornografía. Sin embargo, parece evidente que se trata de un fenómeno nuevo, aunque frecuente».[10] Otro urólogo y autor, Harry Fisch, escribe sin rodeos que la pornografía está acabando con el sexo. En su libro *The New Naked*, *señala el elemento decisivo: internet. Ya que «proporciona acceso ultrafácil a algo que está bien como placer ocasional, pero resulta increíblemente dañino para la salud [sexual] si se consume a diario».*[11]

En mayo de 2014, la prestigiosa revista médica JAMA *Psychiatry* publicó un estudio que demostraba que, incluso en el caso de consumidores moderados de pornografía, el consumo (número de años y horas a la semana) estaba directamente correlacionado con una disminución de la materia gris, así como de la capacidad de respuesta sexual. El estudio se subtituló «The Brain on Porn».[12] Los investigadores advirtieron que los cerebros de los consumidores habituales de pornografía podrían haberse preencogido en lugar de encogido por el consumo pornográfico, pero se inclinaron por el grado de consumo de pornografía como explicación más plausible. El autor principal, Simon Kühn, dijo:

> Eso podría significar que el consumo habitual de pornografía desgasta, de una forma u otra, tu sistema de recompensa.

Posteriormente, en julio de 2014, un equipo de expertos en neurociencia dirigidos por un psiquiatra de la Cambridge University reveló que más de la mitad de los sujetos de su estudio comunicó que:

> Como resultado de un consumo excesivo de materiales sexualmente explícitos (...) experimentaron una disminución de la libido o de la función eréctil, específicamente al mantener relaciones físicas con mujeres (aunque no en relación con el material de contenido sexualmente explícito).[13]

Desde entonces, docenas de estudios y revisiones de artículos han encontrado evidencias de cambios cerebrales importantes en consumidores de pornografía en línea. Sin embargo, los pioneros que describo no contaban con el beneficio de una confirmación formal. Lo dedujeron al intercambiar sus autoevaluaciones.

He escrito lo que sigue para proporcionar un resumen claro de lo que sabemos sobre los efectos que tiene la pornografía en algunos consumidores, de qué forma está relacionada con los descubrimientos de la neurociencia y la biología evolutiva y cómo podemos hacer frente a los problemas asociados a la pornografía, tanto desde un punto de vista individual como colectivo. Si padeces problemas relacionados con el consumo de pornografía en línea, concédeme tu atención y las probabilidades de que logres entender y hacer frente a tu adicción serán altas.

En primer lugar, ¿cómo puede saber un chico si su bajo rendimiento sexual está relacionado con el consumo de pornografía en línea o con el pánico escénico (el diagnóstico estándar para jóvenes sin problemas genitales orgánicos)?

1. En primer lugar, debes visitar a un buen urólogo y descartar cualquier anomalía clínica.

2. A continuación, mastúrbate pensando en tu contenido pornográfico preferido (o imagínalo, si ya lo has dejado).

3. En otro momento, mastúrbate sin hacer uso de pornografía y sin fantasear sobre ella.

Compara la calidad de las dos erecciones y cuánto tiempo tardaste en alcanzar el clímax (si es que *puedes* alcanzar el clímax). Un hombre joven sano no debería tener problemas para lograr una erección completa y masturbarse hasta llegar al orgasmo sin necesidad de pornografía o de fantasear con ella.

> – Si logras una erección fuerte en el segundo caso pero experimentas disfunción eréctil (DE) en el tercero, probablemente la pornografía es la causa.
> – Si en el tercer caso es fuerte y sólida, pero tienes problemas cuando estás con una pareja real, probablemente padeces DE relacionada con la ansiedad.
> – Si tienes problemas tanto en el segundo como en el tercer caso, es posible que padezcas DE progresiva inducida por el consumo pornográfico o un problema genital para el que necesitas ayuda médica.

Empiezo este libro explicando cómo se convirtió en un problema la adicción a la pornografía a través de los testimonios de una cantidad masiva de personas que explican los problemas que les había causado la pornografía de alta velocidad. Incluiré relatos de primera mano sobre el desarrollo del fenómeno y los síntomas que los afectados solían mencionar.

El siguiente capítulo aborda la neurociencia contemporánea y la luz que arroja sobre los delicados mecanismos cerebrales relacionados con el apetito. Resumiré algunos de los estudios recientes sobre adicciones del comportamiento, el condicionamiento sexual y los motivos que hacen que los cerebros adolescentes sean especialmente vulnerables a los superestímulos de un entrenamiento cerebral como el de la pornografía actual.

El tercer capítulo narra diversos enfoques lógicos que las personas emplean para poner fin a los problemas relacionados con la pornografía, así como algunos obstáculos que se deben evitar. No ofrezco un protocolo establecido. Las circunstancias personales son ligeramente distintas y no existe una poción mágica. Por ejemplo, es posible que las tácticas que tienen buenos resultados para personas sin pareja deban adaptarse en el caso de personas en una relación. También puede suceder que los hombres más jóvenes con disfunción eréctil inducida por el consumo de pornografía necesiten más tiempo para solucionarla que los de más edad. A menudo, resulta de ayuda implementar distintos enfoques, tanto de forma simultánea como consecutiva.

En la conclusión, valoraré por qué aún no se ha llegado a un consenso sobre los riesgos que supone la pornografía y qué líneas de investigación son las más prometedoras. Finalmente, abordaré cómo puede ayudar la sociedad a los consumidores de pornografía a tomar decisiones mejor fundamentadas.

Por último, me gustaría comentar algo antes de entrar en materia: no digo que *tengas* problemas con el consumo de pornografía. No pretendo iniciar ningún tipo de pánico moral, ni determinar qué es *natural* o no en la sexualidad humana. Si no crees tener un problema, no pretendo discutir contigo. Cada uno de nosotros, individualmente, debemos decidir qué pensamos sobre el contenido sexual explícito, así como sobre la industria que produce la mayor parte de él.

Pero, si sientes que la pornografía te está haciendo daño a ti o a alguien a quien conoces, sigue leyendo y me esforzaré al máximo para explicar cómo puede la pornografía en línea llegar a causar efectos inesperados y qué hacer para solucionarlos.

1
¿A QUÉ NOS ENFRENTAMOS?

No es la respuesta lo que ilumina, sino la pregunta.
Eugene Ionesco

La mayoría de los consumidores ve la pornografía en línea como una solución al aburrimiento, la frustración sexual, la soledad o el estrés. Sin embargo, hace unos diez años, algunos usuarios de contenido pornográfico empezaron a relacionar diversos problemas con el consumo. En 2012, un chico en un foro en línea conocido como Reddit/NoFap relató la historia de cómo se dieron cuenta los hombres de a qué se enfrentaban (la onomatopeya *fap* es un término de argot que hace referencia a masturbarse viendo porno):

> En 2008/2009, aproximadamente, la gente empezó a decir en internet que estaban flipando porque tenían disfunción eréctil y, a la vez, podían lograr una erección sólida si veían porno extremo de distinta intensidad con la ayuda de una buena masturbación.

Lo raro fue que, en algunos casos, cientos de personas respondieron a esas publicaciones en los foros diciendo que habían padecido los mismos síntomas.

Teniendo esos síntomas en cuenta, vieron que se habían insensibilizado a las mujeres reales al consumir tipos de porno y de masturbación cada vez más extremos, cuya estimulación era imposible que pudiera ser igualada por una vagina. Esperaban/dedujeron que si dejaban de ver porno y masturbarse durante un tiempo significativo, la insensibilización desaparecería.

Esos hombres, que entonces no contaban con YBOP [www.yourbrainonporn.com], NoFap ni otras docenas de foros sobre el tema, pensaban que estaban solos. Los únicos raritos del planeta que no conseguían que se les levantara con una mujer de verdad, pero a los que les ponían géneros de porno asquerosos. Muchos de ellos todavía eran vírgenes. Otros tuvieron gatillazos durante años con mujeres de verdad, lo que destrozó su confianza. Dedujeron que nunca serían capaces de tener una relación satisfactoria y normal con una mujer, se consideraron bichos raros, se excluyeron de la sociedad y se volvieron ermitaños. (...) [Dejar el porno] ayudó a solucionar la disfunción eréctil de estos tíos que, además de recuperar unos niveles de libido normales, empezaron a informar sobre otros cambios positivos: desaparición de la depresión y la ansiedad social, aumento de la confianza, sentimiento de plenitud y de poder con todo...

> Yo soy uno de esos tipos. He tenido muchos gatillazos con mujeres, que empezaron a mitad de mi pubertad y tuvieron un efecto devastador para mi mente. Este mundo moderno, en el que prácticamente no existen anuncios, películas, programas de televisión o conversaciones sin insinuaciones sexuales, me recordaba constantemente lo raro que era. Era un fracaso como hombre desde el nivel más básico y parecía ser el único.
>
> Un año antes [de dejar el porno], incluso fui a la consulta de psiquiatras y psicólogos que me diagnosticaron un trastorno de ansiedad social y depresión graves y quisieron recetarme antidepresivos; algo a lo que nunca accedí.
>
> Cuando descubrí que el principal problema de mi vida, que ocupaba mi mente 24/7, podía solucionarse sentí como si me quitaran un gran peso de encima. Cuando empecé mi primera serie de NoFap (80 días aprox.) empecé a sentir los mismos superpoderes que otros habían mencionado. ¿De verdad es tan raro? Lo que estaba minando mi confianza y me hacía sentir solo en un planeta con 7 mil millones de personas tenía solución y, además, era algo bastante común.
>
> Hoy, en mi 109.º día de abstinencia, me siento feliz, seguro, sociable, inteligente, capaz de hacer frente a cualquier reto, etc.

Los primeros sujetos en hablar sobre problemas relacionados con la pornografía en foros en línea eran, habitualmente, programadores y especialistas relacionados con tecnologías de la información. Tuvieron acceso a pornografía en línea de alta velocidad antes que los demás y desarrollaron gustos sexuales poco habituales, eyaculación retardada o disfunción eréctil durante el coito. Con el tiempo, algunos de ellos también experimentaron DE mientras consumían pornografía. La mayoría de ellos tenía casi treinta años o más.

Uno de los miembros del foro destacó que la pornografía en línea era diferente, peculiarmente irresistible:

> Con las revistas, consumía porno unas veces a la semana y podía controlarme porque tampoco era tan especial. Pero cuando entré en el turbio mundo del porno en línea, mi cerebro encontró algo de lo que solo quería más y más. En menos de 6 meses, ya estaba fuera de control. Años de revistas y ningún problema. Tan solo unos meses consumiendo porno en línea y estaba completamente enganchado.

Un poco de perspectiva nos aporta algunas pistas de por qué la pornografía actual puede tener efectos inesperados en el cerebro. La pornografía visual llegó al público general a través de revistas, sin embargo, eso implicaba que los consumidores debían contentarse con imágenes estáticas de contenido erótico. Cada dosis de material nuevo y su potencial capacidad de excitación se desvanecía rápidamente, por lo que la persona tenía que volver a fantasear sobre su atractiva vecina o realizar una incursión considerable, posiblemente incómoda o cara, para obtener más material. Existían algunas películas clasificadas como X y algunas de ellas fueron grandes éxitos comerciales. Los aficionados acérrimos del género *hardcore* también podían encontrar clips sexualmente explícitos en librerías para adultos. Sin embargo, el suministro todavía estaba restringido a algunos pocos lugares públicos o semipúblicos y la mayoría de las personas no quería pasar mucho tiempo en los cines o cabinas de *peepshow*.

Posteriormente, llegaron los alquileres de cintas de vídeo y los canales por cable con sesiones nocturnas. Estos nuevos formatos resultaban más estimulantes que las imágenes pornográficas estáticas[14, 15] y acceder a ellos era mucho menos incómodo que a una película en el cine. Sin embargo, ¿cuántas veces se podía ver el mismo vídeo antes de que fuera hora de volver al videoclub (y de un descanso)? A menudo, los consumidores tenían que ver un argumento que iba sumando erotismo antes de llegar al contenido realmente subido de tono. La mayoría de los menores de edad todavía tenía un acceso muy limitado. A continuación, los espectadores de pornografía se pasaron a la conexión telefónica: privada, más económica, pero con material principalmente estático... al principio. El acceso era mucho más fácil, pero lento. No se podía consumir con un clic:

> Tenías que descargar el vídeo, abrirlo y arriesgarte a descargar un virus. A veces, no tenías el *software* correcto, así que pasabas mucho tiempo pensando qué era lo que querías ver antes de descargarlo y *disfrutarlo*. Otra opción era ir a una página específica cuyo contenido te gustara, ver el par de vídeos nuevos que tenían y salir.

Sin embargo, todo esto estaba a punto de cambiar. En 2006, la conexión a internet de alta velocidad engendró una nueva criatura: un suministro ilimitado de vídeos en *streaming* de contenido *hardcore* con galerías de breves clips pornográficos de los minutos más subidos de tono. Se conocen como páginas porno o *tube sites* porque puedes ver el contenido en *streaming*, como en YouTube. El mundo de la pornografía nunca volvió a ser el mismo. Los usuarios describen la transformación:

> Consumí fotografías durante años (más de una década, de hecho) y clips de vídeo de vez en cuando. Pero cuando empecé a visitar páginas porno a diario, al poco tiempo desarrollé disfunción eréctil. Creo que las páginas, con clips de vídeo a los que puedes acceder de inmediato, sobrecargaron mi cerebro.

***

> En una página porno pasas directamente de 0 a 100. La excitación no es el resultado de un proceso lento, progresivo y relajado de expectación. Van directas a la acción orgásmica completa. Como los clips son tan cortos, haces MUCHOS más clics para ver vídeos nuevos por varios motivos: uno es demasiado corto para excitarte; no sabes qué pasará hasta que lo ves; tu curiosidad no tiene límites...

***

Me identifico completamente con la idea de «querer ver 10 vídeos a la vez, reproduciéndose de forma simultánea...» Es increíble oír a otra persona decir lo mismo. Es como una sobrecarga sensorial, o acumulación, o atiborrarte con tu comida basura preferida.

***

Las páginas porno, en especial las más grandes, son la cocaína de la pornografía en línea. Hay tanto material y tanto contenido nuevo cada día, cada hora, cada 10 minutos... que siempre encontraba estimulación nueva y constante.

***

Ahora, con acceso a conexión de alta velocidad incluso en el móvil, veo cada vez más, con mejor resolución y sin descanso. A veces, la misión del día es buscar el vídeo perfecto con el que terminar. Nunca, nunca me siento satisfecho. El cerebro siempre dice «Necesito más»... vaya mentira.

***

Antes de descubrir que padecía DE ya había llegado a consumir recopilaciones de vídeos en páginas porno, que consistían en los segundos más subidos de tono de docenas de vídeos *hardcore*.

***

El porno de alta velocidad lo cambió todo. Empecé a masturbarme más de una vez al día. Si no me apetecía masturbarme, pero quería aliviar el estrés o conciliar el sueño, el porno siempre conseguía excitarme. Incluso llegué a ver porno antes de tener relaciones sexuales con mi mujer porque ella ya no conseguía excitarme. La eyaculación retardada era un problema grave: ya no era capaz de llegar al orgasmo cuando me hacían una felación y, a veces, tenía dificultad para lograrlo en una vagina.

En una parte primitiva del cerebro, navegar por páginas pornográficas se registra como una acción de gran valor por toda la novedad sexual que aporta. La excitación adicional fortalece los circuitos cerebrales que te empujan a buscar pornografía una y otra vez. En comparación, tus fantasías sexuales palidecen. Un dato interesante es que las investigaciones confirman que los problemas de los consumidores están más relacionados con factores como el número de pantallas abiertas (variedad) y el grado de excitación (es decir, indicadores de adicción) que con el tiempo invertido viendo pornografía en línea.[16]

Otro de los riesgos del bufé de pornografía en línea es el sobreconsumo. El Dr. Sherry Pagoto, profesor de la facultad de medicina de la University of Massachusetts escribió:

Estudios realizados sobre el apetito muestran que la variedad está muy relacionada con un consumo excesivo. Comemos más en un bufé de lo que comemos si sobre la mesa solo hay una cosa. En ninguno de los dos casos nos quedaríamos con hambre, pero en uno terminaremos sintiendo arrepentimiento. Dicho de otro modo, [si quieres evitar el sobreconsumo y los problemas derivados de él] evita los bufés de la vida.[17]

También vale la pena destacar que los vídeos sustituyen la imaginación de un modo que las imágenes estáticas no. Cuando dejábamos volar nuestra imaginación, los humanos solíamos asumir el papel protagonista de nuestras fantasías sexuales y no uno pasivo, de simple *voyeur*, como pasa cuando vemos un vídeo. Sin embargo, aquellas personas que empiezan a consumir pornografía de forma periódica a edades muy tempranas tienen una experiencia muy distinta:

> *Alienígena*, esa es la palabra que utilizaría si tuviera que describir cómo me sentí cuando intenté tener relaciones sexuales con mujeres reales. Me pareció artificial y extraño. Es como si estuviera tan condicionado a sentarme delante de una pantalla a masturbarme que mi mente considerara eso como una relación sexual normal, en lugar del sexo real.

Por lo general, durante las interacciones sexuales reales, los consumidores de pornografía no se encuentran en la posición de *voyeur*, por no decir que ni siquiera ven una parte concreta del cuerpo a la que se otorga un gran fetichismo y que muchos de ellos han estado viendo durante años antes de tener relación con una pareja.

Un elefante en la habitación

A finales de 2010, mi mujer me sugirió que creara un recurso en línea sobre este nuevo fenómeno. Por aquel entonces, su foro sobre relaciones sexuales se había visto invadido por hombres en búsqueda de pistas que pudieran explicar sus problemas relacionados con la pornografía: falta de atracción por parejas reales, eyaculación retardada o incapacidad para alcanzar el orgasmo durante la práctica sexual, alarmantes gustos sexuales nuevos a medida que pasaban de un fetiche pornográfico a otro, e incluso algunos casos aislados de eyaculación precoz. Creyó que necesitaban un sitio web específico en el que pudieran leer las autoevaluaciones de los demás y mantenerse informados sobre nuevos estudios sobre la adicción a internet, el condicionamiento sexual y la neuroplasticidad. De ahí nació el sitio web *Your Brain On Porn* (YBOP, tu cerebro bajo los efectos de la pornografía).

Por curiosidad por saber quién se conectaba al nuevo recurso, empecé a rastrear a mis visitantes. Me quedé impresionado. En hilos por todo internet aparecían enlaces al nuevo sitio web, a menudo en otros idiomas. Hombres de todo el mundo buscaban respuestas. Actualmente, YBOP recibe 20 000 visitantes únicos al día. Los foros para personas que intentan desengancharse de la pornografía aparecen y crecen rápidamente. El más grande y antiguo en inglés es Reddit/NoFap (2011) que cuenta con más de un cuarto de millón de suscriptores. Reddit/PornFree presume de más de 30 000. Hay más de 100 000 *fapstronautas* en NoFap.com; RebootNation.org cuenta con unos 11 000 y YourBrainRebalanced con casi 20 000. Internacionalmente, podemos hablar del mismo fenómeno. Por ejemplo, en China, tres de esos foros juntos cuentan con tres millones y medio de miembros que intentan recuperarse de los efectos de la pornografía en línea.[18]

En cualquier espacio virtual en el que se congregaran hombres, era posible encontrarlos debatiendo sobre los efectos de la pornografía. Aparecían hilos (a veces con cientos de publicaciones) en sitios web de culturistas, artistas del ligue, exalumnos universitarios, foros para consejos médicos, aficionados a los coches o los deportes, consumidores de drogas recreativas, o ¡incluso guitarristas!

La mayoría de ellos fue incapaz de creer que la pornografía era la causa de los síntomas que padecía hasta meses después de dejarla:

> Tras años de consumir porno, empecé a tener problemas de erección. Durante un par de años, la situación fue cada vez a peor. Cada vez necesitaba más tipos de estimulación pornográfica. Estaba muy preocupado, pero la ansiedad me empujaba a consumir porno cada vez más extremo. Ahora, cuanto más tiempo paso sin consumir porno, masturbarme, fantasear o llegar al orgasmo, más difícil me resulta no tener una gran erección. Jajaja. No tengo problemas de disfunción eréctil ni eyaculaciones pobres como hace unos meses. Me he curado.
>
> Incluso tras dejarlo y ser testigos de las mejoras, muchos todavía se mostraban escépticos. Volvían a consumir pornografía en línea y a ver cómo sus problemas volvían gradualmente (o rápidamente). Aunque a través de los foros en línea anónimos las conversaciones fluían, al principio, nadie quería hablar sobre ello de forma pública:

Los jóvenes no van al médico a hablar de disfunción eréctil. La DE inducida por el porno y la adicción al porno son nuestro secreto. Estamos demasiado nerviosos, avergonzados, confundidos y enfadados como para pensar en concienciar sobre estos temas. Nos escondemos en la sombra porque no queremos que sepan que existimos de forma individual. Así tampoco creen que existimos como colectivo.

Algunos usuarios, padecieron síntomas de abstinencia angustiantes e inesperados:

> Esto es lo que me pasa: irritabilidad, cansancio, insomnio (los somníferos no me ayudan demasiado), temblores/agitación, problemas para mantenerme centrado, dificultad para respirar y depresión.

***

Me he enfrentado a varias adicciones en mi vida, desde la nicotina al alcohol, pasando por otras sustancias. He podido superarlas todas y esta fue, con mucho, la más difícil. Ansia, pensamientos

> locos, falta de sueño, sentimiento de desesperación, desesperanza o inutilidad y muchas otras cosas negativas por culpa del porno. Es algo retorcido y terrible con lo que nunca volveré a tener nada que ver en mi vida. Jamás.

Si no eres capaz de darte cuenta de que esos síntomas están relacionados con el hecho de dejarlo y la recuperación, pero sí relacionas que volver a consumir pornografía los alivia, tu motivación para seguir haciéndolo es muy fuerte. Volveré a abordar los obstáculos que suponen los síntomas de abstinencia en el capítulo de recuperación.

Lo más alarmante es que aquellos que padecían disfunción eréctil y dejaron de consumir pornografía a menudo manifestaban una falta de libido temporal, pero absoluta, y genitales anormalmente inertes (*flatline*). Incluso los hombres sin problemas de DE a veces experimentaban una pérdida temporal de libido y disfunciones sexuales leves tras dejar el consumo:

> No tengo ningún tipo de apetito sexual. Ni erecciones espontáneas. Es una sensación muy extraña; mirar a una mujer preciosa y tener el pensamiento habitual: «¡Qué guapa! ¡Me gustaría conocerla!», pero que no surja ningún tipo de pensamiento o intención sexual. Para mí, es una experiencia muy extraña y me da miedo. Es como si te hubieran castrado.

A menos que se hubiera advertido previamente a estos hombres que experimentarían esta *flatline*, el miedo a sufrir impotencia de forma permanente los empujaba de nuevo al ciberespacio para intentar salvar su hombría. Pasar a géneros pornográficos cada vez más extremos, incluso con un pene parcialmente flácido, era un precio pequeño que pagar para evitar la pérdida total de libido. El consumo de pornografía parecía ser la cura.

Sin embargo, muchos de ellos se horrorizaron al descubrir que no *podían* revertir la *flatline* volviendo al porno. Tuvieron que esperar a que su libido volviese de forma natural lo que, a veces, tardaba meses.

Resulta interesante que las ratas macho que copulan hasta el agotamiento sexual también muestren indicios de una breve *flatline* antes de recuperar la libido.[19] ¿La inapetencia inducida por la pornografía o *flatline* tiene una explicación biológica? Los investigadores estudian las ratas porque sus estructuras cerebrales primitivas son sorprendentemente parecidas a las nuestras. Como biólogo molecular evolutivo, el Dr. John J. Medina afirma que la investigación con animales «es como una linterna para la investigación con humanos, ya que arroja luz sobre los procesos biológicos».[20] Es decir, los investigadores no estudian las ratas para ayudarlas *a ellas* con sus adicciones, erecciones y cambios de ánimo. Afortunadamente, una vez advertidos sobre la posibilidad de pasar por una época temporal de inapetencia, la mayoría de los consumidores fue capaz de superarla con relativa ecuanimidad:

> Sobre mi *flatline*. Cuando dicen que sienten como si la polla estuviera muerta, no exageran. Está literalmente sin vida. Sientes que llevarla a cuestas es una carga.

A medida que los canales de porno se volvieron más populares y accesibles, una avalancha de jóvenes veinteañeros y adolescentes empezó a padecer las *mismas* disfunciones sexuales que los visitantes más mayores. Rápidamente pasaron a ser la mayor parte de los usuarios de sitios web en los que los hombres se quejaban de lo que consideraban disfunciones sexuales inducidas por la pornografía.

El otro experimento pornográfico

En 2011, jóvenes veinteañeros empezaron a crear foros en línea dedicados exclusivamente a experimentar para poner fin a su adicción a la pornografía en línea con la esperanza de revertir los problemas relacionados con ella. A menudo, llegaban a la conclusión de que no masturbarse ayudaba a resolver el problema. De hecho, muchos de ellos no eran capaces de masturbarse sin pornografía, al menos al inicio del proceso. Su objetivo era que el cerebro descansara de la sobreestimulación causada por el material erótico disponible en internet. Denominaban este enfoque *reboot* (reinicio).

El foro en inglés más conocido es Reddit/NoFap. Otros foros en inglés son Reboot Nation, Reddit/PornFree, YourBrainRebalanced y NoFap.com.²¹ En todos ellos las mujeres son bienvenidas y cada vez hay más. Algunas de ellas incluso fundaron Reddit/NoFapWomen. He estado siguiendo alguno de estos foros desde su creación ya que los miembros suelen insertar enlaces a YBOP.

Estos movimientos comunitarios quedaron muy lejos del radar de la prensa general, como mínimo, hasta que la revista *Time*, en 2016, publicó en portada «Porn and the Threat to Virility»[N. de la T. 3] En la actualidad, cientos de personas de todo el mundo han iniciado el rompedor experimento de dejar la estimulación sexual artificial en línea (pornografía en línea, encuentros por cámara web, literatura erótica, navegar por anuncios de *escorts*, etc.) y muchas han compartido sus resultados durante meses.

Este amplio experimento se ha llevado a cabo sin controles o protocolos de doble ciego (ese tipo de ensayos sería imposible de realizar ya que los investigadores tendrían que pedir a algunos participantes que dejaran de masturbarse viendo pornografía, algo de lo que la gente -investigadores o sujetos de estudio- suele darse cuenta). Es el único experimento a gran escala que conozco que elimina la variable del consumo de pornografía y compara los resultados obtenidos.

Como es evidente, los sujetos no se escogen al azar. Son personas que quieren intentar dejar de consumir pornografía. Además, la gran mayoría son nativos digitales y no una muestra representativa de la población general. Además, aunque la afiliación a estos foros que desafían el consumo de pornografía ha crecido como setas desde que apareció el primero, en 2011, no revelan los porcentajes exactos de personas con problemas relacionados con la pornografía de ningún grupo de edad.

A veces, los escépticos afirman que a las personas que experimentan con dejarlo les mueve una motivación religiosa. Sin embargo, todos los foros mencionados son laicos. El mayor de estos nuevos foros, y probablemente el más joven si tomamos como referencia la edad media de sus miembros, llevó a cabo una encuesta entre sus usuarios: tan solo el 7 % se había unido por motivos religiosos.²²

La información que estos foros e hilos en línea generan es anecdótica pero sería un error descartarla sin investigarla. Para empezar, las personas que dejan la pornografía y experimentan beneficios son sorprendentemente diversas. Pertenecen a distintos entornos, culturas y practican diferentes grados de religiosidad; algunas se medican con psicotrópicos; otras tienen una relación; hay quienes fuman y consumen drogas o practican el culturismo y el abanico de edades es amplio, etc.

Eliminación del consumo de pornografía en los estudios

Un motivo por el que tiene valor este experimento informal masivo es que los sujetos generalmente eliminan la variable del consumo de pornografía en línea. Tan solo unos pocos estudios formales e informes de caso han pedido a los participantes que lo hagan y todos informaron sobre diferencias significativas.[23]

La mayoría de los estudios formales sobre pornografía son correlacionales. Es posible que nos aporten datos interesantes sobre los efectos *relacionados* con el consumo de pornografía, pero no son capaces de demostrar qué factor *es la causa* del otro (o si un efecto es bidireccional, es decir, si el mismo factor como, p. ej. la depresión, puede ser resultado de un comportamiento en algunos casos y promoverlo en otros). En el caso de los efectos de la pornografía en línea es crucial establecer una causalidad.

¿Por qué es tan importante? Porque un usuario de pornografía cuyos síntomas son el resultado del consumo pornográfico solo podrá curarse si lo deja. Los psicólogos y psiquiatras han sido formados para dar por hecho que determinados síntomas indican patologías subyacentes y que el consumo excesivo problemático de una substancia o comportamiento es, por lo tanto, el *resultado* de esos trastornos. A pocos profesionales de la salud se les ha aconsejado que valoren la posibilidad de que el consumo excesivo de pornografía en línea exacerbe esos síntomas o, incluso, llegue a provocar síntomas *reversibles* que, simplemente, se parecen a los de los trastornos subyacentes (como ansiedad social, depresión, apatía, problemas serios de concentración o pánico escénico). Se arriesgan a diagnosticar erróneamente a pacientes con trastornos mentales subyacentes y prescribirles medicamentos que, como mucho y en el mejor de los casos, enmascararán temporalmente sus síntomas. Dado que, a menudo, los medicamentos tienen efectos secundarios, se podría evitar mucho malestar si se señalara la pornografía como la causa en aquellos casos en los que los afectados solo deben limitarse a interrumpir el consumo para eliminar los síntomas.

También es importante porque solo si se entiende la causa correctamente, los tutores y legisladores pueden tomar decisiones sensatas sobre el acceso a la pornografía en línea y la edad mínima permitida. Se trata de algo difícil porque los estudios académicos son meticulosos, lentos y limitantes (y todavía más lentos a la hora de autocorregirse cuando se desvían de la ruta establecida). En contraste, el fenómeno de la pornografía actual evoluciona a la velocidad del rayo y podría contribuir a una amplia gama de efectos. En la última década, la tecnología de emisión ha cambiado con tanta rapidez y de un modo que aumenta el riesgo de los usuarios (como, por ejemplo, la pornografía en *streaming*, el acceso a través del teléfono móvil para los más jóvenes y, ahora, la realidad virtual) que cuando se publica un estudio, sus descubrimientos quedan rápidamente obsoletos. Incluso los estudios bien diseñados caducan rápidamente, por lo que los académicos no tienen otra opción que fiarse de las suposiciones obsoletas que encuentran en los últimos que se han llevado a cabo. Los legisladores hacen lo mismo. Si la investigación es incapaz de seguirle el ritmo a la realidad, puede llegar a fomentar malas decisiones.

Por estos tres motivos los estudios que distinguen la dirección de la causalidad son muy importantes. La forma más práctica que tienen los investigadores de revelar los verdaderos efectos del consumo de pornografía en los usuarios es diseñar un estudio en el que los sujetos *dejen* de consumir pornografía durante un período de tiempo prolongado para poder valorar los cambios que experimentan. Se pueden necesitar meses, o incluso un par de años, para que lo jóvenes experimenten todos los beneficios de cesar el consumo de pornografía, pero la mayoría es testigo de alguno de ellos en un plazo más corto. De hecho, los primeros en observar cómo revierten sus problemas son aquellos sujetos que no padecen otros trastornos subyacentes.

¿Qué descubrimientos revelan los estudios que eliminan el consumo de pornografía?

En vista de la importancia de llevar a cabo estudios que establezcan los efectos del consumo pornográfico mediante su eliminación, resulta lamentable que tan solo seis artículos de publicaciones académicas hayan apostado por eliminar el consumo de pornografía para evaluar sus efectos. Todos ellos informaron sobre cambios significativos. En 2015, los investigadores relacionaron el consumo de pornografía con una disminución de la capacidad para retrasar la gratificación al evaluar usuarios de pornografía antes y después de un período de 30 días. Posteriormente, dividieron a los participantes en dos grupos. La mitad debía abstenerse de su comida preferida; la otra mitad de consumir pornografía. Los que se abstuvieron de consumir pornografía obtuvieron una mejor puntuación de gratificación aplazada. Los investigadores afirmaron que «los resultados sugieren que la pornografía en línea es una recompensa sexual que contribuye a la gratificación aplazada de forma distinta a otras recompensas naturales. Por ello, es importante abordarla como un estímulo único en los estudios de recompensa, impulsividad y adicción y aplicarlo en consecuencia en tratamientos tanto individuales como relacionales».[24]

Un estudio de 2012 descubrió que, cuando los participantes intentaban abstenerse de consumir pornografía durante tres semanas, mostraban mayores niveles de compromiso en sus relaciones.[25] Estos dos estudios demuestran que incluso aquellas personas que no padecen una adicción y simplemente quieren esforzarse por abstenerse, y lo hacen durante tan solo tres semanas, experimentan cambios significativos.

En un estudio de caso israelí se abordó el caso de un hombre que padecía un deseo anormalmente bajo por las relaciones sexuales en pareja, fetichismo y anorgasmia. La intervención sexual consistió en un periodo de 6 semanas de abstinencia de consumo de pornografía y masturbación. A los 8 meses, el hombre informó sobre un incremento del deseo sexual, capacidad para completar el acto sexual, así como para alcanzar el orgasmo y disfrutar de «prácticas sexuales de calidad».[26]

En 2016, una revisión de un artículo relacionado con los problemas sexuales inducidos por la pornografía y coescrito por doctores de la Marina estadounidense incluía tres informes clínicos de hombres que habían desarrollado disfunciones sexuales inducidas por la pornografía.[27] Dos de ellos solucionaron sus disfunciones sexuales interrumpiendo el consumo de pornografía. El tercero no fue capaz de abstenerse.

En 2016, un psiquiatra francés informó sobre su experiencia clínica con treinta y cinco hombres que habían desarrollado disfunción eréctil y/o anorgasmia relacionadas con el consumo habitual de pornografía.[28] Su enfoque terapéutico implicaba que los pacientes *desaprendieran* los hábitos de masturbación asociados con el consumo de pornografía. Diecinueve de ellos consiguieron revertir las disfunciones sexuales y fueron capaces de disfrutar de una actividad sexual satisfactoria. Tres pacientes continuaron progresando y 13 abandonaron. También existe un artículo académico del RU en el que se describe a un sujeto compuesto que se recuperó de un problema de eyaculación retardada tras dejar de consumir pornografía.[29]

Por último, en 2016, un investigador europeo comunicó los resultados preliminares obtenidos en un estudio pionero sobre los efectos de un período de abstinencia de masturbación y consumo de pornografía realizado por los usuarios de NoFap.[30] Los resultados sugieren que la abstinencia:

1. aumenta la capacidad para retrasar recompensas,
2. incrementa la predisposición a correr riesgos,
3. incrementa el altruismo y
4. hace que las personas sean más extrovertidas, meticulosas y menos neuróticas.

Si se tienen en cuenta junto con los cientos de autoevaluaciones sobre testimonios de recuperación de los foros en línea, estos estudios demuestran la importancia de diseñar un estudio que aísle la variable del consumo de pornografía en línea para demostrar los efectos que este tiene para los usuarios en la vida real.

Dificultades de investigación y sus consecuencias

Los investigadores han tardado en informar al público general de que algunas poblaciones corren un mayor riesgo a padecer problemas derivados de la pornografía como, por ejemplo, los adolescentes, nativos digitales de sexo masculino y consumidores de material pornográfico solteros.[31] Con demasiada frecuencia, los científicos realizan informes sobre estadísticas de adicciones y disfunciones sexuales para toda la población de un país; o, si investigan sobre grupos de edades distintos, incluyen mujeres en los índices. Por ejemplo, un estudio poco habitual realizado en 2017 y en el que se aportaban índices sobre adicción afirmaba que en una población universitaria, el 10,3 % de los sujetos se encontraba dentro del intervalo clínico de adicción al cibersexo. Sin embargo, es necesario leer todo el texto para saber que casi *uno de cada cinco* (19 %) de los hombres en edad universitaria padecían adicción mientras que menos de *una de cada veinte* (4 %) de las mujeres la sufrían.[32] Por supuesto, es adecuado investigar los efectos sobre todos los consumidores, pero los informes sobre grupos mixtos ocultan el alcance real de los problemas relacionados con la pornografía en la población de hombres nativos digitales, cuyo riesgo es mayor.

Los investigadores que estudian a los consumidores de sexo masculino de pornografía determinan unos índices de adicción en torno al 28 %.[33, 34] Sin embargo, tanto estos estudios como el mencionado en el párrafo anterior son prácticamente desconocidos por la prensa general. Como consecuencia, aquellas personas con un consumo elevado de pornografía desde la pubertad raramente lo relacionan con síntomas como la ansiedad social, la depresión o erecciones débiles hasta *después* de haberlo dejado. Sin importar lo infelices que sean, existe la creencia general de que el consumo de pornografía hace sentir mejor; que se trata de una solución y no de un problema. De hecho, a pesar de la falta de pruebas convincentes, el acervo popular afirma que la masturbación frecuente (en la actualidad, con ayuda de la pornografía) es un método infalible para prevenir el cáncer de próstata.[35]

Todo ello hace que no tenga mucho sentido que los investigadores pregunten a los sujetos de estudio si el consumo de pornografía es la causa de sus síntomas. La mayoría no tiene ni idea. Por ejemplo, a menos que hayan intentado mantener relaciones sexuales con una pareja, incluso aquellos con disfunciones sexuales incipientes inducidas por la pornografía, podrían no ser conscientes de padecerlas. La mayoría de los hombres vírgenes son capaces de masturbarse hasta alcanzar el clímax con la pornografía y, como es natural, dan por hecho que serán unas superestrellas en la cama.

Los consumidores tienen pocos motivos para sospechar que la pornografía es la causante de los síntomas. En su lugar, la sociedad se ha encargado de encasillar sus problemas en cajas bien delimitadas que no tienen en cuenta el consumo excesivo de internet. Hoy en día, los consumidores de pornografía suelen recibir un diagnóstico, y un tratamiento, para la ansiedad social, los problemas de autoestima o de concentración, falta de motivación y depresión, entre otras enfermedades. Incluso pueden llegar a oír que tienen un problema de pánico escénico si no pueden lograr una erección o alcanzar el clímax por ellos mismos sin ayuda de material pornográfico.

Algunos sufren asustados y en silencio la posibilidad de que sus orientaciones sexuales hayan cambiado misteriosamente, de ser unos pervertidos porque *solo* consiguen excitarse con pornografía ilegal o perturbadoramente fetichista, o de no ser nunca capaces de mantener relaciones sexuales reales, debido a sus disfunciones sexuales. No quisiera ser alarmista, pero leo menciones a pensamientos suicidas en demasiadas cuentas sobre recuperación. Preocupantemente, una investigación de la Oxford University descubrió que una adicción a internet moderada o grave estaba relacionada con un mayor riesgo a cometer autolesiones.[36] Estos son los comentarios de tres hombres:

> He valorado seriamente la posibilidad de suicidarme a lo largo de mi vida debido a todos estos problemas, pero fui capaz de sobrellevar la situación hasta que descubrí que el porno era el problema. 115 días después, me he liberado. Todavía es difícil, pero sé que si no lo consumo podré mantener relaciones sexuales con mi preciosa novia al día siguiente.

***

¡Abstenerse de consumir porno marca la diferencia! Pensé que era imposible dejarlo; hasta el punto de llegar a contemplar la castración o el suicidio como posibles opciones. Pero había una cosa que no sabía y me ayudó: las personas que ven porno de género transexual lo hacen por toda la estimulación e incluso los productores admiten que crean esta imagen fetiche para una audiencia hetero. Mis pensamientos sobre la posibilidad de ser bi/gay eran más bien una ilusión óptica/ psicológica.

***

De niño era muy atlético, inteligente y sociable. Siempre estaba contento y tenía millones de amigos. Todo cambió hacia los 11 años, cuando me descargué KaZaA y fui avanzando hasta ver casi todos los tipos de porno imaginables (dominatrix, animal, amputaciones, etc.). Empecé a padecer depresión y ansiedad graves. Los siguientes 15 años fui un desgraciado. Era increíblemente antisocial. No hablaba con nadie y me sentaba solo a la hora de comer. Odiaba a todo el mundo. Dejé todos los deportes que practicaba aunque era de los mejores. Mis notas bajaron y pasé a aprobar por los pelos. Por mucho que odie pensar en ello ahora, incluso empecé a pensar en planear mi propia salida de este mundo al estilo de la masacre de Columbine.

Cuando las personas dejan de consumir pornografía, los beneficios que mencionan son asombrosos. De forma indirecta, su experiencia sugiere que algunos cerebros se han visto profundamente afectados por la pornografía actual superestimulante y de alta velocidad. Como veremos más adelante, los estudios formales han empezado a corroborar sus informes, aun cuando se sigue debatiendo sobre la dirección de la causalidad. Están apareciendo relaciones entre el consumo de pornografía, o el consumo problemático, y muchos fenómenos que también se observan con regularidad en los foros como, por ejemplo, la depresión, la ansiedad, el estrés, la ansiedad social, los problemas de atención, la pérdida de atracción por personas reales, la disfunción sexual, insatisfacción sexual y con las relaciones, gustos sexuales alterados y el consumo de material cada vez más extremo.

Dada la importancia de los testimonios en primera persona de este tipo de foros en todo el mundo que demuestran que la eliminación del consumo de pornografía tiene efectos drásticos, se debería enfatizar la necesidad de más investigación que arroje luz sobre el mecanismo de lo que está pasando en realidad. Más investigación también podría ayudar a diferenciar a las personas afectadas por el consumo de pornografía de aquellas que padecen otros trastornos como traumas infantiles y problemas de apego. Huelga decir que no se puede determinar la pornografía como la causa de los problemas de todo el mundo. Así como que la atracción por las personas transgénero, el interés por sentir sumisión, o muchas otras filias, pueden formar parte de una identidad sexual duradera y feliz. El problema reside en los efectos que la pornografía tiene en el cerebro y no en la amplia diversidad en cuanto al objeto de deseo de los seres humanos.

Síntomas comunes

Aunque la mayoría de los primeros intentos por dejar la pornografía en línea fueron chicos desesperados por solucionar una función sexual deteriorada, en la actualidad muchas personas completan el experimento para disfrutar de beneficios muy diversos. En este apartado encontrarás varias autoevaluaciones en las que se describen mejoras tras dejar de consumir contenido pornográfico, desglosadas en categorías. Muchos usuarios experimentan una amplia lista de mejoras. Por ejemplo, este exconsumidor escribió:
Mejoras desde haberlo dejado:

- la ansiedad social ha mejorado de forma drástica; esto incluye seguridad, capacidad para establecer contacto visual, comodidad en las interacciones, naturalidad, etc.,
- más energía en general,
- mente más despejada y aguda y mejor concentración
- cara con aspecto más vital,
- mejora de la depresión,
- deseo de interactuar conmujeres,
- ¡vuelvo a tener erecciones!

Otro chico se describió a sí mismo *durante* la época que consumía pornografía:

- Estaba perdiendo a mis amigos. Dejé de socializar para sentarme en mi habitación y masturbarme.
- Mi familia me quería de forma incondicional, pero no le gustaba estar conmigo.
- Tenía problemas para centrarme tanto en el trabajo como en la universidad.
- No tenía novia.
- Por lo general, sentía mucha ansiedad al interaccionar con personas.
- Hacía muchísimo ejercicio, pero nunca lograba nada.
- Todo el mundo decía que parecía estar ido. Me vi unos segundos en un vídeo y mi mirada estaba vacía. No había nadie ahí arriba. Era como un autómata.
- No tenía ENERGÍA, durmiera lo que durmiera, estaba AGOTADO. NO PODÍA CON NADA. Siempre cansado. Tenía bolsas y acné; estaba pálido y deshidratado.
- Estaba increíblemente deprimido.
- Padecía disfunción eréctil inducida por la pornografía.
- Estaba estresado, ansioso, confundido y me sentía perdido.
- No vivía la vida, pero tampoco estaba muerto. Era como un zombi.

Como es natural, las personas se preguntan cómo es posible ser que síntomas tan dispares puedan estar relacionados con el consumo de pornografía y qué cambios fisiológicos se esconden tras las mejoras. También se cuestionan por qué hay consumidores que experimentan resultados distintos, o no logran cambios. La investigación sobre las causas subyacentes de los efectos de la pornografía en línea es tan solo el principio pero, en el siguiente capítulo, estableceré hipótesis basadas en abundantes datos científicos disponibles sobre la plasticidad cerebral y el consumo de internet.

Hasta entonces, observemos con detenimiento los relatos sobre qué experimentan aquellos que consumen pornografía.

Obstáculo para la vida y pérdida de control

La incapacidad para controlar el consumo y un consumo que llegue a interferir con la vida son dos signos indiscutibles de adicción. Las prioridades cambian debido a alteraciones en el cerebro sobre las que hablaremos más adelante. En efecto, las recompensas naturales de la vida, como la amistad, el ejercicio y el sentimiento de logro ya no pueden competir con la pornografía. Tu cerebro pasa a creer que ESO (en este caso el consumo de pornografía) es un objetivo importante, y lo equipara con tu supervivencia:

> La mayoría de los días me masturbaba tantas veces que, al final del día, cuando llegaba al orgasmo, no salía nada. Una disfunción eréctil mi primera vez hizo que entrara en una espiral del porno. Literalmente, lo primero que hacía al levantarme era masturbarme; me masturbaba durante todo el día y luego, por la noche, me masturbaba y me iba a dormir. 6 veces al día o más, en serio. Puedo afirmar sin ninguna duda que mi vida era un caos. Sufría todas las consecuencias negativas del porno, multiplicadas por 10. Sabía que el porno y la masturbación me estaban afectando pero lo negaba, se supone que la masturbación es algo bueno, ¿no? No es posible ser adicto al porno.

***

> Mi momento más bajo fue cuando perdí mi diploma en Farmacia y a mi novia el mismo día, por culpa del porno y de procrastinar.

***

> Veía porno transexual para ponerme cachondo y poder acabar con porno hetero. Sin darme cuenta, en poco tiempo veía mucho porno de contenido extremo y tabú que, un par de años antes, ni siquiera me habría planteado. No podía creer haber llegado hasta ese punto. No podía parar.

***

(Testimonio de una mujer) Puedo llegar al orgasmo un número increíble de veces en una noche, porque la constitución femenina nos lo permite. Muchas mujeres (no todas) pasan mucho tiempo viendo contenido erótico, en lugar de porno. Fantaseamos mucho para llegar a corrernos, mientras que los hombres son más visuales. En internet, es fácil encontrar material erótico y hay foros dedicados al tipo de contenido erótico específico que buscas. En mi peor época, tenía abiertas 7 u 8 páginas a la vez y pasaba en ellas 3, 4 horas o incluso más buscando la historia sexual perfecta para correrme.

***

Pensaba que veía tanto porno porque me había aumentado la libido. Ahora sé que estaba equivocado. Era un adicto. Casi no salía y no me relacionaba con mujeres.

***

Antes de dejarlo, me sentía como una mierda las 24 horas del día. No tenía energía ni motivación. Me sentía letárgico continuamente. No comía bien. No hacía ejercicio. No estudiaba. No cuidaba mi higiene personal; y no me importaba. En el estado en el que me encontraba, me resultaba complicado mantenerme en pie más de 3 minutos, por no hablar de hacer algo productivo. Llevo un mes sin consumir y me siento mucho mejor.

***

Todo, desde mi vida social hasta mi salud física, se ha visto afectado negativamente por esta adicción. Lo peor era que, en mi cabeza, lo justificaba todo constantemente diciendoque era «saludable para mí» y que «al menos, no era una droga».

***

En la peor época de mi adicción al porno, no me apetecía hacer nada: tenía mucho miedo a ir a trabajar y no me parecía nada agradable socializar con amigos o familiares, en especial si lo comparaba con mis rituales pornográficos, que me aportaban más placer y estimulación que cualquier otra cosa. Ahora que ya no padezco esa adicción, las pequeñas cosas me hacen sentir muy feliz. Vuelvo a reír con frecuencia, sonrío sin motivo aparente y me siento de buen humor.

***

Pensaba que era pesimista, pero simplemente padecía una adicción.

Incapacidad para alcanzar el orgasmo durante las relaciones sexuales

Años de pornografía pueden causar diversos síntomas de índole sexual que, si se examinan con detenimiento, pertenecen al mismo espectro. A menudo, los consumidores de pornografía afirman que la eyaculación retardada o la incapacidad para llegar al orgasmo (anorgasmia) son los primeros síntomas antes de padecer disfunción eréctil. Los siguientes síntomas pueden preceder o padecerse de forma simultánea a la eyaculación retardada y la disfunción eréctil:

- ausencia de excitación al ver de nuevo los primeros géneros pornográficos consumidos,
- desarrollo de fetiches poco habituales,
- consideración del consumo de pornografía como algo más excitante que estar con una pareja real,
- disminución de la sensibilidad del pene,
- disminución de la excitación sexual con parejas reales,
- pérdida de erección al intentar la penetración o poco después,
- consideración del sexo con penetración como no estimulante,
- necesidad de fantasías pornográficas para mantener la erección o el interés con una pareja.

Un estudio de 2015 en el que participaron pacientes de una clínica de salud sexual descubrió que el 71 % de los hombres que se masturbaba viendo porno más de siete horas a la semana afirmaba tener problemas sexuales; un 33 % de ellos confirmó padecer problemas de eyaculación retardada.[36] En tres de los cinco estudios mencionados anteriormente, en los que los sujetos eliminaron por completo el consumo de pornografía, se consiguió revertir los síntomas de anorgasmia. No es sorprendente que otros siete artículos académicos también relacionen el consumo de pornografía con una disminución del deseo sexual o dificultades para alcanzar el orgasmo.[37]

Algunos ejemplos extraídos de foros:

> ¡Estoy tan contento! Soy un hombre de 25 años y, hasta ayer noche, nunca había conseguido llegar al orgasmo con una mujer. Había tenido relaciones sexuales pero nunca había estado tan siquiera cerca de alcanzar el clímax con ningún tipo de estimulación. Empecé como la mayoría de vosotros, consumiendo porno en línea a los 15 años, aproximadamente. Ojalá hubiera sabido lo que me estaba haciendo...

***

> (29 años) 17 años de masturbación y 12 consumiendo un porno cada vez más fetichista/extremo. Empecé a perder el interés por practicar sexo con personas reales. La excitación y los orgasmos que conseguía con el porno llegaron a ser mejores. El porno ofrece una variedad ilimitada. Podía escoger en cada momento qué quería ver. Mis problemas de eyaculación retardada durante el sexo llegaron a ser tan graves que, a veces, no conseguía llegar al orgasmo. Esto acabó con las pocas ganas que me quedaban de practicarlo.

***

> He sufrido eyaculación retardada durante toda mi vida y nunca he encontrado a nadie (lo que incluye a los médicos) que esté familiarizado con esta disfunción o me haya hecho alguna sugerencia para mejorarla. Empecé a tomar Viagra y Cialis para conseguir mantener la erección lo suficiente como para llegar al orgasmo, lo que con frecuencia pasaba tras bastante más de una hora de estimulación intensa. También creía que era necesario que consumiera dosis regulares de porno. Buenas noticias: al no consumir porno, estoy experimentando el sexo más satisfactorio de mi vida sin tomar medicación para la DE; y sumo dos décadas más

de consumo que la mayoría de vosotros. Mis erecciones son más frecuentes, más firmes y duraderas; y nuestras prácticas sexuales son relajantes y duran tanto como ambos deseamos.

***

(Testimonio tras 4 meses sin consumir pornografía) Ayer fue mi cumpleaños y practiqué sexo con mi novia. Hace meses que somos sexualmente activos, pero nunca había conseguido alcanzar un orgasmo hasta ayer. Fue la mejor sensación del mundo. Nos ha quitado un peso de encima a los dos, ya que ella también se sentía cohibida por el problema.

***

Tuve graves problemas de eyaculación retardada con mi anterior novia. Hablo de tener que mantener 2-3 horas de relaciones sexuales para poder correrme (así que, normalmente, paraba y me iba a casa a pajearme).

***

En la 10.ª semana de mi *reboot* sigo sumando éxitos... esta noche he disfrutado de una sesión todavía mejor con mi señora. No solo conseguí descargar relativamente rápido (desafiando la eyaculación retardada), sino que lo hice sin necesidad de movimientos tan vigorosos como antes. Pude moverme lentamente todo el rato, como nunca, y fue increíble. ¡Incluso intenté frenar hacia el final porque no quería acabar tan rápido! No está nada mal para alguien con eyaculación retardada durante años.

Erecciones débiles durante encuentros sexuales

Tal y como ya he mencionado, en la mayoría de los foros, las disfunciones eréctiles son la principal motivación para dejar de consumir pornografía. Un ilustre urólogo, el doctor en medicina Harry Fisch, también cuenta con algunos pacientes con DE en su clínica. En *The New Naked* narra:

> Soy capaz de decir cuántas horas de pornografía ve un hombre en cuanto empieza a hablar con sinceridad sobre las disfunciones sexuales que padece (...). Un hombre que se masturba con frecuencia puede desarrollar en poco tiempo problemas de erección con una pareja real. Si añadimos pornografía a la mezcla puede llegar a ser incapaz de mantener relaciones sexuales (...). Un pene que ha crecido acostumbrado a una sensación específica, que provoca una eyaculación rápida, no funciona del mismo modo ante un tipo de excitación distinto.

Los datos históricos entre 1948 y 2002 sobre casos de DE en hombres menores de 40 se mantenían entre el 2 % y el 3 % de forma consistente y el porcentaje no aumentaba hasta superar esa franja de edad.[38] [39] [40,] [41] Sin embargo, desde 2010, seis estudios han encontrado índices de entre el 14 % y el 33 % en hombres jóvenes, un aumento del 1000 % en los últimos 15 años.[40]

En una encuesta sobre función sexual, realizada por un estudio mundial sobre actitud y comportamiento sexual (el *Global Study of Sexual Attitudes and Behaviour*) en la que ha participado un gran número de hombres de diversos países europeos, se encontraron más evidencias de un aumento de disfunciones sexuales sin precedentes. En 2001-2002, se realizó la encuesta a 13 618 hombres sexualmente activos en 29 países.[41] Una década más tarde, en 2011, se realizó a 2737 hombres sexualmente activos en Croacia, Noruega y Portugal.[42] El grupo de 2001-2002 tenía entre 40 y 80 años. El de 2011 tenía 40 o menos. Si nos basamos en estudios históricos, los hombres de edad más avanzada deberían presentar porcentajes de disfunción eréctil más elevados que los más jóvenes (véase la información aportada). Sin embargo, en tan solo diez años, la situación cambió de forma radical. Mientras que, en Europa, el porcentaje resultante en la franja entre 40 y 80 años en 2001-2002 era, aproximadamente, del 13 %, el porcentaje de jóvenes europeos con DE de entre 18 y 40 años era del 14 % al 28 %.

En resumen, múltiples estudios realizados en la última década, en los que se han empleado diversos métodos de evaluación, prueban que hasta uno de cada tres hombres jóvenes tiene problemas con sus relaciones sexuales en pareja.

Los hombres en edad adolescente padecen este problema desproporcionadamente más. En 2016, un estudio llevado a cabo por sexólogos canadienses mostró que los problemas de tipo sexual son curiosamente más frecuentes entre hombres adolescentes que adultos (los cuales han aumentado últimamente). Durante un período de dos años, el 78,6 % de los hombres (de entre 16 y 21 años) confirmó tener problemas para practicar sexo en pareja. Los más comunes fueron la disfunción eréctil (45 %), falta de deseo (46 %) y dificultad para llegar al orgasmo (24 %).[43]

Dicho sea de paso, los problemas sexuales femeninos también eran frecuentes. Por ejemplo, casi la mitad de las mujeres (47,9 %) afirmó sufrir dolor durante las relaciones sexuales en pareja. En 2014, un equipo británico, desconcertado por la frecuencia con la que los jóvenes afirmaban participar en prácticas anales en un contexto heterosexual, decidió llevar a cabo un estudio cualitativo con participantes de entre 16 y 18 años. ¿Los resultados? «Con frecuencia, el sexo anal era calificado como doloroso, arriesgado y coactivo, en especial para las mujeres».[44]

Un índice elevado de penes flácidos y de un deseo sexual pobre entre hombres en edad adolescente debería llamar la atención y resultar sorprendente a todo el mundo. Imaginemos lo inauditos que nos parecerían estos datos en toros o caballos jóvenes. Los sexólogos que recopilaron los datos para el estudio realizado con adolescentes fueron «poco claros» sobre el motivo por el que los índices resultantes fueron tan elevados y ni siquiera mencionaron el consumo excesivo de pornografía como posible influencia.

Sin embargo, desde mi punto de vista, no hay ninguna otra variable que haya cambiado en los últimos veinte años que pueda justificar tal aumento de casos de disfunción eréctil y falta de libido entre los jóvenes. En los últimos 20 años, no se ha cambiado proporcionalmente a un estilo de vida poco saludable como, por ejemplo, una mala dieta que cause obesidad, abuso de sustancias y tabaco (factores históricamente relacionados con la DE de forma consistente) e incluso podríamos decir que se ha mejorado. Los índices de obesidad en hombres estadounidenses de entre 20 y 40 años tan solo aumentaron en un 4 % de 1999 a 2008[45]; los índices de consumo de sustancias ilícitas en ciudadanos estadounidenses de 12 años o más han permanecido relativamente estables durante los últimos 15 años;[46] y los índices de fumadores en adultos estadounidenses bajaron del 25 % en 1993 al 19 % en 2011.[47]

Hay quien sugiere que la ansiedad o depresión podrían ser responsables del drástico aumento, sin embargo, no son causas evidentes de DE. Por ejemplo, un estudio detectó que la ansiedad incrementaba el interés sexual en el 21 % de los sujetos, mientras que lo disminuía en el 28 %.[48] En cuanto a la depresión y la DE, los estudios sugieren que la DE provoca depresión y no al contrario.[49] Aunque más hombres jóvenes sufran ansiedad y depresión en 2017, ¿puede un pequeño aumento en comparación con 2001 explicar el rápido incremento de diversas dificultades sexuales entre hombres jóvenes como, por ejemplo, ausencia de deseo sexual, dificultad para llegar al orgasmo y la DE? Es posible que los sexólogos canadienses no tuvieran ni idea de que, como mínimo, 23 estudios relacionan el consumo o la adicción a la pornografía con los problemas sexuales y una activación cerebral menor contenido pornográfico tradicional.[50]

He observado dos patrones de recuperación distintos entre las personas que describen su experiencia en autoevaluaciones en línea. Algunos hombres sufren una recaída en un periodo de tiempo relativamente breve: unas 2-3 semanas. Es posible que sus dificultades se deban a un condicionamiento moderado, una masturbación excesiva (promovida por la pornografía en línea) o un caso leve de desensibilización (un cambio relacionado con la adicción que abordaremos en el siguiente capítulo).

La inmensa mayoría necesitó entre 2-6 meses (o más) para recuperarse *por completo*. La mayoría de los hombres que practica la abstinencia durante un largo período de tiempo experimenta una gran variedad de síntomas de abstinencia, lo que incluye la temida inapetencia sexual o *flatline*. Habitualmente, se trata de hombres jóvenes que empezaron a consumir pornografía en línea a edad temprana. Sospecho que esta desafortunada tendencia es el resultado natural cuando un cerebro adolescente, que es muy maleable[51], se encuentra de frente con la pornografía en línea:

> Cuando perdí la virginidad no me gustó mucho. De hecho, me pareció aburrido. Perdí la erección a los 10 minutos. Ella quería seguir, pero yo ya había tenido suficiente. La siguiente vez que

intenté practicar sexo con una mujer fue un desastre. Al principio sí que lo conseguí, pero se me bajó antes de penetrarla. Usar un condón era algo impensable: mi erección no era lo suficientemente fuerte.

***

Mi peor momento fue cuando no fui capaz de que se me levantara con mi novia (ahora exnovia) y no solo una vez, sino con frecuencia durante nuestros tres años de relación. Nunca llegamos al orgasmo por penetración vaginal. Fui a distintos médicos; compré libros sobre ejercicios penianos; intenté cambiar mis hábitos y masturbarme con porno en cámara subjetiva (en lugar de la pornografía extrema a la que era adicto). Ella me apoyó completamente durante todo el tiempo (me quería con toda su alma). Incluso se compró ropa interior bonita y se esforzó por ser *toda una puta* en la cama. Pero NI SIQUIERA con eso me excitaba porque el porno al que estaba enganchado era mucho más extremo (violaciones, sexo forzado).

***

Nunca tuve problemas para que se me pusiera dura con el porno, solo cuando tenía que pasar a la acción real, así que empecé a tomar Cialis. Con el tiempo tuve que tomar cada vez más e, incluso así, había veces que solo funcionaba a medias. ¿QUÉ COÑO ME PASABA? Sin embargo, con el porno, ningún problema.

En cambio, la mayoría de los hombres más mayores empezaron sus carreras sexuales en solitario con un catálogo, una revista, un vídeo, pornografía codificada en un televisor o, aunque parezca sorprendente (a los chicos jóvenes de hoy en día), su imaginación. Por lo general, también practicaban *algo* de sexo, o como mínimo, cortejaban a una pareja real antes de caer en manos de la pornografía de alta velocidad. Es posible que sus rutas cerebrales para el «sexo real» se vieran temporalmente saturadas por la hiperestimulación de la pornografía en línea, pero seguían siendo operativas una vez se eliminaba la distracción:

> (Casado, 52 años) Tengo décadas de porno a mis espaldas, por no decir «de cintura para abajo». Llevo casi 4 semanas sin mas-

turbarme ni ver porno y solo puedo decir que el cambio es drástico. Esta mañana me he levantado con la erección más intensa que recuerdo. Mi mujer se ha dado cuenta y fue tan maja como para hacerme una mamada increíble... ¡Y todo antes de las 7 de la mañana! No recuerdo haberme levantado así nunca, excepto durante la adolescencia. Además, la sensación fue muy intensa, mucho mejor que cualquier eyaculación viendo porno.

***

(Casado, 50 años) Nunca pensé que tuviera disfunción eréctil. Conseguía practicar sexo con mi mujer. Tío, ¡qué equivocado estaba! Desde mi recuperación, mis erecciones son mucho más fuertes, intensas y largas y el glande está más ancho. Mi mujer me lo dice cada vez. También consigo mantener la erección incluso después del orgasmo y creo que podría seguir durante muuuuuucho rato. Por las mañanas, también me empalmo más y mejor. Tenía DE y estaba demasiado atrapado en mi adicción como para darme cuenta. No olvidéis que tengo 50 años.

***

La recompensa a 4 meses sin porno es una mejor vida sexual con mi mujer y, tras casi quince años juntos, es un premio considerable. ¡Viva el sexo sencillo y tradicional! Tengo más sensibilidad que antes.

Este es el testimonio de un chico, que empezó con pornografía en línea, pero no de alta velocidad:

A los 13 empecé a masturbarme muchísimo y a los 14 empecé a consumir pornografía. Cada vez me costaba más excitarme: fantasías más elaboradas o porno más duro y llegué a no poder conseguir una erección sin tocarme. Durante las relaciones sexuales, me costaba conseguir una erección o mantenerla, en especial durante la penetración. Durante los últimos 7 años no he tenido ninguna relación y ese es el principal motivo. Ahora, las buenas noticias: cuando me di cuenta de qué lo causaba, dejé el porno de inmediato. Durante las últimas 6 semanas he intentado tanto como he podido no masturbarme. (¡mi récord está en 9 días!). Todo ha valido la pena. Este fin de semana, he salido con una chica y ha sido genial. Todavía me pongo muy nervioso por todas las malas experiencias que he vivido durante años. Pero solo quería deciros que al final puede salir bien ¡y vale la pena!

¿Qué pasa con las mujeres? El consumo pornográfico parece afectar la capacidad de respuesta de algunas mujeres:

> Se cree que, en las mujeres, la DE derivada del consumo de porno es leve, pero yo me siento tal y como los chicos describen. Siento deseo, pero no excitación física. Ninguna sensación palpitante, tirante, sobrecogedora y placentera en el clítoris o la zona baja del abdomen, tan solo la presión mental de alcanzar el clímax. También padezco eyaculación precoz aunque sería más preciso describirla como orgasmo precoz: llego al orgasmo cuando el nivel de excitación es bajo, lo que hace que sea inesperado y mediocre, solo siento una especie de tensión, similar a la ansiedad, localizada en los genitales.

Eyaculación precoz fuera de lo común

Aunque es poco frecuente si se compara con la disfunción eréctil o la eyaculación retardada, las personas que consumen pornografía en elevadas dosis en ocasiones afirman haberse recuperado de este síntoma tras interrumpir el consumo. La eyaculación prematura derivada de la pornografía puede parecer ilógica. Se me ocurren dos posibles explicaciones. Es posible que los chicos entrenen su sistema nervioso para eyacular rápidamente (o con una erección parcial). Tal y como describió este hombre:

> La masturbación/pornografía puede causar eyaculación precoz, especialmente si empiezas joven. Quieres llegar al orgasmo/ el clímax rápido porque tienes miedo de que te pillen. De este modo, lo que haces es enseñar a tu mente que tienes que correrte en cuanto se te pone dura y no disfrutar la sensación del proceso.

Para otros, la pornografía es un potente detonante, por su fuerte relación con la eyaculación. Esta respuesta automática de gran excitación es similar a la que observamos en el perro de Pávlov, que saliva al oír una campana:

Ya no sufro los problemas de eyaculación precoz que he tenido durante años antes de mi *reboot*. Es un milagro, porque simplemente di por hecho que era un defecto genético. No relacioné A y B hasta deducir que el porno podía ser la causa. Antes de mi *reboot*, cuando mi pene estaba erecto era muy sensible (hipersensible) lo que hacía que eyaculara con vergonzosa facilidad (rápido). Mi pene se ponía duro como una piedra y se levantaba muy erguido a la mínima atención, con la piel tensa como la de un tambor. Era un cohete preparado para el despegue. Empieza la cuenta atrás en 10, 9, 8, 7, 6, 5, 4, 3, 2, 1... ORGASMO. Las palabras «Lo siento, cariño» eran mi lema. Sin embargo, ahora, en el 52.º día de reboot mi pene ya no espera en la pista de despegue. La erección no es tan fuerte y tensa. Es más suave, pero grande. No me malinterpretéis. Todavía es muy dura y puedo completar una penetración vaginal sin problema. Pero es más maleable, menos rígida, menos sensible y no tan explosiva. Lo más importante para las relaciones con mi mujer es que puedo aguantar más. El reboot me está funcionando muy bien con la eyaculación precoz inducida por el porno.

***

Cuando ves porno estás hiperestimulado y siempre estás a punto de correrte. He hablado con muchos hombres más mayores que yo y les he preguntado cómo consiguen aguantar más tiempo. Muchos me dijeron que aguantan de forma natural y que no ven porno ni se masturban. Mi primo, que dice durar 20-30 minutos me ha dicho que aguanta más si no ve porno ni se masturba.

***

Llevaba saliendo con mi exnovia 2 años antes de romper. Nunca había tenido problemas sexuales (ni disfunción eréctil ni eyaculación precoz). No era adicto al porno, aunque me masturbaba viéndolo algunas veces. Cuando rompimos, empecé a consumirlo regularmente y empecé a ir a centros de masaje con «final feliz». A los 6 meses, volví con ella y reduje un poco la frecuencia de mis otras actividades. El sexo era terrible (al menos para ella). No tenía problemas para que se me levantara (excepto un par de veces), pero no era capaz de aguantar más de un minuto. La relación duró un año, en el que no conseguí que ella llegara al orgasmo por penetración ni una vez. La misma chica que tenía más de uno tan solo 6 meses antes.

Para otros, la eyaculación precoz puede estar relacionada a un historial de orgasmos forzados con erecciones débiles:

Me obligaba a eyacular antes de ir al colegio, por la mañana, y varias veces después de clase. Ni siquiera estaba cachondo ni la tenía dura, tan solo me sentía empujado por la necesidad de obligarme a correrme. Mis hábitos mecánicos con el porno habían eliminado todo tipo de sensualidad del orgasmo, convirtiéndolo en un chorro breve y un reflejo muscular de lo que solía ser un clímax. Si sufres eyaculación precoz inducida por el porno, valora los nuevos comportamientos, sentimientos y sensaciones que lograrás con este nuevo inicio. Antes, los orgasmos eran increíbles (me temblaban las p_ _ _ s rodillas, literalmente), pero ahora me corro en una sacudida mecánica, sin gratitud real hacia el acto (ni siquiera con mujeres). Lo siento diferente, es una sensación pobre.

Gustos pornográficos fetichistas alarmantes

Érase una vez cuando los hombres podían confiar en sus penes para que les dijeran todo lo que necesitaban saber sobre sus gustos u orientación sexual. Pero eso era antes de que hubiera vídeos pornográficos listos para ser consumidos.

Los cerebros son plásticos. Lo cierto es que siempre estamos entrenándolos (de forma consciente o inconsciente). En infinidad de informes, es evidente que los consumidores de pornografía pasan, de forma habitual, de un género a otro, hasta llegar a puntos que encuentran tanto confusos como alarmantes. ¿Qué se esconde tras este fenómeno?

Una posibilidad es el aburrimiento o la monotonía combinados con un cerebro adolescente en desarrollo. A los jóvenes les entusiasma buscar y se aburren con facilidad. Les gusta la novedad. Cuanto más rara, mejor. Muchos hombres jóvenes han descrito cómo se masturbaban con una mano mientras iban navegando de un vídeo a otro con la otra. El porno lésbico se les hace aburrido, así que pasan al incesto. La novedad y la ansiedad se suceden y ambas aumentan la excitación sexual. Antes de que se den cuenta, ya han llegado al clímax y una nueva asociación empieza a grabarse en sus circuitos sexuales.

Nunca antes, adolescentes en desarrollo habían tenido la opción de pasar de un género a otro mientras se masturbaban. Esta práctica casual podría convertirse en el principal peligro de la pornografía actual:

> No me interesaba nada raro antes de empezar a ver porno por internet. Solo las chicas reales de mi edad. Ahora, me gustan las BBB, BBW, MILF, trans, travestis, gordas, delgadas y jovencitas. Una vez vi unos segundos de un vídeo bisexual (una mujer, dos tíos) y empecé a sentir esa sensación de tabú, pero no le di la oportunidad, no me masturbé y cambié de vídeo. Así que no veo vídeos bisexuales y no ansío verlos. Pero solo es porque no los he probado. Sí que he probado cualquier otro tipo de porno al que he ido a parar. Si hubiera probado porno con viejas, ahora también me gustaría.

La tendencia a pasar a géneros de porno cada vez más extremos no es exclusiva de los jóvenes. En un estudio previo a internet, los sujetos se veían expuestos a pornografía común, no violenta o a vídeos inocuos durante una hora durante seis semanas consecutivas. Dos semanas más tarde, se les dio la oportunidad de ver vídeos en privado clasificados para todos los públicos, para público restringido y para mayores de 16 años (clasificación G, R y X según la Motion Picture Association de Estados Unidos). Los sujetos que habían visto pornografía mostraron poco interés en ver pornografía no violenta y prefirieron cintas sobre *bondage*, sadomasoquismo y zoofilia. Esta preferencia de consumo estaba mucho más marcada en hombres, aunque presente, hasta cierto punto, en mujeres.[52] En una primera revisión de un estudio relevante, uno de los autores comentó que es poco probable que los consumidores de pornografía se limiten a pornografía común si se les da la oportunidad de consumir prácticas sexuales menos habituales, lo que incluye comportamientos sexuales violentos y sadomasoquismo. También puntuó que, tras una exposición frecuente a pornografía, «las erecciones eran menos pronunciadas y débiles». Por ello, la posibilidad de ver pornografía extrema resultaba atractiva, ya que todavía era capaz de provocar excitación sexual. Sin embargo, la introducción de pornografía más novedosa no conseguía devolver el interés de los niveles iniciales. Las reacciones ante el placer eran planas o indicaban decepción ya que la falta de capacidad de respuesta duraba semanas, aunque mejoraba gradualmente.[53]

Es decir, hace más de 25 años, ya existían pruebas de que los espectadores de vídeos pornográficos tendían a acostumbrarse al contenido, lo que hacía que la capacidad de respuesta sexual decreciera, necesitaran estímulos visuales más extremos y sintieran insatisfacción. Sin embargo, las pruebas fueron completamente ignoradas por los profesionales de la salud sexual. Cuando los investigadores actuales finalmente decidieron cuestionarse este fenómeno en relación con el consumo de pornografía de alta velocidad y vídeos nuevos ilimitados, resultó que la mitad de los sujetos de sexo masculino que consumían pornografía afirmó pasar a consumir material en línea cada vez más extremo y que nunca les «había parecido interesante o que incluso consideraban desagradable». Los investigadores también encontraron pruebas de una menor función eréctil, así como de una disminución de la satisfacción sexual general.[54]

Una explicación del cambio hacia gustos pornográficos cada vez más extremos es la tolerancia: se trata de un proceso de adicción más duradero que impulsa la necesidad de una mayor estimulación. Hablaré sobre esto en el siguiente capítulo.

Tal y como abordaremos, la novedad sexual es un tiro certero si lo que se busca es que un miembro flácido vuelva a excitarse. Si una nueva estrella del porno no lo consigue, entonces se prueba a ver una violación en grupo o contenido gore. Eso no significa que estés dispuesto a violar o desmembrar a nadie, pero es posible que ahora necesites material extremo y la ansiedad subyacente para excitarte. Como recordarás de la introducción, el psiquiatra Norman Doidge también observó este proceso en sus pacientes.

Este fenómeno es tan común, y las pruebas de casos de recuperación tan tranquilizadoras, que compartiré diversas autoevaluaciones:

> En el instituto, mi consumo de porno evolucionó y me vi atrapado por contenido cada vez más *hardcore*; cosas muy raras que ya no me ponen cuando pienso en ellas. Esa es una de las mejores

sensaciones: saber que mis fantasías vuelven a ser las de un ser humano normal y corriente.

***

Estoy cansado de oír decir a la gente «Uno no escoge lo que le gusta». Muchas de las cosas que veo no me gustan. Lo único que pasa es que ya no me excito con contenido normal. Nunca pensé que me masturbaría viendo chicas meándose las unas en las otras y ahora eso tampoco me funciona. La sexualidad es complicada y creo que estamos empezando a ver los efectos que tiene el porno en línea en los seres humanos. Todos somos conejillos de indias y, por lo que he leído una y otra vez, las personas están experimentando cambios.

***

Puedo afirmar con total seguridad que las fantasías que tenía sobre violaciones, homicidios y sumisión no existían antes de consumir porno *hardcore*, entre los 18 y los 22 años. Cuando dejé de consumir porno durante 5 meses, todas esas fantasías y ansias desaparecieron. Volví a sentirme, y todavía me siento, atraído por el sexo tradicional. Con el porno, cada vez necesitas material más duro, tabú, excitante y «perturbador» para poder excitarte.

***

Pensé que nunca sería capaz de tener relaciones sexuales normales. Siempre creí que mi cerebro estaba programado para excitarse únicamente con mi fetiche de *dominatrix* (porno en el que las mujeres ejercen una dominación que humilla a los hombres), del mismo modo que un hombre homosexual solo se excita con una polla y no es capaz de apreciar el sexo con una mujer. No sabía que el fetiche que yo tenía inculcado solo era el resultado de mis hábitos de consumo. Era un infierno que yo mismo había creado. Tras 3 meses sin porno, mi último encuentro sexual ha borrado cualquier duda sobre la efectividad de dejarlo.

***

Soy un hombre de 23 años en buena forma física. Empecé a consumir porno de alta velocidad a los 15 y rápidamente pasé de ver porno normal a porno *bukake* (eyaculación repetida de varios hombres sobre una mujer), porno *trans*, porno *dominatrix*, incesto... No me di cuenta del daño que me estaba haciendo hasta que, a los 20, perdí la virginidad y tuve problemas para conseguir una erección y mantenerla. Hizo polvo mi confianza y que le cogiera miedo al sexo. Me pasó lo mismo con otras mujeres. Seguí aumentando la frecuencia y la duración de mis sesiones pornográficas y fui pasando a fetiches cada vez más perturbadores. Al cabo de un año, intenté mantener relaciones sexuales con una chica atractiva. No fui capaz. Caí en una espiral de desesperanza. Empecé a ver porno hipnótico gay y, ocasionalmente, masturbación anal. Pensé que me había vuelto homosexual, pero el porno gay nunca me gustó. Encontré NoFap y lo dejé. Tras varias recaídas, logré un récord de 90 días. Ya no tengo la necesidad de ver porno, en especial el extremo. A los 87 días, tuve mi primera cita después de mucho tiempo. A los 96 días, me hicieron mi primera mamada desde haberlo dejado. No tuve ningún problema, algo increíble, porque solía aburrirme durante las mamadas y perdía la erección. A los 113 días, practiqué sexo y estuve mejor que nunca, con una erección dura como una piedra durante todo el rato. Me siento como si me hubieran dado una segunda oportunidad en la vida.

***

Como cualquier adicto al porno sabe, cuanto más porno ves, más necesitas y más *hardcore* tiene que ser para conseguir excitarte por completo. En mi peor época me aventuré en la zoofilia, veía con frecuencia escenas de incesto u otro porno de contenido *hardcore*. El sexo vaginal nunca me excitó demasiado. Me parecían mucho más atractivos el sexo oral u otras prácticas no vaginales. Convertían a la mujer en un objeto para dar placer. Tras meses de «desintoxicación mental», por así decirlo, y varias parejas reales, he superado mi fijación por los tipos alternativos de sexo. Ahora me atraen las vaginas. Suena raro ¿verdad? Todavía disfruto con otros tipos de sexo de forma ocasional, pero la intimidad de estar dentro de una mujer es incomparable. En serio, ahora es mucho, mucho más sexy. Como es obvio son todo beneficios en la vida real. Y mis ansias por ver porno pasaron de ser una necesidad constante a un deseo ocasional. No exagero.

Desde siempre, los hombres han creído que lo que los lleva al orgasmo es una prueba innegable de su orientación sexual. Por ello, puede llegar a ser especialmente angustiante ir pasando de un fetiche a otro que terminan por poner en duda su orientación sexual. Sin embargo, hoy en día, dicho recorrido por gustos inesperados es sorprendentemente común, en especial entre los más jóvenes, que han crecido aventurándose en páginas de vídeo de cualquier contenido desde muy temprana edad:

> Cuando tuve acceso a internet, al final de mi adolescencia, encontré muchas páginas porno estilo YouTube que categorizaban su contenido por fetiches. Al principio, mis gustos eran los de un adolescente normal, sin embargo, con los años, empecé a apreciar un contenido cada vez más agresivo. En concreto, violencia contra las mujeres, en especial vídeos *anime/hentai* con escenarios demasiado repugnantes como para reproducirlos en la vida real. Al final, me aburrí de eso y, a los 20, encontré otra cosa. En un año encontré nuevos fetiches y pasaba de uno a otro, cada vez en un período más corto que el anterior. Estoy intentando dejarlo porque mis gustos me hacen sentir muy incómodo. Chocan con mi sexualidad.

Lo que es todavía peor es que existe la idea generalizada de que el porno en línea permite que los usuarios «descubran su sexualidad». Algunos jóvenes y atrevidos exploradores buscan laboriosamente el material más subido de tono que puedan encontrar, porque creen que les revelará su identidad sexual. No se dan cuenta de que una erección no es la única forma de medir las tendencias sexuales básicas de una persona.

Por ejemplo, el proceso de adicción en sí mismo puede llegar a dirigir el cambio hacia material más extremo y hacer que la pornografía que era excitante deje de serlo. Además, el material que genera ansiedad fomenta la excitación sexual.[55] Tal y como un investigador explicó, un pulso acelerado, las pupilas dilatadas y el sudor (la reacción habitual del cuerpo a la adrenalina) puede confundirse por atracción sexual. «Malinterpretamos nuestra excitación. Se trata de un error de presunción».[56]

Los intereses sexuales son condicionables (maleables).[57] De hecho, múltiples estudios han condicionado con éxito a sujetos para que reaccionen a desencadenantes de imágenes eróticas para comparar las respuestas cerebrales de los usuarios de porno con las del grupo de control.[58] Por otro lado, los intereses sexuales son diferentes de la orientación sexual más básica.[59]

Al dejar que sus erecciones les guíen de género a género, algunos jóvenes usuarios pasan a consumir contenido que sienten que no concuerda con su identidad sexual:

> Soy gay pero, en cuanto al porno, siento interés sexual por las mujeres. Bueno... los pechos no, pero las otras partes femeninas me parecen excitantes. El porno es una atmósfera erótica sobrecargada. No existen inhibiciones y predomina el deseo por la excitación.

***

> A medida que pasaban los años, el porno subjetivo ya no me funcionaba. Hace poco, acabé viendo porno gay porque estaba aburrido. Era como: aquí estoy, tengo 28 años y he visto todo el porno de internet, así que probaré también con el gay. En ese momento empecé a pensar: «Estás muy jodido, tienes que parar». Por supuesto, no lo hice.

***

Los foros de Reddit y Empty Closets están llenos de personas gay/*bi*/*hetero* completamente perdidas y confundidas sobre su orientación, que flipan porque quieren chupar pollas o ver cosas raras después de ver porno. Los usuarios de la generación del porno de alta velocidad entran en internet en busca de respuestas. En los foros franceses pasa lo mismo. Cientos de personas escriben *posts* y muchas no saben por qué tienen fetiches con el pene o adicción a contenido *dominatrix*. El factor común es el consumo de internet (porno, chat, páginas de citas).

Un estudio de 2016 afirma que es común que los hombres vean porno contradictorio con su identidad sexual. Hombres que se identifican a sí mismos como heterosexuales afirman ver pornografía con conductas homosexuales masculinas (20,7 %) y hombres que se definen como homosexuales declaran consumir porno con contenido heterosexual (55,0 %).[60]

Lamentablemente, la ignorancia sobre lo habitual que es pasar de un género a otro sumada al desconocimiento de que, a menudo, dejarlo hace que los gustos pornográficos desaparezcan puede generar mucha ansiedad a los consumidores. Cuando los usuarios se obsesionan con las dudas sobre su orientación sexual hacen referencia a ellas como SOCD o HOCD (por sus siglas en inglés *Sexual Orientation [or Homosexual] Obsessive-Compulsive Disorder*, trastorno obsesivo compulsivo sobre la orientación sexual [u homosexual]).

> (19 años) Pensé seriamente que me estaba volviendo gay. Mi HOCD era tan grave en aquella época que me planteé tirarme de un puente. Estaba muy deprimido. Sabía que me encantaban las mujeres y que no me podía gustar otro tío pero ¿por qué tenía DE? ¿Por qué necesitaba contenido *trans*/gay para excitarme?

Permíteme que enfatice que no solo los heterosexuales sufren ansiedad por su orientación sexual al pasar a consumir nuevos géneros pornográficos:

> Yo padecí HOCD. Tenía miedo de ser heterosexual ya que solo me excitaba el porno *hetero* y lésbico. Sí, digo que tenía miedo mi identidad social era la de un hombre homosexual y estoy casado con un hombre. Si «volvía a ser *hetero*», algo que nadie se creería y que es más tabú que salir del armario, me convertiría en un marginado. Al final, me di cuenta de que había erotizado el miedo.

Cualquier tipo de trastorno obsesivo compulsivo (TOC) puede llegar a ser un trastorno médico grave. Tanto si eres gay, heterosexual o no lo sabes y padeces estos síntomas, busca la ayuda de profesionales de la salud que comprendan que un TOC es una obsesión que te obliga a comprobar algo continuamente para tranquilizarte y no determinen que no aceptas tu sexualidad.

> Fui a un psiquiatra. Confirmó que tenía TOC y me recetó Aprazolam (Xanax). Ahora mis síntomas de HOCD son muy, muy leves. Puedo pensar con mucha más claridad. Ha mejorado mi apetito y consigo dormir bien. Además, ahora sé que no soy gay ni *bi* y

no me ha costado tanto dejar el porno porque ya no tengo tanta ansiedad. Así que, si alguien os pregunta si la adicción al porno es muy grave, podéis decir que sabéis de un chico que tuvo que tomar Xanax para poder dejarlo.

Pérdida de atracción por parejas reales

El *Japan Times*, citando una encuesta de 2010 que revelaba una sorprendente tendencia, afirmaba que «Los jóvenes japoneses cada vez sienten más indiferencia o incluso aversión por el sexo, mientras que las parejas casadas lo practican cada vez menos». Más del 36 % de los hombres de entre 16 y 19 años no está interesado en el sexo, lo que supera en más del doble la cifra de 17,5 % obtenida en 2008. Los hombres entre 20 y 24 años mostraron una tendencia similar, pasando del 11,8 % al 21,5 %, mientras que los hombres entre 45 y 49 años pasaron del 8,7 % al 22,1 %.[61] Japón no es un caso aislado. En Francia, una encuesta de 2008 descubrió que el 20 % de los hombres franceses de entre 18 y 24 años no tenían ningún interés por el sexo.[62] ¿La pornografía actual es un factor que tener en cuenta? Un estudio italiano de 2015 mostró que el 16 % de los varones que van al instituto y consumen pornografía más de una vez a la semana tienen una libido anormalmente baja, mientras que el 0 % de los que no consume dio muestras de ello.[63] Se avecina algo extraño y también ha invadido a los Estados Unidos. El porcentaje de estudiantes en edad de instituto sexualmente activos ha disminuido del 38 % de 1991 al 30 %, en 2015.[64] Los investigadores sugieren como causas potenciales «el fácil acceso a la pornografía [y] más tiempo de interacción con una pantalla de ordenador». En un estudio de 2016, los hombres jóvenes que veían mucha pornografía eran más propensos a depender de ella para excitarse y permanecer excitados, así como a utilizarla durante actividades sexuales en pareja. Además, practicaban menos sexo que aquellos cuyo consumo era menor.[65] En 2017, los investigadores afirmaron que un consumo pornográfico más elevado está relacionado con la preferencia de dicho consumo antes que la interacción con otras personas para lograr la excitación sexual.[66]

No es inusual que las personas que visitan foros para superar la adicción a la pornografía pregunten: «¿Creéis que soy asexual?» Cuando les preguntan si se masturban, la respuesta suele ser: «Sí, 2 o 3 veces al día, viendo porno». ¿Son asexuales o simplemente están afectados por el consumo de material pornográfico? Su incesante estimulación puede causar un gran alboroto durante mucho tiempo después de que las parejas reales empiecen a desaparecer.

> Estrictamente hablando no soy asexual, ya que todavía encuentro atractivas a las mujeres. Pero ya no me siento atraído por ellas, ni desde un punto de vista sexual ni romántico, aunque de forma consciente sé que son atractivas. ¿Vosotros también sentís ese dolor cuando miráis a una chica guapa? Me gustaría ponerme cachondo, pero no puedo. Me cabrea.

***

> (18 años) Antes de empezar a consumir porno a los 15 estaba EXTREMADAMENTE cachondo y perseguía todo lo que tuviera dos piernas. Me enrollaba con chicas y mis erecciones eran de locos. Después de que el porno me destrozara, no sentía ningún interés por las chicas y no era capaz de mantener una erección. A pesar de lo joven que era, sabía que algo no iba bien, porque se suponía que me tenían que gustar las mujeres tanto como antes del porno. A los 17 empecé el *reboot*. Ayer, tuve relaciones con éxito sin necesidad de medicación para la disfunción eréctil y mi erección fue increíble.

***

> Una nueva aura rodea a las mujeres. Son guapas, monas y divertidas. Sí, me encanta mirarlas y admirar su belleza y atractivo, porque somos tíos; eso es lo que hacemos. Pero es mucho más. Casi no puedo describir lo mucho que dejar el porno ha hecho que las valore, así como el tiempo que paso con ellas. Es increíble. Tras años de masturbarme de 5 a 12 veces por semana viendo porno, el sexo era vergonzoso. La fricción era insuficiente y la estimulación parecía «incorrecta». Seis meses más tarde, no tengo ningún problema. El sexo es 20 veces más satisfactorio que la masturbación. Ahora necesito preliminares para llegar a mi pun-

to álgido de excitación y a mis parejas les encanta. Me río por dentro cuando me masturbo y me quedo un poco decepcionado.

***

(19 años) Durante años, pensé que veía porno porque estaba cachondo. Creía que si conseguía practicar sexo con una mujer, no me tendría que masturbar. Pero, hace poco, ¡pasé dos veces de hacerlo con una mujer con la que trabajo! Luego, me fui a casa y me pajeé fantaseando tener sexo con ella. Lo peor es que no me di cuenta de lo jodido que estaba hasta ayer. Quiero decir, si me hubiera estado masturbando porque quería tener sexo, simplemente lo habría hecho, ¿verdad? Lo había estado negando hasta ahora.

***

(Día 46 de abstinencia) Durante los últimos tres días he sentido esa fuerte atracción sexual natural por las mujeres reales que he visto por ahí. De forma natural, aprecio la figura de una mujer y me excita de forma inconsciente. ¡Así es como se supone que funciona! Madre mía... ¡es increíble cómo te jode el porno! Además, también había perdido sensibilidad en el pene. Sinceramente, no recuerdo haberme sentido así nunca.

***

Mis amigos me conocen como «el tío de las chicas de estándares inalcanzables», pero casi nunca ligo. Después de 40 días de abstinencia, me acerco a más chicas que nunca y no (solo) por su apariencia, sino por cómo son y las cosas que dicen. Antes no me parecían especiales. Solo estaban «bien». Mi cerebro quería putas irreales y ahora me he dado cuenta de la cantidad de años que he malgastado persiguiendo relaciones basadas en fantasías en lugar de ser feliz con lo que la vida me ofrecía (que, *a posteriori*, eran algunas de las chicas más agradables que he conocido).

***

Antes ya era capaz de apreciar la belleza, pero nunca SENTÍ el DESEO de estar con una chica. Dirigía todo mi apetito sexual hacia el porno. Lo único sexual para mí ERA el porno. Era incapaz de pensar en mí, este chico con esta polla, teniendo relaciones sexuales reales con una chica real. Ahora, siento que practicar sexo es lo más natural. Madre mía, soy capaz de practicar sexo. ¡Hay un montón de chicas ahí fuera esperando a practicar sexo conmigo! De repente, los pensamientos autodestructivos me parecen estúpidos y una pérdida de tiempo. Por fin, siento lo que la mayoría de los hombres sienten. Y es increíble.

Efectos en las relaciones románticas

Las relaciones, como es lógico, también se ven afectadas por el consumo pornográfico. Un exceso de estimulación puede interferir con lo que los científicos denominan emparejamiento o enamoramiento. Cuando los científicos suministraron anfetaminas a animales emparejados, los que eran monógamos por naturaleza dejaron de mostrar preferencia por una pareja concreta.[67] La estimulación artificial y anormalmente intensa intercepta su mecanismo de emparejamiento, y los convierte en mamíferos estándar (promiscuos), cuyos circuitos cerebrales para los vínculos a largo plazo están silenciados.

Las investigaciones con humanos también sugieren que un exceso de estimulación debilita los vínculos entre parejas. Según un estudio de 2007, la simple exposición a múltiples imágenes de mujeres atractivas hace que un hombre devalúe a su pareja real.[68] Otorga una puntuación menor no solo a su atractivo, sino también a su amabilidad e inteligencia. Además, tras consumir pornografía, sujetos de ambos sexos afirman sentirse menos satisfechos con su pareja, lo que incluye su afecto, apariencia, curiosidad sexual y rendimiento.[69] Por otro lado, tanto los hombres como las mujeres dan más importancia al sexo sin implicaciones emocionales.

Actualmente, existen más de 70 estudios, la mayoría bastante recientes, que relacionan el consumo de pornografía en línea (o el consumo problemático) con los problemas sexuales, menos excitación ante los estímulos sexuales y una menor satisfacción sexual y con la pareja.[70] De hecho, en los hombres, un mayor consumo de pornografía se asocia de forma sistemática con un menor disfrute de la intimidad sexual con una pareja.

(Día 125 de abstinencia) Estoy en una relación larga, y doy fe que dejar el porno ha mejorado nuestra vida sexual. Mucho. No padecía disfunción eréctil, eyaculación precoz ni ningún otro tipo de problema sexual pero, si lo comparo con lo que tenemos ahora, nuestra vida sexual cuando yo me masturbaba viendo porno era gris. Ahora, es todo menos aburrida y nuestras libidos se han visto reforzadas. No estoy seguro de cómo (o si) dejarlo afectó a su libido pero, lo que sí es seguro, es que ahora está más interesada en el sexo.

***

(50 años) A lo largo de los años, sugerí a mi mujer diversas actividades extraídas de historias pornográficas. Aceptó algunas de ellas, pero nunca eran satisfactorias. Aunque teníamos una vida sexual decente en comparación con la mayoría de las parejas de nuestra edad, yo siempre comparaba los escenarios pornográficos con mi vida real y mi esposa real y eso me generaba insatisfacción. Ahora, las cosas han cambiado. Anoche, mientras practicaba sexo, de repente sentí que aquello era un momento muy íntimo, casi daba miedo, se trataba de un contacto muy profundo que nunca había experimentado. Me sorprendió. Fue maravilloso de un modo indescriptible y todavía estoy sobrecogido.

***

(19 años) Aunque veía porno, nunca quería practicar sexo. DOS chicos lograron captar mi interés. Sin embargo, creo que el porno/la masturbación eliminaba mi deseo por estar con alguno de ellos. Cuando lo dejé, de repente vi claramente que quería estar con ellos, y me podía ver completamente feliz en una relación con cualquiera de ellos. De repente... mi corazón los quería. En lugar de fantasear, mi cuerpo me decía: «Hagamos que pase en la vida real». De repente, sentí esta sobrecogedora y extraña energía de atracción. (Al poco tiempo, empezó una relación con uno de los hombres).

***

(30 años) Antes, el sexo no era emocional. Por un lado, era como si no hubiese nadie porque yo me escondía en mi propia cabeza todo el rato, por un motivo u otro (con fantasías, problemas de eyaculación retardada...). Las parejas que tuve entre los 25 y los

35 no me excitaban como lo hacía el porno de alta velocidad; sin importar lo guapas que fueran. Por supuesto, en aquel momento no me di cuenta, pero desde que empecé este recorrido, hace 4 meses, puedo afirmar con honestidad lo mucho que me sorprende lo bien que puede estar el sexo con tu novia cuando eliminas el patrón constante y repetitivo del consumo de porno.

***

(200 días) Vuelvo a sentir un innegable deseo sexual. Deseo a mi mujer más que nunca. Si pasa mucho tiempo sin que tengamos relaciones sexuales, siento eso que llaman *tensión sexual*; al parecer, existe. Dejad que os diga que, cuando lleguéis a ese punto, no os importarán lo más mínimo los fetiches pornográficos superespecíficos que pensabais que eran lo único que os podía poner cachondos porque, con solo escuchar la palabra MUJER (u hombre o lo que sea) os moriréis de ganas de hacerlo.

***

Nunca había sentido un deseo sexual tan intenso y me fijo más en qué mujeres podrían ser buenas novias y madres. Ahora ya no se reduce todo a su belleza.

***

Antes de darme cuenta de que el porno era el problema, pensaba que tenía que buscar fantasías más saludables. Ahora, tras 8 meses sin porno, las fantasías que solía tener ya no me atraen ni lo más mínimo. Tanto mi mujer como yo disfrutamos mucho más del sexo cuando no hay fantasías implicadas. Puedo hacerle el amor sin problemas de erección, cara a cara, mirándola a los ojos.

Ansiedad social, autoestima

Cuando los usuarios consiguen abstenerse de consumir pornografía, por lo general, recuperan su deseo por conectar con otras personas. A menudo, también vuelve la autoestima, la capacidad para conectar con los demás, el sentido del humor, optimismo y atractivo para parejas potenciales, entre otras cosas. Incluso las personas que antes sufrían ansiedad social grave, con frecuencia, exploran nuevas vías para socializar: sonreír y bromear con compañeros de trabajo, webs de citas en línea, grupos de meditación, afiliación a clubs, visitas a locales nocturnos... En algunos casos, el cambio tarda meses en percibirse, sin embargo, en otros es tan rápido que los coge por sorpresa.

YBOP no fue un caso aislado en registrar esta conexión inesperada. En su famosa charla TED «The Demise of Guys», el famoso psicólogo Phillip Zimbardo destacó que la «adicción a la excitación» (pornografía o videojuegos) es un factor determinante para el aumento de la incomodidad y la ansiedad social que sufren los nativos digitales.

La hipótesis de Zimbardo es que un tiempo de exposición excesivo a las pantallas puede interferir con el desarrollo de las habilidades sociales normales. Diez estudios ya relacionan el consumo pornográfico con la ansiedad y un undécimo con la timidez.[71] Sin embargo, esto no explica el aumento de confianza y extroversión tras dejarlo, ni el motivo por el que algunos jóvenes mejoran tan rápido.

En *El cerebro se cambia a sí mismo*, el psiquiatra Norman Doidge sugiere que la intensa estimulación de la pornografía actual sabotea y reinstala las «parcelas cerebrales» cuya función original era hacer que los vínculos sociales nos resulten gratificantes; una recompensa. Las personas reales pasan a parecernos menos agradables; las falsas mucho más atractivas. Es posible que la eliminación del consumo pornográfico reabra el espacio para las recompensas naturales como son los amigos y las parejas. Hablaré sobre esto en detalle en el siguiente capítulo.

> Antes del porno, tenía muchos amigos, me veía con un par de chicas y estaba en la cima del mundo. Nada podía conmigo. Tenía mi propio estilo a la hora de enfrentarme a cualquier cosa que pudiera suceder. Entonces, me regalaron un ordenador nuevo... En un año o dos ya sufría ansiedad social GRAVE, combinada con un exceso de porno y nada interesante que hacer con mi vida.

***

No soy el típico rarito social autodiagnosticado. Fui a un psiquiatra, me diagnosticó ansiedad social moderada-grave y me recetó medicación. Conozco bien la bofetada de adrenalina que sentís cuando se os acerca un desconocido; el ataque al corazón que parece que vais a sufrir cuando intentáis hablar durante una clase o una reunión (si es que lográis hacerlo), los paseos largos y solitarios que dais para no tener que relacionaros con otras personas, la vergüenza inaguantable que sentís cuando miráis a alguien a los ojos o el muro que levantáis entre vosotros y los demás. Sudor, temblores, ataques de pánico, odio por uno mismo, impulsos suicidas... lo he vivido todo. Ahora hace ya dos años que intento dejarlo y es lo máximo que he aguantado. Ya no sufro la tortura que he descrito. No soy una persona nueva, no he mutado. Sigo siendo yo mismo pero me he liberado de la prisión de la fobia social. En estos dos últimos años he tenido más relaciones, ligado con más mujeres y hecho más amigos que en mis primeros 25 años de vida. Me siento satisfecho y cómodo siendo yo mismo y el muro que solía levantar para separarme de las otras personas se ha derrumbado.

***

Interacción social. Hace 50 días me daba un miedo terrible y era incapaz de hacerlo. Durante la última semana, he interactuado sin ningún problema o esfuerzo con personas con las que no habría podido cruzar ni una palabra mientras consumía. Antes, era incapaz de mirar a la gente a los ojos. En público, me escondía de la gente que conocía para evitar conversaciones incómodas. No era capaz de implicarme en una conversación. Las mujeres, incluso las que conocía en persona, me intimidaban. Fantaseaba todo el día con ser capaz de interactuar como un ser humano normal... Todo esto está cambiando de una forma radical. Puedo hacerlo con seguridad y ser yo mismo. Soy capaz de mantener la mirada sin problema alguno. Participo en las conversaciones, en lugar de permanecer distante pensando en cómo escapar.

***

Las personas nuevas a las que conozco me dicen que les gusta mi confianza y creen que soy bueno hablando; cumplidos que no habría esperado oír hace tan solo unos meses.

***

Mis interacciones con las mujeres han cambiado por completo. Es como si, de forma inconsciente, pudieran reconocer que tienes más poder. Es difícil de explicar. Las mujeres me hacen cumplidos sobre mi apariencia y mi cuerpo. Soy capaz de leer mejor el lenguaje corporal de los demás. La gente ya no me intimida como antes. Su enfado me resbala y conservo la calma.

Incapacidad para concentrarse

Los que deciden llevar a cabo un *reboot* afirman tener «mejor concentración», «la mente más despejada», «mejor memoria» y haberse librado del «espesor mental». No es ninguna sorpresa constatar que los investigadores afirman que ver pornografía (o contenido erótico) está relacionado con problemas de concentración,[72] interferencias con la memoria de trabajo,[73] una función de ejecución más pobre,[74] y un peor rendimiento académico.[75] Numerosos grupos de investigación han relacionado el consumo pornográfico con la impulsividad o incapacidad para aplazar la gratificación.[76] Esto tiene unas implicaciones nefastas en el futuro, cuando se intentan lograr objetivos vitales mientras se consume pornografía. Dichos resultados coinciden con el descubrimiento de que un consumo moderado de pornografía, incluso sin llegar a la adicción, está relacionado con la disminución de la materia gris en regiones del cerebro asociadas con las funciones cognitivas.[77]

> Cuando consumía [pornografía en línea] tenía la mente espesa y una sensación de resaca continua, lo que me dificultaba concentrarme, hablar con los demás o hacer mis tareas diarias. A los 7-10 días de abstinencia esa sensación desapareció. Se me despejó la mente, empecé a controlar los pensamientos fácilmente y estaba más relajado en general.

***

> Tengo 34 y hace unos meses tomé por primera vez Adderall. 2 meses después de dejar el porno ya no lo necesito. Algunas de las ventajas que he experimentado: retengo y recuerdo mucho mejor la información. Recuerdo mucho mejor sucesos del pasa-

do. No estoy irritable y me siento más centrado. Puedo ejecutar tareas mucho más rápido.

***

Otro resultado: escribo mucho mejor. No me refiero a la caligrafía (aunque también ha mejorado). Me refiero a la selección de palabras, la estructura sintáctica, etc. Durante el primer año de universidad (que acabo de terminar), escribir era todo un reto. Ahora, durante la abstinencia, es todo un placer. Tan fácil y libre. Tengo más palabras a mi disposición; probablemente porque mi memoria general ha mejorado.

***

Memoria: siempre tuve buena memoria, pero dejar el porno hizo que mejorara. Podría entrar en una habitación con 15 personas y aprender y repetir todos sus números de teléfono en menos de 5 minutos. Sin cometer ni un error. La ansiedad y los pensamientos negativos sin sentido –> desaparecieron con la basura.

***

Para aquellos que estáis en la universidad, NoFap es un milagro para el cerebro. Antes, tenía que obligarme a concentrarme en clase y acababa en Babia. Ahora, soy capaz de concentrarme en una clase de 3 horas sin problemas.

Depresión y sensación de angustia

Ahora los científicos ven la depresión como una enfermedad que consiste en la falta de energía y motivación. Recientes investigaciones confirmaron que la clave está en la dopamina, un neuroquímico que nos dice «¡Hazte con ello!».[78] De hecho, es posible que la respuesta a los síntomas y las mejoras descritas por los usuarios en fase de recuperación sea la alteración o restauración de las señales dopaminérgicas. De nuevo, lo abordaremos en el próximo capítulo:

Noto que me siento deprimido e inútil con mucha menos frecuencia. Me levanto más fácilmente por las mañanas y estoy más motivado para lavar los platos antes de irme a la cama.

***

Soy más feliz. Mucho, mucho más feliz. Sufro habitualmente trastorno afectivo estacional y me diagnosticaron depresión leve hace algunos años, pero este otoño/invierno me siento genial. Tengo más energía.

***

Como hombre con depresión genética, dejar el porno me ha ayudado más que cualquier medicamento que haya tomado. Me hace estar más alerta, atento y feliz que el Wellbutrin, Zoloft o los otros medicamentos que me recetaron.

***

Mi ansiedad, depresión y problemas mentales crónicos (o eso creí) se han disipado y ya no noto ese rugido interior. Me he medicado con Lexapro durante los 2 últimos años y he podido dejarlo por completo. Durante estos 90 días he conseguido mi mejor trabajo y el más gratificante hasta la fecha, he conectado mejor con mis amigos y familiares y he sentido unos niveles de energía y vigor que nunca creí posibles. Tengo más dinero en la cuenta gracias al autocontrol que he ganado. Siento que los demás me respetan más; como si, de forma intuitiva, supieran que yo ahora me respeto a mí mismo.

***

Dejar el porno no es la cura de todos tus problemas, pero es la base; un campo labrado en el que poder plantar las semillas de un futuro nuevo, sin los secretos y la vergüenza de la desesperación por haber caído en la trampa del porno, que parece ineludible y muchos de nosotros conocemos. Una vida llena de esperanza y fuerza, sin pañuelos pegajosos, celos, amargura, odio por uno mismo, resentimiento y sueños rotos.

En la actualidad, casi una docena de estudios relacionan el consumo o un consumo problemático de la pornografía con la depresión.[79] En esos estudios (u otros) otros síntomas relacionados con el consumo de pornografía incluían psicosis, paranoia, estrés,[80] síntomas psicosomáticos[81] y narcisismo.[82]

A la luz de este amplio experimento informal, parece evidente que debemos reconsiderar con urgencia la visión ampliamente publicitada de la pornografía, específicamente en línea, como un entretenimiento inocuo. No podemos decir con seguridad que los cientos de personas que describen su recuperación tras un consumo excesivo de pornografía están equivocados. De hecho, los estudios publicados hasta ahora corroboran sus experiencias de forma sobrecogedora.

Como veremos a continuación, es bastante verosímil que los síntomas que describen sean reales, que el consumo de pornografía en línea sea la causa y que un cambio de conducta pueda aportar beneficios significativos. En cualquier caso, los usuarios de pornografía que padecen los síntomas mencionados anteriormente no tienen nada que perder si deciden abstenerse durante unos meses y comprobar si sus síntomas desaparecen.

2

UN DESEO DESBOCADO

La elección es una sutil forma de enfermedad.
Don DeLillo, *Fascinación*

¿Has oído hablar del efecto Coolidge? Se trata de un ejemplo gráfico de cómo puede afectar a la conducta la novedad sexual continuada. El efecto se puede observar en mamíferos que van desde carneros hasta ratas y funciona del siguiente modo: mete a una rata macho en una jaula con una rata hembra receptiva. Primero, observaremos una cópula frenética. Progresivamente, el macho se cansa de esa hembra. Aunque ella quiera más, él ha tenido suficiente.

Sin embargo, si cambiamos la hembra original por una nueva, el macho se reanima de inmediato e intenta fecundarla con galantería. Podemos repetir el proceso con hembras nuevas hasta que él ya no pueda más. Después de todo, la reproducción es la prioridad de los genes. Solo hay que preguntárselo al macho antequino, un marsupial de Australia que entra en un furioso frenesí de apareamiento que destroza su propio sistema inmunitario hasta hacerle caer muerto.

Como es obvio, el apareamiento humano es, por lo general, más complejo. Por algo formamos parte de ese peculiar 3-4 % de las especies mamíferas con la capacidad de establecer relaciones a largo plazo. Sin embargo, la novedad sexual también consigue cautivarnos.

El efecto Coolidge debe su nombre al presidente de los Estados Unidos, Calvin Coolidge. Un día, él y su mujer paseaban por una granja. Mientras el presidente estaba ausente, el granjero mostró con orgullo a la Sra. Coolidge un gallo capaz de copular con las gallinas todo el día, todos los días. La señora Coolidge le sugirió al granjero que se lo contara a su esposo, que así lo hizo. El presidente se quedó pensativo durante un momento y preguntó: «¿Siempre con la misma gallina?». «No, señor», respondió el granjero. «Dígaselo a mi señora», respondió el presidente.

El aprecio por una pareja atractiva y novedosa ayuda a fomentar el consumo de pornografía en línea. En el nivel más básico, ese impulso es la forma que tiene la evolución de garantizar que no queda ninguna hembra sin fecundar. ¿Qué es lo que potencia el atractivo de lo novedoso a nivel físico?

Los circuitos cerebrales primitivos dominan las emociones, los impulsos, los deseos y la toma de decisiones subconsciente. Desempeñan su trabajo con tanta eficiencia que la evolución prácticamente no ha visto la necesidad de modificarlos desde mucho antes de que los humanos fueran humanos.[83] El deseo y la motivación por mantener relaciones sexuales provienen, en gran medida, del neuroquímico denominado dopamina.[84] La dopamina amplifica el eje de una parte primitiva del cerebro, conocido como el circuito de recompensa. Ahí es donde experimentamos los deseos intensos y el placer y donde nace la adicción.

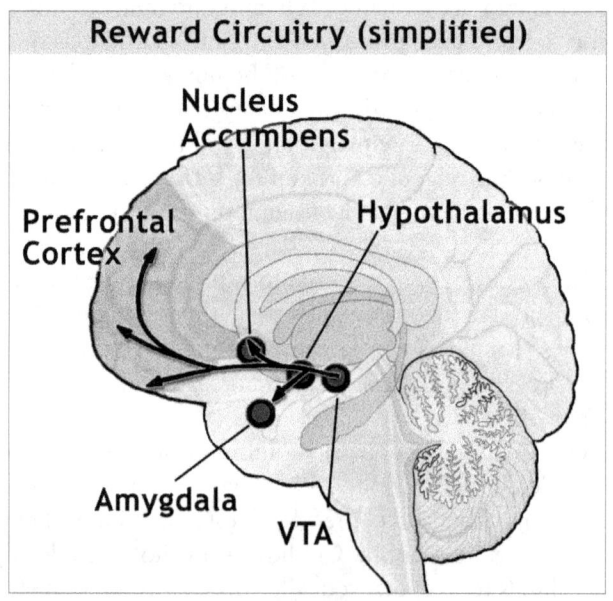

Este antiguo circuito de recompensa te lleva a hacer cosas que impulsan tu supervivencia y se heredan en los genes. Los principales elementos de la lista de recompensas del ser humano son la comida, el sexo, el amor, la amistad y la novedad.[85] Se denominan *recompensas naturales* en contraposición con los químicos adictivos (que pueden interceptar ese mismo circuito).

El objetivo evolutivo de la dopamina es motivarte a hacer aquello que beneficia a tus genes.[86] Cuanto más fuerte es la señal, más deseas o ansías algo. Si no hay dopamina, simplemente lo ignoramos. Un pastel de chocolate y un helado con un elevado índice calórico son como una explosión. El apio... no tanto. El aumento de dopamina es el barómetro que empleamos para determinar el valor potencial de cualquier experiencia. Te indica a qué debes acercarte, qué tienes que evitar y en qué debes centrar la atención. Además, la dopamina condiciona qué recuerdas ya que reestructura tus rutas cerebrales mediante conexiones nerviosas nuevas o más fuertes.[87] La estimulación sexual y los orgasmos contribuyen a la mayor descarga de dopamina y opioides disponibles en tu circuito de recompensa.

Aunque, a menudo, nos referimos a la dopamina como la *molécula del placer* en realidad se centra en buscar[88] el placer y *no* en el placer en sí mismo. Por consiguiente, la dopamina aumenta con la anticipación.[89] Es lo que te motiva e impulsa a buscar placer o lograr objetivos a largo plazo.[90] Funciona en la sinapsis de las neuronas y se adhiere a los receptores para estimular impulsos eléctricos, tal y como aparece en la imagen.

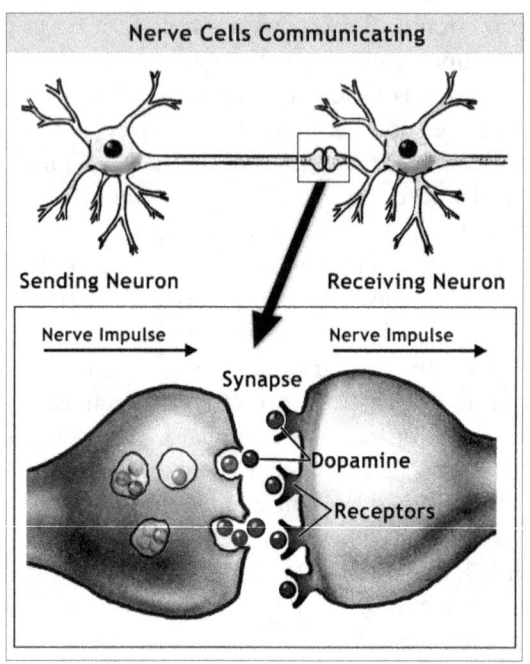

La recompensa final, o lo que nosotros percibimos como placer, conlleva la liberación de opioides endógenos. Estos químicos, similares a la morfina, también se unen a los receptores del circuito de recompensa. El placer del clímax parece ser la consecuencia de una gran liberación de opioides. Un ejemplo de una experiencia provocada por opioides menos intensa sería el placer que experimentamos al saborear nuestro postre preferido o beber agua fría en un día caluroso. En contraste, las señales de dopamina hacen que desees acabar con un orgasmo, clavar la cuchara en el postre o encontrar una fuente.

Piensa en la dopamina como el *deseo* y en los opioides como la *apreciación*, si bien estas funciones no están separadas de una forma tan simple en el cerebro.[91] Tal y como la psicóloga Susan Weinschenk explicó: [92] «La dopamina nos hace querer, desear y buscar». Sin embargo, «el sistema que rige la dopamina es más fuerte que el sistema opioide. Buscamos, pero no nos quedamos satisfechos. (...) Es más probable que nos mantenga vivos la búsqueda que estar sentados estupefactos y obnubilados por la satisfacción».

Uno de los desequilibrios claves de la sobreestimulación crónica y, en última instancia, la adicción, es que el deseo y el ansia aumentan mientras que el placer o el agrado descienden. Los adictos quieren más, pero cada vez les gusta menos. La adicción se podría describir como *un deseo desbocado*.[93]

Novedad, novedad y más novedad

La novedad genera un aumento de dopamina.[94] Un coche nuevo, una película recién estrenada, el último dispositivo... todos buscamos dopamina. El entusiasmo se desvanece a medida que los niveles de dopamina decrecen. En el anterior ejemplo, el circuito de recompensa de la rata libera cada vez menos dopamina por la hembra habitual, pero genera una gran cantidad cuando ve a la nueva hembra.

¿Te suena familiar? Cuando los investigadores australianos reprodujeron el mismo vídeo erótico de forma repetida, los penes de los sujetos de prueba y los informes subjetivos revelaron una disminución de la excitación sexual.[95] «Lo mismo de siempre» nos aburre. El proceso de adicción indica un descenso de dopamina. Tras 18 reproducciones, cuando los sujetos de prueba empezaban a dar cabezadas, los investigadores introdujeron material erótico nuevo en la ronda 19.ª y 20.ª de reproducción (consulta el gráfico que sigue). ¡Bingo! Los sujetos y sus penes recobraron el interés (sí, las mujeres mostraron un efecto similar[96]). Cuando ven una estrella del porno nueva, los hombres también eyaculan más rápido, un mayor volumen de esperma y con mejor motilidad.[97] Parece ser que, cuando uno se masturba delante de unos cuantos píxeles, el cerebro lo percibe como si fuera una persona real.

La pornografía en línea es especialmente tentadora porque ofrece siempre algo nuevo con tan solo un clic. Puede ser una «pareja» nueva, una escena inusual, un acto sexual extraño o cualquier cosa que se te ocurra. Los sitios de vídeos pornográficos más populares ofrecen docenas de clips y géneros distintos en cada página. Nos ceban con novedades sexuales inagotables.

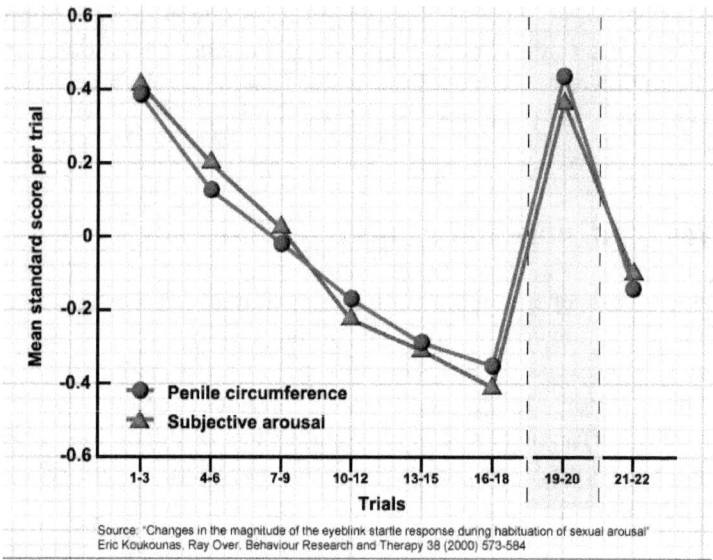

Con muchas pestañas abiertas, y haciendo clics durante horas, puedes «experimentar» más parejas sexuales distintas cada diez minutos que tus ancestros primitivos en toda su vida. Por supuesto, la realidad es distinta: lo que parece una abundante cornucopia es, en realidad, tiempo ante una pantalla, buscando algo que existe, pero en otro lugar.

> Siempre abría varias ventanas en mi navegador, cada una de ellas con muchísimas pestañas. Lo que más me excitaba era la novedad. Nuevas caras, nuevos cuerpos, nuevas opciones. Casi nunca veía una escena completa y no recuerdo haber visto una película entera. Demasiado aburrido. Siempre quería algo NUEVO.

Estímulos supernormales

Las palabras, imágenes y los vídeos eróticos nos acompañan desde hace mucho tiempo, así como la reacción neuroquímica ante nuevas parejas. Entonces, ¿qué es lo que hace que la pornografía actual sea tan atractiva? No es únicamente la novedad sin límites. La dopamina también reacciona ante otras emociones y estímulos que aparecen con frecuencia y de forma destacada en la pornografía en línea:

- Sorpresa,[98] asombro (¿qué *no* es sorprendente en el porno actual?).
- Transgresión de las expectativas[99] («Este género no se parece a nada que haya visto antes»).
- Ansiedad[100] (pornografía incoherente con tus valores o sexualidad).
- Búsqueda[101] y anhelo (algunos científicos denominan el circuito de recompensa *circuito de búsqueda*).

¿Alguien consideraría la *Playboy* o los vídeos de porno blando sorprendentes o diría que producen ansiedad? ¿Transgredirían las expectativas de un chico de más de 13 años con amplios conocimientos informáticos? Ninguno se puede comparar con una ronda de porno en Google con un sinfín de pestañas abiertas. Muchos de estos estados emocionales (ansiedad, vergüenza, sorpresa, asombro) no solo elevan los niveles de dopamina sino que estimulan las hormonas y los neurotransmisores del estrés (norepinefrina, epinefrina y cortisol). Estos agentes neuroquímicos del estrés aumentan la excitación sexual,[102] lo que amplifica los poderosos efectos de la dopamina. Con el tiempo, el cerebro de un consumidor de pornografía puede confundir los sentimientos de ansiedad[103] o riesgo por excitación sexual.[104] Esto podría explicar por qué algunos pasan a consumir pornografía cada vez más extrema. Necesitan esa descarga neuroquímica para llegar al orgasmo.

De hecho, la pornografía en línea es muy similar a lo que los científicos denominan *estímulo supernormal*.[105] Hace años, Nikolaas Tinbergen, condecorado con el premio Nobel, descubrió que se podía engañar a los pájaros, las mariposas y otros animales para que prefirieran huevos y parejas falsas. Los pájaros hembras, por ejemplo, se sentaban con dificultad sobre los enormes huevos de yeso con llamativas manchas creados por Tinbergen mientras sus pálidos huevos moteados morían desatendidos. Los escarabajos joya ignoran a sus parejas reales y se entregan de pleno a la tarea inútil de copular con las bases marrones moteadas de una botella de cerveza.[106] Para un escarabajo, una botella de cerveza es la hembra más bella que jamás hayan visto.

En otras palabras, en lugar de que la respuesta instintiva se detenga en un punto ideal, que no deje al animal completamente fuera del juego del apareamiento, esta programación innata sigue desencadenando respuestas entusiastas ante estímulos sintéticos poco realistas. Tinbergen denominó dichas decepciones como *estímulo supranormal*, ahora denominado con frecuencia *estímulo supernormal* o *superestímulo*. Los estímulos supernormales son versiones exageradas de estímulos normales que amplifican cualidades especialmente cautivadoras (como, por ejemplo, la novedad sexual). Algo interesante es que, aunque es poco probable que un mono prefiera unas imágenes a una pareja real, sí *pagaron* (en un experimento, renunciaron a recompensas en forma de zumo) para ver imágenes de traseros de hembras.[107] Quizás no debería sorprendernos que la pornografía actual consiga sabotear nuestros instintos.

Convertimos estímulos supernormales en nuestra máxima prioridad porque desencadenan una descarga mayor de dopamina en nuestro circuito cerebral de recompensa que sus homólogos naturales. Para la mayoría de los consumidores, las revistas pornográficas de antaño no eran suficientes para competir con las parejas reales. Un desplegable de la *Playboy* no era capaz de replicar las otras cualidades que los usuarios habían aprendido a asociar con las parejas reales: contacto visual, tacto, olor, la emoción del coqueteo y el baile, los preliminares, el sexo...

Sin embargo, en la actualidad, la pornografía en línea está vinculada con la estimulación supernormal y la mayoría de los usuarios empiezan a consumirla antes de haber empezado a crear un mapa sexual con una persona real. En primer lugar, la pornografía ofrece atractivos objetos de deseo con tan solo un clic. Los estudios confirman que la anticipación de la recompensa y la novedad se amplían entre sí para aumentar la excitación y modificar el circuito de recompensa del cerebro.[108] Un usuario de porno, metido de lleno en la tercera sesión de masturbación de la noche, puede pasar a un género nuevo para estimular la excitación sexual menguante y el nivel de dopamina en descenso.

En segundo lugar, la pornografía en línea ofrece una carta ilimitada de pechos mejorados artificialmente y penes descomunales izados de forma química, exagerados gruñidos de deseo, empujones exacerbados, penetraciones dobles o triples, orgías y otros escenarios poco prácticos pero fascinantes.

Y, en tercer lugar, para la mayoría de las personas, las imágenes estáticas no son comparables a los vídeos actuales en alta definición de escenas de intensa actividad sexual,[109] por no hablar de los episodios de realidad virtual (RV). Con las fotografías de las conejitas desnudas, lo único que tenías era la imaginación. Siempre sabías qué iba a pasar, aunque no fuera mucho en el caso de un joven de 13 años sin internet. En contraposición, un flujo ilimitado de vídeos del tipo «Lo que acabo de ver es imposible» transgrede constantemente tus expectativas.[110] También hay que tener en cuenta que los humanos evolucionaron y aprendieron mediante la observación, de modo que los vídeos son poderosas lecciones sobre cómo hacer las cosas.

En una extravagancia propia de la ciencia ficción que habría hecho a Tinbergen exclamar «os lo dije», es frecuente que los usuarios encuentren el contenido erótico digital más estimulante que las parejas reales. No quieren pasar horas encorvados ante un ordenador mirando fijamente y haciendo clic compulsivamente. Prefieren socializar con amigos y conocer posibles parejas. Sin embargo, la realidad tiene dificultades para competir en el *ring* de las respuestas cerebrales, sobre todo teniendo en cuenta la incertidumbre y la naturaleza cambiante de la interacción social. Tal y como Noah Church escribió en sus memorias, *Wack: Addicted to Internet Porn*: «No es que no quisiera tener relaciones sexuales reales, simplemente era más difícil y confuso de conseguir que la pornografía». Este mismo sentimiento resuena en múltiples testimonios:

Pasé por un período de soltería durante el cual no tenía muchas oportunidades de tener citas y empecé a masturbarme con frecuencia viendo porno. Me sorprendía lo rápido que me quedaba atrapado. Empecé a perder días enteros de trabajo navegando por sitios web porno. No fui capaz de darme cuenta de lo que me pasaba hasta que un día estuve en la cama con una mujer y me encontré intentando recordar desesperadamente imágenes porno para que se me pusiera dura. Nunca imaginé que me pudiera pasar algo así. Afortunadamente, tenía una base sólida de relaciones sexuales saludables antes del porno y fui capaz de reconocer qué estaba pasando. Cuando lo dejé, volví a echar polvos con frecuencia. Poco después, conocí a mi mujer.

Hoy en día, los estímulos supernormales no tienen límite. Competir con robots[111] y juguetes sexuales sincronizados con la pornografía[112] o con otros usuarios de ordenador...[113] la RV podría ser el futuro de la pornografía en línea. Los científicos que estudian sus efectos afirmaron:

Descubrimos que, para la mayoría de las personas, el potencial de una experiencia pornográfica con RV abría las puertas a lo que aparentemente era una experiencia sexual «perfecta»: un escenario en el que nadie estaría a la altura en el mundo real. Para otras significaba retar los límites, a menudo con imágenes muy explícitas y violentas, y sabemos por recientes estudios actuales sobre la pornografía que, con el tiempo, la exposición a ese tipo de contenido puede llegar a ser adictivo y extremo.[114]

Es decir, el peligro acecha si algo:

- se registra como algo especialmente «valioso», es decir, una versión exagerada de algo que los humanos evolucionaron para encontrar irresistible;
- está fácilmente disponible y de una forma ilimitada que no se encuentra en la naturaleza;
- se ofrece en gran variedad (mucha novedad); y
- se consume de forma excesiva y crónica.

La comida basura, barata y abundante encaja en este modelo y está mundialmente reconocida como un estímulo supernormal. Somos capaces de engullir un refresco de medio litro y una bolsa de aperitivos salados sin pensarlo demasiado, pero ¡intenta consumir el equivalente calórico en carne magra y patata hervida!

Del mismo modo, los consumidores pasan horas a diario navegando por galerías pornográficas hasta encontrar el vídeo perfecto para acabar, lo que mantiene los niveles de dopamina elevados durante períodos de tiempo anormalmente altos. Intenta imaginar un primitivo masturbándose durante horas delante del mismo monigote pintado en la pared de una cueva. Eso no pasó.

En los sitios web de vídeo, un usuario puede controlar su dopamina (y su excitación sexual) tan solo haciendo clic o deslizando el dedo sobre la pantalla. En cuanto la dopamina empieza a caer, puede hacer clic en un vídeo o género pornográfico nuevos para levantar de nuevo los niveles del neurotransmisor. Esto no era posible con la pornografía de antes. No funcionaba así con las revistas, las cintas VHS o con internet antes de las páginas de vídeos.

La pornografía plantea riesgos únicos que superan la estimulación supernormal. En primer lugar, es de fácil acceso, está disponible 24/7, es gratuita y privada. En segundo lugar, la mayoría de los usuarios empiezan a ver pornografía en la pubertad. Sus cerebros están en el momento más sensible a la dopamina, son maleables y vulnerables a la adicción y la modificación inconsciente de los gustos sexuales.

Finalmente, existen límites para el consumo de comida: la capacidad del estómago y la aversión natural que se despierta cuando ya no podemos comer ni un bocado más de algo. En cambio *no* existen límites físicos sobre el consumo de pornografía en línea, excepto las horas de sueño y las pausas para ir al servicio. Un usuario puede practicar *edging* (masturbarse sin llegar al orgasmo viendo pornografía durante horas) sin que ello active sentimientos de saciedad o aversión.

Darse un atracón de pornografía es como una promesa de placer, pero recordemos que el mensaje de la dopamina no es la satisfacción, sino «sigue, la satisfacción está juuuuusssto a punto de llegar»:

Me excitaba hasta estar a punto de alcanzar el orgasmo y paraba, seguía viendo porno, siempre a un nivel intermedio, siempre a punto (*edging*). Me importaba más ver porno que llegar al orgasmo. El porno captaba toda mi atención hasta que estaba agotado y me corría, rendido.

La excitación sexual y las drogas adictivas comparten mecanismos neurológicos

Resulta interesante que estudios con ratas muestren que la metanfetamina y la cocaína se adueñan de las *mismas neuronas del centro de recompensa* que evolucionaron para el condicionamiento sexual.[115] Algunos de esos mismos investigadores también descubrieron que el sexo con eyaculación disminuye (al menos durante una semana) las células que bombean la dopamina en el circuito de recompensa. Estas mismas neuronas productoras de dopamina también disminuyen con la adicción a la heroína.[116]

Es decir, las drogas que causan adicción como la metanfetamina y la heroína nos atraen porque se adueñan de los mismos mecanismos que evolucionaron para el sexo. Otros placeres también activan el centro de recompensa, pero las neuronas asociadas no son exactamente las mismas que para el sexo. Por ello, las recompensas naturales no sexuales nos producen una sensación diferente y menos atractiva.

La excitación sexual y el orgasmo inducen niveles más altos de dopamina y opioides que cualquier otra recompensa. Estudios con ratas revelaron que los niveles de dopamina derivados de la excitación sexual son iguales que los que se inducen mediante la administración de morfina o nicotina.

Más allá de nuestra consciencia, existen otras distinciones. Tanto el sexo[117] como el consumo de drogas[118] provocan la acumulación de DeltaFosB, una proteína que activa los genes que participan en la adicción. Los cambios moleculares que eso genera son casi idénticos para el condicionamiento sexual y el consumo crónico de drogas.[119] Tanto si se abusa del sexo como de las drogas, altos niveles de DeltaFosB reorganizan los circuitos cerebrales para que deseemos ESO, sea lo que sea. Por lo tanto, las drogas se adueñan de los mismos mecanismos de aprendizaje que evolucionaron para hacernos desear la actividad sexual.

Aunque es demasiado complejo para explicarlo ahora, el orgasmo[120] provoca múltiples cambios neurológicos y hormonales que no tienen lugar con ninguna otra recompensa natural. Entre ellos, se incluyen la disminución de los receptores androgénicos cerebrales, el aumento de los receptores estrogénicos, el aumento de las encefalinas hipotalámicas y el aumento de la prolactina. También ayudan a que nuestro cerebro distinga la recompensa derivada de comer unas patatas fritas a experimentar un orgasmo. La dopamina tan solo es un elemento en un sistema complejo que apuntala nuestra experiencia de deseo, placer, orgasmo y cariño o tristeza postcoital.

Por ello, algunos conceptos debatidos a menudo, como el siguiente comentario real de un sexólogo académico, no tienen fundamento: «Muchas actividades elevan los niveles de dopamina, por lo que la pornografía en línea no es más adictiva que observar puestas de sol o jugar a golf». Para no ser menos, un psicólogo en contra de la adicción a la pornografía frecuentemente citado afirma que ver pornografía *hardcore* es exactamente igual, desde un punto de vista neurológico, que ver imágenes de cachorros adorables. Estas afirmaciones sin base científica decepcionan y engañan al público general, haciéndole creer la falsa teoría de que todas las recompensas naturales son igual de inocuas, tanto desde una perspectiva biológica como psicológica.

Por cierto, la afirmación que ver puestas de sol es igual que ver pornografía se sometió a prueba y desmintió en un estudio en el que se examinaron 2000 cerebros.[121] Adictos a la cocaína y sujetos sanos de control vieron películas con: 1) contenido sexual explícito, 2) escenas de naturaleza y 3) individuos fumando cocaína. Los resultados indicaron que los adictos a la cocaína tenían patrones de actividad cerebral prácticamente idénticos cuando veían contenido pornográfico o una pipa de cocaína. Sin embargo, en todos los sujetos evaluados, los patrones de activación cerebral eran completamente distintos cuando se les mostraron escenas de naturaleza y pornografía. Todos los sujetos mostraron los mismos patrones de activación cerebral ante la pornografía. La deducción importante es que las drogas son capaces de activar las neuronas «sexuales» y desencadenar su actividad *sin* actividad sexual real. La pornografía en línea también puede. El golf y las puestas de sol no.

Dado que el orgasmo es nuestro refuerzo natural más potente, y la reproducción es el principal objetivo de nuestros genes, la masturbación viendo vídeos pornográficos en línea no tiene un equivalente neurológico. Menciono esto ya que incluso las personas que aceptan que el consumo de pornografía puede causar problemas o adicción en ocasiones lo comparan erróneamente con las drogas o los videojuegos. Indudablemente, las adicciones del comportamiento y a sustancias comparten algunos cambios cerebrales. Sin embargo, dichas analogías ignoran el elefante presente en la habitación: nuestros circuitos cerebrales destinados al sexo son especialmente vulnerables durante la adolescencia (y, en cierto modo, durante toda la vida).

Los adolescentes no juegan a videojuegos para aprender a ser asesinos profesionales. Sin embargo, ven a personas reales manteniendo relaciones en un período de su vida en el que el cerebro está preparado para aprender y recordar todo lo relacionado con el sexo. El alcohol, la cocaína y los *shooters* en primera persona pueden incrementar los niveles de dopamina en el centro de recompensa (requisito para que tengan lugar los cambios cerebrales relacionados con la adicción) sin embargo, a diferencia de la pornografía en línea, no tienen la capacidad de esculpir nuestro amplio circuito cerebral destinado al sexo y la reproducción, ni de alterar nuestros gustos cerebrales.

Anulación de la satisfacción normal

Un mecanismo para limitar la sobredosis es una ventaja evolutiva en situaciones en las que la supervivencia mejora si se anulan los mecanismos de saciedad («estoy lleno» o «he tenido suficiente»).[122] Un consumo excesivo de comida o sexo genera en el cerebro la señal de que has ganado la lotería de la evolución[123] y se activa un potente incentivo neuroquímico que nos empuja a seguir consumiendo. Pensemos en los lobos, que necesitan ingerir hasta 10 kilos de carne cada vez que cazan. O en la época de apareamiento,[124] cuando tienen que fecundar a todo un harén. Dichas oportunidades no son frecuentes, duran un período de tiempo corto y hay que aprovecharlas.

Sin embargo, ahora internet ofrece «oportunidades de apareamiento» ilimitadas, que una parte primitiva de nuestro cerebro percibe como valiosas, ya que son muy excitantes. Como cualquier buen mamífero haría, los espectadores intentan repartir sus genes tanto como sea posible, pero la temporada de celo de un consumidor de pornografía no tiene fin. Puede mantenerse activo de forma indefinida, inflando los niveles de dopamina con lo que haga falta.

Clic, clic, al borde del orgasmo, clic, casi orgasmo, clic, clic... Las sesiones pueden durar horas, un día tras otro; en ocasiones llevando hasta la sobrecarga el mecanismo evolucionado de limitación de sobredosis de la persona. La evolución no ha preparado el cerebro para este tipo de estimulación sin límite.

¿Qué debe hacer un cerebro cuando tiene acceso ilimitado a una recompensa superestimulante para la que la evolución no lo ha preparado? Algunos cerebros se adaptan y no precisamente de forma positiva. Al principio, el consumo de pornografía y masturbarse hasta alcanzar el orgasmo resuelve la tensión sexual y se registra como algo satisfactorio. Sin embargo, si nos hiperestimulamos, nuestro cerebro puede empezar a trabajar en nuestra contra.

Tanto el condicionamiento sexual como la adicción empiezan con la sensibilización

Ya hemos aprendido que la excitación sexual y las drogas (metanfetamina y cocaína) estimulan el mismo grupo de neuronas del sistema de recompensa y activan mecanismos similares que hacen que el consumidor anhele más. Por eso no debe sorprendernos que el condicionamiento sexual (es decir, *lo que me excita*) y el deseo de consumir drogas conlleven el mismo cambio cerebral: *la sensibilización*.

Los picos de dopamina ponen en marcha la actividad neuroquímica que genera la sensibilización,[125] sin embargo, el interruptor molecular que produce la sensibilización es la proteína DeltaFosB.[126]

Las subidas de dopamina desencadenan la producción de Delta-FosB; que se acumula lentamente en el circuito de recompensa, en cantidad proporcional a la dopamina liberada cuando nos entregamos de forma crónica a una recompensa natural[127] (el sexo,[128] el azúcar,[129] alimentos ricos en grasa,[130] ejercicio aeróbico[131]) o prácticamente cualquier droga adictiva.

La DeltaFosB es lo que los científicos denominan *factor de transcripción*. Afecta a un conjunto de genes muy específico que alteran el circuito de recompensa.[132] Piensa en la dopamina como el capataz de una obra, que grita las órdenes, y en DeltaFosB como los trabajadores que vierten el cemento. La dopamina grita: «¡Esta actividad es muy importante, tienes que repetirla una y otra vez!». El trabajo de DeltaFosB es garantizar que lo recuerdas y repites la actividad.

Lo logra reestableciendo las rutas cerebrales para que sigas deseando lo que has estado consumiendo en exceso. Lo que viene después es una espiral en la que el deseo conduce a la acción, la acción desencadena más oleadas de dopamina, la dopamina hace que se acumule DeltaFosB y la necesidad de repetir el comportamiento se hace más fuerte con cada bucle.

La sensibilización se basa en el principio neurológico que afirma que «las neuronas que se disparan juntas permanecen conectadas». Durante un período breve, el cerebro enlaza las neuronas responsables de la excitación sexual (en el circuito de recompensa) con las neuronas que almacenan recuerdos de situaciones asociadas con la excitación (las imágenes, los sonidos, las sensaciones,

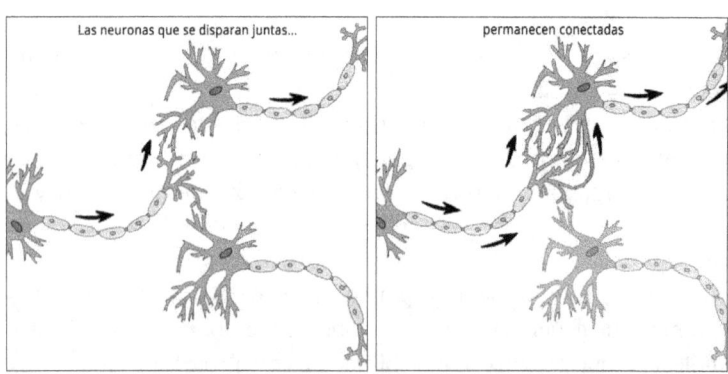

los olores y las emociones). Repetir la misma actividad fortalece las conexiones neuronales.

Los expertos en adicción denominan estas asociaciones, almacenadas en las conexiones nerviosas, desencadenantes o detonantes. Cualquier cosa que active estas rutas llama tu atención, incrementando la dopamina del circuito de recompensa. A lo largo de la evolución humana, la capacidad de reaccionar ante desencadenantes favoreció a nuestros ancestros y les ayudó a no dejar escapar valiosas oportunidades.

Para un alcohólico, un desencadenante puede ser pasar delante de un bar o el olor de una cerveza. Para un adicto a la heroína puede ser una jeringuilla. Para un consumidor de pornografía puede ser su teléfono móvil o el nombre de una web pornográfica. Cuando se activan los desencadenantes, las rutas neurales sensibilizadas inundan el circuito de recompensa con una descarga de actividad eléctrica que genera un deseo de consumo difícil de ignorar.

Todo esto pasa de forma inconsciente. Lo único que sientes, de repente, es una necesidad sobrecogedora de ver pornografía. La sensación puede ser similar a una cuestión de vida o muerte, capaz de echar a perder todos tus objetivos. En los drogadictos, el subidón de dopamina inducido por un desencadenante puede ser tan alto como el que sienten cuando consumen la droga[133] y esto es, probablemente, igual para algunos consumidores de pornografía.

> El otro día vi una fotografía porno y sentí un zumbido en el cerebro, casi como una descarga de calor. Afortunadamente, me asusté como para alejarme rápidamente.

Los cambios en el cerebro iniciados por DeltaFosB tienden hacer que sigamos hiperconsumiendo o, en el caso de la pornografía en línea, que permanezcamos ligados a lo que el cerebro percibe como un festival de fertilización. Pero, como es obvio, este efecto dominó neuroquímico no evolucionó para crear adictos, sino para que los animales «fueran a por ello mientras estuviera al alcance».

La cuestión es que el mecanismo que eleva la dopamina, lo que provoca la acumulación de DeltaFosB, pone en marcha *tanto* el condicionamiento sexual *como* la adicción (hablaremos más de la adicción más tarde). Siempre empieza con un superrecuerdo pavloviano del placer (sensibilización), que desencadena poderosos impulsos de «¡vuelve a hacerlo!».

Cuando un adicto deja de consumir, la proteína DeltaFosB se degrada lentamente y vuelve a los niveles normales unos dos meses después del último atracón. Sin embargo, las rutas sensibilizadas permanecen, quizás de por vida. Recuerda, el objetivo de DeltaFosB es promover la modificación cerebral para que aquello que has estado consumiendo en exceso te provoque una descarga más intensa. Este recuerdo, o aprendizaje arraigado, permanece mucho después de los acontecimientos que lo han iniciado.

Aunque pueda parecer increíble, este descubrimiento neurobiológico desmonta la afirmación de que la adicción a la pornografía no existe. Actualmente, se considera que la acumulación de DeltaFosB en el centro de recompensa del cerebro es un interruptor molecular continuo tanto para las adicciones químicas como de conducta.

El cerebro se defiende: una espada de doble filo

A medida que el aumento del deseo obliga al usuario a darse atracones de porno, la sobreestimulación de los circuitos de recompensa provoca una rebelión localizada. Si DeltaFosB es el acelerador del atracón, la molécula CREB funciona como los frenos y disminuye nuestra respuesta ante el placer.[134] Inhibe la dopamina e intenta que los atracones no sean tan placenteros para que los interrumpamos.

Extrañamente, un nivel elevado de dopamina estimula la producción tanto de CREB *como* de DeltaFosB. Nuestros cuerpos están equipados con innumerables mecanismos de retroalimentación, que nos mantienen con vida y en buen funcionamiento. Tiene todo el sentido que los mamíferos *también* hayamos desarrollado un sistema para frenar los atracones de comida o de sexo. Hay momentos en los que hay que cuidar a los niños o salir a cazar y recolectar. Sin embargo el fallo del equilibrio de CREB y Delta-

FosB es que evolucionó mucho antes de que los seres humanos se vieran expuestos a poderosos refuerzos como el whisky, la cocaína, el helado o las páginas de vídeos pornográficos. Todos ellos tienen el potencial necesario para invalidar mecanismos de saciedad, como el sistema de frenado de la CREB.

Es decir, la CREB no tiene mucho que hacer en una época de estímulos supernormales, drogas y medicamentos al alcance de la mano. ¿Qué puede hacer la CREB ante un Big Mac, unas patatas fritas y un batido seguidos de una sesión de *Call of Duty* con un refresco como combustible y dos horas navegando por PornHub mientras te fumas un porro? ¿Con qué despliegue de tentaciones se encontraba un hombre de las cavernas de 19 años para disparar su dopamina? Quizás una segunda ración de carne de conejo bien pasada o ver curtir pieles a las cuatro chicas que conocía desde que nació.

A menudo, la entumecida respuesta al placer inducida por la CREB recibe el nombre de *desensibilización*. Conduce a la tolerancia, lo que implica «la necesidad de una dosis más alta para lograr el mismo efecto». La tolerancia es una característica clave de la adicción, pero puede tener lugar sin que se desarrollen todos los cambios cerebrales observados en una adicción real. Los adictos a sustancias intentan superar los efectos de la CREB tomando dosis más altas. Los adictos al juego hacen apuestas más elevadas.

Los consumidores de pornografía en línea sienten que necesitan más vídeos, pornografía en RV o videochats en directo o, quizás, centrarse en un fetiche para conseguir la descarga que su cerebro busca desesperadamente. La mayoría de las veces intentan superar la tolerancia con nuevos géneros, normalmente más extremos, o incluso perturbadores. Como ya hemos visto, una estimulación más intensa puede elevar los niveles de dopamina (y la excitación).

Sin embargo, los efectos de la CREB no se limitan a la droga escogida por un usuario. Otras cosas que solían hacer que un consumidor de porno se sintiera bien como, por ejemplo, socializar, ver una película o jugar a su juego favorito, quedan deslucidas por el efecto amortiguador de la CREB. La desensibilización nos deja aburridos, menos satisfechos y, a menudo, en búsqueda de algo que pueda aumentar nuestros niveles de dopamina. Puede hacer que un aficionado al porno vuelva a consumir porno.

La naturaleza nos gasta una broma cruel. El intento de la CREB de suprimir la dopamina y los opioides endógenos para lograr que los usuarios que consumen en exceso se den un respiro es contraproducente en el caso de un consumidor crónico de pornografía. El entumecimiento de su respuesta de placer puede hacer que busque material más extremo, a menudo pasando de vídeo en vídeo para encontrar uno que restaure sus niveles dopaminérgicos. Es decir, la CREB puede provocar tolerancia, lo que tiene como resultado el consumo compulsivo de pornografía y el salto a géneros cada vez más extremos.

Te debes preguntar cómo es posible que la sobreestimulación crónica sea capaz de inducir dos efectos aparentemente opuestos. En primer lugar, puede incrementar la actividad dopaminérgica (la sensibilización mediante DeltaFosB). En segundo lugar, puede disminuir la actividad dopaminérgica (la desensibilización mediante CREB124). La respuesta es que depende, principalmente de los plazos. Sin embargo, también de la diferencia neurológica entre *desear* y *disfrutar*.[135]

La sensibilización provoca picos de dopamina como respuesta a desencadenantes relacionados con el consumo. Los picos de dopamina tienen lugar *antes* de ingerir la droga o masturbarse viendo porno y se percibe como el deseo de consumo. Sin embargo, ante la exposición a los mismos estímulos ya conocidos se libera menos cantidad de dopamina (y de opioides), es decir, se produce una desensibilización. Este entumecimiento del placer tiene lugar *durante* el consumo de una droga o la masturbación viendo porno. La actividad se percibe como menos placentera, lo que aumenta el deseo de consumir más.

Por ello, dos mecanismos que fueron beneficiosos para nuestros ancestros animales tienen consecuencias no deseadas en la era de las páginas pornográficas y la comida basura. La sensibilización provoca un mayor *deseo* o un anhelo más intenso, mientras que la desensibilización provoca un menor *disfrute* o una disminución del placer en general.[136]

Esta disparidad actúa como una espada de doble filo que fomenta el consumo compulsivo: un deseo sofocante por consumir (sensibilización) combinado con la menor satisfacción que provocan tanto las actividades diarias como los comportamientos problemáticos (desensibilización). Estudios basados en evidencias de la actividad cerebral confirman que el sistema de recompensa de los sujetos adictos al porno se activa más en la fase de deseo, pero no les gusta más que a aquellas personas que no sufren adicción.[137]

Condicionamiento sexual y adolescencia

Uno de los resultados del consumo crónico de pornografía es un condicionamiento sexual no previsto, a diferencia de los *baby boomers*, que consumían la *Playboy*. Un *millennial* puede vincular fácilmente su excitación sexual con una pantalla, la novedad constante, el voyerismo o los actos bizarros. En el peor de los casos, acabará necesitando tanto el contenido pornográfico y la obtención inmediata en un solo clic para lograr una erección o mantener la excitación.

> Antes de dejarlo tenía unos problemas increíbles para correrme. Tenía que cerrar los ojos e imaginarme un flujo CONSTANTE de porno para llegar al clímax. Podría decir que, más o menos, utilizaba los cuerpos de mis parejas para pajearme. Después de un largo parón sin porno, podía correrme fácilmente, sin tener que pensar en ello. Era un milagro. La mejor sensación del mundo.

Las noticias sobre el consumo de pornografía a edades jóvenes tienden a centrarse en el aprendizaje consciente. Dan por hecho que basta con decir a los adolescentes que la pornografía no es como el sexo real y que todo irá bien.[138] Este remedio ignora los efectos inconscientes que implica ver pornografía.

De forma simultánea, el joven está aprendiendo conscientemente que a las mujeres les encanta que eyaculen en su cara e inconscientemente que eyacular en la cara de mujeres le excita sexualmente. Este tipo de aprendizaje inconsciente y condicionado tiene lugar, hasta cierto punto, cada vez que se excita con la pornografía.[139] Por supuesto, lo que le pone a ese chico de 14 años no se parece en nada al contenido de *dominatrix* o incesto con el que disfruta a los 16.

El condicionamiento superficial (o aprendizaje) se puede resumir como «Así es como las personas mantienen relaciones sexuales y eso es lo que yo debo hacer». El condicionamiento sexual inconsciente se puede resumir como «Esto es lo que me pone» o, a nivel cerebral, «Esto es lo que dispara la concentración de dopamina y opioides en mi cuerpo». Puede ser tan simple como preferir las chicas pelirrojas; o que unos pies delicados o unos pectorales resulten más atractivos que unos pechos.

Independientemente de cómo surgen nuestras preferencias, nuestros cerebros han evolucionado para registrar lo que nos excita y sensibilizarnos ante ello. Sin embargo, una vez registramos un nuevo desencadenante, ya no tenemos forma de saber cuándo provocará una reacción en el futuro. Del mismo modo que el perro de Pávlov aprendió a salivar cuando oía la campana, los consumidores de pornografía actuales pueden aprender a asociar estímulos inesperados a sus erecciones. El circuito de recompensa primitivo del cerebro no es consciente de que la campana no es comida, ni que ese género de porno no es «mi» porno. El axioma es simple «Excitación... Lo quiero».

Ya en 2004, investigadores suecos afirmaron que el 99 % de los hombres jóvenes había consumido pornografía y más de la mitad sentía que había afectado a su comportamiento sexual.[140] Tal y como he mencionado anteriormente, un estudio de 2016 descubrió que el 49 % de los hombres reconoció ver porno que no le resultaba interesante o que consideraba «desagradable». Es interesante que el 20 % de los participantes también afirmara que utilizaba la pornografía para mantener la excitación con sus parejas.

Aunque estés viendo porno moderado y no hayas desarrollado ningún fetiche inducido por la pornografía, el objeto de tu excitación puede tener repercusiones. ¿Te estás entrenando para el papel de *voyeur*, para necesitar algo más excitante a la mínima que te baja la dopamina o para buscar y buscar hasta encontrar la escena correcta para llegar al clímax? ¿Te masturbas encorvado o mientras miras tu teléfono móvil en la cama antes de dormir?

Cada uno de estos desencadenantes pone en marcha el circuito de recompensa con la promesa de un sexo... que no es sexo. Las neuronas afianzan estas asociaciones con la excitación mediante nuevas ramificaciones que fortalecen conexiones. ¿Los resultados? Terminarás *necesitando* ser un *voyeur*, hacer clic en material nuevo, ver porno para conseguir dormir o buscar el final perfecto para acabar el trabajo.

Una tarea evolutiva primordial de la adolescencia (la pubertad hasta los 24) es aprender todos los aspectos del sexo, tanto de forma consciente como inconsciente. Para lograrlo, el increíblemente maleable cerebro adolescente se conecta con los desencadenantes sexuales que encuentra en el entorno.[141] Los adolescentes asocian las experiencias con la excitación mucho más rápido y con mayor facilidad de lo que lo hacen los adultos jóvenes, tan solo unos años mayores.[142] Los adolescentes son especialmente vulnerables porque su circuito de recompensa trabaja a pleno rendimiento.[143] Como respuesta a la novedad de internet sus cerebros producen picos más altos de dopamina, pero se aburren con más facilidad (este efecto se ve exagerado en sujetos con un consumo problemático de pornografía[144]). Sus cerebros también son más sensibles a la dopamina[145] y producen más DeltaFosB[146] («recordar y repetir»). La hipersensibilidad del cerebro adolescente a la recompensa también implica que su dueño sea más vulnerable a la adicción.[147]

Los estímulos excitantes pueden alterar el mundo de un adolescente de una forma que no podrían con un cerebro adulto; algo que incluso se llegó a observar en las pruebas cerebrales realizadas a jóvenes consumidores de pornografía en un estudio de 2014 llevado a cabo en Cambridge.[148] Esta realidad neuroquímica es primordial para los cerebros jóvenes, y les incita a definir el sexo en función de aquello que les proporciona la mayor sacudida sexual.

Por si eso no fuera suficientemente preocupante, recordemos que un proceso de modelado natural limita las opciones que el sujeto tendrá en la edad adulta.[149] De hecho, el cerebro se encoge a partir de los 12 años, momento en el que millones de conexiones neuronales se podan y reorganizan (tal y como se aprecia en la imagen).[150] El principio de usar o tirar rige qué conexiones neuronales sobreviven, dejando a nuestro protagonista con respuestas bien asentadas para el resto de su vida.[151] Por ello, un cerebro adolescente puede verse muy condicionado por el porno en línea con sorprendente facilidad, hasta el punto que el sexo real llegue a parecer una experiencia extraterrestre para alguno de ellos.

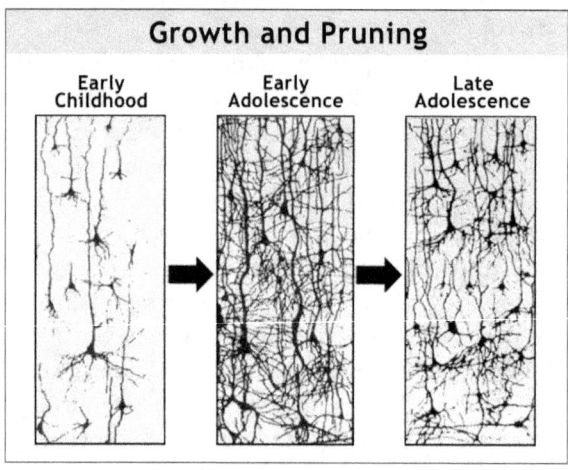

Cuando se forman nuevas conexiones, los cerebros adolescentes se aferran a esas asociaciones. De hecho, nuestros recuerdos más potentes y duraderos se crean durante la adolescencia, así como nuestros peores hábitos.[152] En la veintena, es posible que nuestro protagonista ya no tenga el mismo condicionamiento sexual adquirido durante la adolescencia, pero es posible que siga arraigado en su cerebro, difícil de ignorar o reconfigurar.

Gustos cada vez más excéntricos

Los estudios sobre el condicionamiento de las respuesta sexual en los humanos son limitados, pero muestran que la excitación sexual es condicionable,[153] en especial antes de la edad adulta.[154] Por ejemplo, cuando los hombres ven porno y, simultáneamente, ven objetos poco sexis como una bota negra[155] o un tarro lleno de monedas[156] posteriormente se excitan (y tienen una erección) al ver solo la bota o el tarro de monedas. Sin necesidad de pornografía.

La conducta y la atracción sexual en los animales puede condicionarse a una serie de estímulos que normalmente no son sexualmente excitantes como, por ejemplo, el olor de frutas o frutos secos, el uso de pequeñas chaquetas para roedores e incluso parejas del mismo sexo.[157] En un drástico ejemplo de condicionamiento, los investigadores rociaron ratas sexualmente receptivas con cadaverina (el olor de la carne en descomposición) y las metieron en jaulas con impacientes machos jóvenes y vírgenes. Normalmente, las ratas evitan la carne en descomposición. Se trata de algo innato y no de un comportamiento aprendido. Entierran los cadáveres y trozos de madera empapados en cadaverina. Sin embargo, con los niveles de dopamina al máximo por la anticipación, los machos copularon y eyacularon varias veces.

Días más tarde, se introdujo a los machos jóvenes en una gran jaula con hembras que olían normal y hembras que olían a muerte. Las ratas cuya conducta había sido condicionada copulaban de forma indiscriminada. Las ratas normales, las de control, no se acercaban a las hembras que apestaban a muerte. ¿Hasta qué punto se había arraigado ese condicionamiento? Unos días más tarde, se dio a las ratas (ya no vírgenes) condicionadas un trozo de madera impregnado con cadaverina. Jugaron con él y muchas lo mordisquearon; como si el trozo de madera hubiera estado relacionado con algo que les encantara, como el chocolate o las secreciones vaginales.

En el caso de las mujeres, el hecho de ver pornografía puede anular sentimientos de disgusto e incrementar el deseo de hacer algo que una mujer que no consume pornografía podría encontrar completamente repulsivo.[158] Dichos descubrimientos son comparables a la progresión de los hombres a géneros de pornografía que previamente les habían disgustado o no coincidían con sus gustos sexuales. No resulta sorprendente que los estudios relacionen el consumo temprano de pornografía con la progresión a material más extremo.[159]

El condicionamiento sexual aparece en tres estudios llevados a cabo con pruebas cerebrales (imagen por resonancia magnética funcional), en los que consumidores compulsivos de pornografía veían contenido pornográfico mientras se evaluaba su actividad cerebral. Tal y como se esperaba, su respuesta era idéntica a la de los adictos a una sustancia (mayor reactividad a los desencadenantes o sensibilización). Además, estos tres estudios aportaron otra variante. En lugar de limitarse a proyectar imágenes pornográficas, añadieron un símbolo antes de cada una de ellas que predecía si estas eran de contenido sexual o no (por ejemplo, un árbol o una silla). Por ejemplo, los sujetos veían un cuadrado segundos antes de ver pornografía. Tras varias rondas con este procedimiento, los sujetos relacionaban de forma consciente e inconsciente un cuadrado con la pornografía y la excitación sexual.[160] Todos los sujetos condicionaron rápidamente su excitación a los símbolos que predecían la pornografía. Sin embargo, en comparación con los sujetos de control, la reacción de los sistemas de recompensa de los consumidores compulsivos era mucho más intensa ante los desencadenantes (símbolos) y el condicionamiento tenía lugar con mayor rapidez.

Así es como los científicos investigan la sensibilización en sus laboratorios. Condicionan la excitación sexual y la activación de dopamina de los consumidores de pornografía con objetos que normalmente no causan excitación. Dicho estudio ayuda a explicar por qué encender el ordenador u oír que tus padres se van de casa ya te pone a tono.

Uno de estos estudios también descubrió que los adictos a la pornografía se acostumbraban antes a las imágenes sexuales. Sus sistemas de recompensa mostraban una activación menor ante pornografía ya conocida. Para evitar esta adaptación, el adicto necesita buscar un suministro constante de pornografía nueva, condicionándose a sí mismo a nuevos géneros.

Antes de ver pornografía en línea 24/7, los desencadenantes sexuales habituales eran otros adolescentes, un desplegable ocasional o una película para público restringido (R-rated). El resultado era predecible: las otras personas conseguían generar excitación. Ahora, sin embargo:

> Tengo 25 años pero tengo acceso a internet de alta velocidad y veo vídeos porno desde los 12. Mi experiencia sexual es muy limitada y las pocas veces que he practicado sexo han sido decepcionantes: no conseguí una erección. He intentado dejarlo durante 5 meses y finalmente lo he conseguido. Me doy cuenta de que he estado condicionado hasta el punto de que mis deseos sexuales están estrechamente relacionados con la pantalla de un ordenador. Las mujeres no me excitan si no son en 2D y están en el monitor.

Dicha relación inconsciente, en especial en un cerebro adolescente hiperactivo, puede provocar cambios inesperados de los gustos sexuales. Si la mayoría de las sesiones de masturbación de un adolescente las anima la pornografía, las rutas cerebrales relacionadas con esa compañera de álgebra podrían verse desplazadas. Pasar años encorvado delante de una pantalla con diez pestañas abiertas, dominando la dudosa habilidad de aprender a masturbarte con la mano izquierda y encontrar actos sexuales de los que no habías oído hablar antes de haber dado tu primer beso no te prepara para tu primera vez y mucho menos para alcanzar la satisfacción en el acto amoroso.

En un artículo de 2014, Norman Doidge escribió: «Nos encontramos en una revolución de los gustos sexuales y románticos nunca vista en la historia, se está llevando a cabo un experimento social con niños y adolescentes (...) Este nivel de exposición a la pornografía es nuevo. ¿Estas influencias y gustos terminarán siendo algo superficial? ¿O se integrarán estos nuevos escenarios al tratarse la adolescencia de un período de formación?».[161]

Afortunadamente, la plasticidad cerebral también funciona en la otra dirección. Veo a muchos chicos dejar la pornografía y, meses más tarde, darse cuenta de que los fetiches que creían indelebles habían desaparecido. De hecho, les parece increíble que les excitara el género X (y es posible que eso fuera lo único que lo conseguía).

Es probable que el condicionamiento sexual de hombres en edad adolescente también explique que los hombres jóvenes con disfunción eréctil inducida por la pornografía, a menudo, necesiten más meses que los de más edad para recuperar una función sexual normal. Esto se explica porque los segundos no se iniciaron en la sexualidad relacionando su respuesta sexual a una pantalla y cuentan con rutas o mapas cerebrales de la excitación que crearon con parejas reales. Llevaban años teniendo erecciones sólidas con otras personas antes de descubrir las páginas en línea de vídeos a alta velocidad. A diferencia de los hombres más jóvenes que crecieron con internet, los hombres más maduros simplemente reaprenden.

Información adicional sobre disfunciones sexuales inducidas por la pornografía

Aunque solo unos pocos estudios han documentado la abstinencia pornográfica de los hombres para revertir disfunciones sexuales crónicas, 19 estudios han relacionado los problemas sexuales o una disminución de la excitación con el consumo de pornografía y la adicción a ella. En el artículo que escribí con doctores de la Marina estadounidense, hipotetizamos que las disfunciones sexuales inducidas por la pornografía surgen de una combinación de condicionamiento sexual (sensibilización) y una desensibilización del sistema de recompensa.[162] Tal y como he descrito anteriormente, un consumidor de pornografía puede condicionar su excitación a todo aquello que asocia con su consumo como, por ejemplo, la perspectiva de *voyeur*, la búsqueda constante, un desfile de parejas sexuales nuevas o material fetichista.

Sin embargo, ninguno de ellos es equiparable con los encuentros sexuales reales. En las relaciones sexuales reales se toca y te tocan, hay olor, conexión e interacción con una persona; todo ello sin el punto de vista de *voyeur*.

La dopamina funciona de forma extraña. Se dispara cuando algo es mejor de lo esperado (transgrede las expectativas), pero cae cuando no cumple con las expectativas.[163] En el caso del sexo, es casi imposible igualar el nivel de sorpresa, variedad y novedad que ofrece la pornografía. Por ello, cuando un hombre joven se condiciona con tal dedicación con la pornografía, el sexo nunca cumple con sus expectativas inconscientes. Las expectativas inconscientes producen un descenso de la dopamina y de las erecciones (es indispensable que haya un flujo estable de descargas de dopamina para mantener las erecciones y la excitación sexual). Tanto si tienes 25 como 55 años, la diferencia entre el sexo real y masturbarse viendo pornografía en línea es un factor determinante en las disfunciones sexuales inducidas por la pornografía. Masturbarse viendo pornografía para prepararse para el sexo es como jugar al golf durante años para competir en Wimbledon. Estás entrenando para el deporte equivocado.

Mientras que el condicionamiento sexual es el principal cambio cerebral responsable de la DE inducida por la pornografía, no se le puede hacer responsable de todos los síntomas experimentados por los hombres. Dos de los síntomas más comunes, aunque difíciles de expresar, son la ausencia de las erecciones por las mañanas (erecciones nocturnas) y la temida inapetencia o *flatline*. Por lo general, la desaparición de erecciones nocturnas tiene lugar antes de cesar el consumo pornográfico. Es importante tener en cuenta que, a menudo, los urólogos emplean la ausencia de erecciones nocturnas para diferenciar entre DE psicológicas y orgánicas (es decir, problemas nerviosos o de los vasos sanguíneos). Es posible que algunos hombres con DE inducida por la pornografía, con ausencia de erección matutina, sean diagnosticados erróneamente con DE orgánica. Por contraposición, la *flatline* temporal tiene lugar tras haber iniciado la abstinencia. Se manifiesta como genitales inertes, ausencia total de libido y pérdida de atracción por las personas reales.

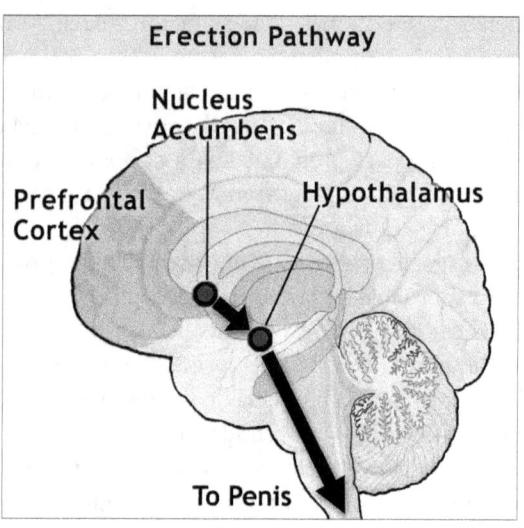

Todos estos síntomas indican cambios en las estructuras cerebrales más profundas, directamente implicadas en la excitación y las erecciones. Los estudios revelan que las erecciones requieren un nivel adecuado de dopamina en el circuito de recompensa,[164] así como en los centros sexuales del cerebro masculino.[165] No hace mucho, en Italia se realizaron pruebas cerebrales a hombres que padecían DE psicógena (en contraposición a la DE orgánica, que está derivada de problemas físicos en los genitales). Las imágenes revelaron atrofia de la materia gris del centro de recompensa del cerebro (*nucleus accumbens*) y los centros sexuales del hipotálamo.[166] La pérdida de materia gris equivale a la pérdida de ramificaciones y conexiones neuronales. Tu coche de ocho cilindros funciona tan solo con tres. Esto se traduce en una disminución de las señales de dopamina (menor excitación).

El estudio es una clara evidencia de que la DE psicogénica no siempre está causada por el estado mental de un individuo (como, por ejemplo, el pánico escénico). Puede ser consecuencia de cambios en el circuito de recompensa que tienen como resultado una disminución de las señales de dopamina. Esto podría ayudar a explicar por qué la *flatline* y la ausencia de erecciones matutinas están a menudo asociadas con las disfunciones sexuales inducidas por la pornografía y pueden tardar meses en desaparecer.

Este descubrimiento es coherente con los resultados de un estudio alemán publicado en *JAMA Psychiatry* en el que se realizaron pruebas cerebrales.[167] Ambos estudios observaron menos materia gris en el circuito de recompensa. En él, los sujetos con un consumo de pornografía más elevado tenían menos materia gris y mostraban menos excitación ante imágenes de contenido sexual. Ambos estudios podrían revelar los cambios estructurales derivados de una desensibilización prolongada. Entonces, ¿el tamaño importa? Sí, al menos si hablamos de materia gris.

A diferencia del condicionamiento sexual, la desensibilización y otros cambios cerebrales derivados del hiperconsumo crónico a menudo se pueden detectar mediante neuroimágenes. La confirmación de este efecto solo se puede obtener a través de autoevaluaciones sobre los síntomas y la recuperación. Que los hombres jóvenes necesiten con frecuencia más tiempo para recuperarse indica un condicionamiento sexual más profundo durante la adolescencia.

Tal y como hemos visto, la adolescencia es un período de desarrollo clave durante el cual, el objetivo del cerebro de los mamíferos es adaptar su conducta de apareamiento a los desencadenantes del entorno que generan excitación. Por ello, el cerebro va eliminando los circuitos en desuso; posiblemente los relacionados con la búsqueda de parejas reales que los antepasados adolescentes de estos chicos habrían desarrollado y reforzado como algo natural.[168] Aquí sigue una cuenta habitual de un chico joven que había creado una asociación profunda entre su sexualidad y la pornografía por internet:

Probablemente os estáis preguntando «Por amor de Dios, ¿mejorará mi disfunción eréctil o me estoy torturando para nada?». Yo también me lo preguntaba. La respuesta es «Más o menos» al principio y luego «¡Sí!». Probablemente, lo que sentiréis cuando empecéis a tener relaciones sexuales será vuestro cerebro diciendo «¿Qué está pasando?». No está acostumbrado al sexo real como su principal forma de sexualidad. El contacto real pone en marcha el proceso de reconexión. Volverás a sensibilizarte con el sexo real.

El sexo tras el *reboot* es MUCHO MEJOR. No puedo describirlo con palabras. Pasarás por un proceso de reconexión, en el que flaquearás y te costará arrancar, pero acabarás funcionando a todo gas. ¿Que cómo estoy ahora? Ni rastro de la DE, ni siquiera pienso en ella.

¿Qué sugieren los hombres que logran recuperarse de la DE inducida por la pornografía? La primera sugerencia es eliminar la pornografía, cualquier sustituto, así como recordar las imágenes pornográficas que veías. Dicho de otro modo, eliminar toda estimulación sexual artificial. Con *artificial* me refiero a píxeles, audio y texto. Ningún sustituto de la pornografía como, por ejemplo: navegar y ver fotografías en Facebook, Snapchat o aplicaciones de citas, ojear Craigslist, anuncios de ropa interior, vídeos de YouTube, literatura erótica... Si no pertenece al mundo real, di «no». El contenido no es tan importante como el hecho de imitar los comportamientos que hicieron que tu cerebro necesitara continuamente estimulación y contenido novedoso, procedentes de una pantalla.

La segunda sugerencia es que reconectes tu excitación con personas reales. Aunque esto ayuda a todos los afectados a recuperarse, es un componente especialmente clave para hombres jóvenes, con poca o ninguna experiencia sexual. Esto no significa que debas practicar sexo para reestablecer las conexiones sexuales. De hecho, lo mejor es empezar a conocer a alguien poco a poco. Salir, tocarse y besarse con alguien ayuda a vincular la excitación sexual y el afecto con una persona real; algo esencial para recuperarse.

Adicción a la pornografía

Una segunda adaptación que puede surgir de un consumo excesivo de pornografía es la adicción. Tal y como hemos explicado, las drogas se limitan a aumentar o disminuir los mecanismos fisiológicos normales. Todas comparten un rasgo: la capacidad de elevar de forma significativa la dopamina de nuestro centro de recompensa (*nucleus accumbens*). La excitación sexual induce niveles de dopamina comparables a los de la morfina y dispara las mismas neuronas afectadas por la cocaína y la metanfetamina (en comparación con otras recompensas naturales). La adicción a la pornografía en línea puede ser la adicción conductual más pura, en la que los cambios cerebrales detectados en los que la padecen son muy similares a los de los adictos a sustancias.

Los investigadores saben que todas las adicciones, a pesar de sus diferencias, llevan consigo un conjunto predeterminado de cambios en la región cerebral central.[169] Estos, a su vez, se manifiestan como signos, síntomas y comportamientos reconocidos, como los que se enumeran en la prueba de evaluación estándar sobre adicciones denominada las tres C (*Three* C):

> 1. *causa* y deseo por obtener, participar o recuperarse del consumo de una sustancia o de una conducta;
> 2. pérdida de *control* del consumo o la conducta al incrementar su frecuencia o duración, la cantidad o intensidad o el riesgo para obtener el efecto deseado y
> 3. *consecuencias* negativas en el ámbito físico, social, laboral, financiero o psicológico.

¿Qué magnitud tiene el riesgo de adicción a la pornografía? Es de dominio público que las sustancias que incrementan la dopamina, como el alcohol o la cocaína, pueden llegar a crear adicción. Sin embargo, solo el 10-15 % de los humanos o las ratas que consumen drogas (excepto la nicotina) llegan a padecer adicción. ¿Significa que el resto estamos a salvo? Cuando se trata del abuso de sustancias, es posible que así sea.

Sin embargo, en relación con el acceso sin restricciones a versiones hiperestimulantes de recompensas naturales como, por ejemplo, la comida basura,[170] la respuesta es «No»,[171] aunque, claro está, no todos los consumidores se enganchan. El motivo por el que versiones muy estimulantes de la comida y la excitación sexual pueden llegar a atraparnos, aunque no seamos especialmente susceptibles a la adicción, es que nuestro circuito de recompensa ha evolucionado para empujarnos hacia la comida y el sexo y no hacia las drogas o el alcohol. Los alimentos con alto contenido en grasas[172] o azúcares que tenemos al alcance hoy en día[173] han logrado atrapar a muchas más personas en patrones destructivos de comportamiento que las drogas. El 70 % de las personas adultas estadounidenses padece sobrepeso y el 37,7 % obesidad.[174]

No sabemos a cuántas personas afecta negativamente el consumo de pornografía en línea, debido a la privacidad que rodea su uso y que los usuarios no relacionan necesariamente el consumo con los síntomas. Sin embargo, en una encuesta realizada en 2014 a 1000 personas adultas estadounidenses, el 33 % de los hombres de 18-30 años pensaba que era adicto a la pornografía o no estaba seguro. En cambio, tan solo un 5 % de los hombres de 50-68 años pensaba que era adicto, o podría serlo.[175] ¿Qué dicen los estudios sobre el tema? En 2016, dos estudios preguntaron a hombres consumidores de pornografía sobre el consumo problemático. Un grupo estaba formado por sujetos diagnosticados con adicción, el otro por sujetos autodiagnosticados. En ambos casos el porcentaje era del 28 %.[176]

Las versiones supernormales de las recompensas naturales tienen la capacidad de anular los mecanismos de saciedad, es decir, aquello que nos hace sentir que hemos consumido suficiente de algo.[152] Así pues, no es de extrañar que el contenido erótico ilimitado y nuevo le resulte atractivo a grandes sectores de la población, lo que incluye a aquellos que no serían susceptibles de sufrir adicción a sustancias.

> Bebo de vez en cuando, pero no demasiado. Solo soy adicto al porno. Crecí pensando que era normal y que todo el mundo lo hacía. Incluso llegué a pensar que podía ser beneficioso para mí.

***

> Luché contra la adicción al porno durante años, mientras que simplemente tomé la decisión de dejar de fumar, lo dejé y nunca miré atrás. A diferencia del tabaco, la adicción al porno está ligada a una necesidad biológica subyacente, que se entrelaza con la adicción y lo complica todo.

Algunos psicólogos y personal clínico que no pertenecen al campo de la neurociencia y la adicción afirman que es un error utilizar la ciencia de la adicción para comprender comportamientos como la ludopatía y el consumo descontrolado de pornografía en línea. Afirman que la adicción solo tiene sentido cuando se habla sobre sustancias como la heroína, el alcohol o la nicotina. Este punto de vista, a menudo, llega hasta los medios de comunicación. Sin embargo, los últimos estudios sobre la esencia de la adicción lo contradicen.

Es posible que no seamos conscientes de ello, pero la adicción es el trastorno mental más estudiado. A diferencia de la mayoría de los trastornos mentales que aparecen en el *Manual diagnóstico y estadístico de los trastornos mentales* (DSM-5), la adicción se puede reproducir en animales de laboratorio. Eso permite a los investigadores estudiar los mecanismos causales y los cambios cerebrales a nivel molecular.

Tanto si lo que se investiga es una adicción a un comportamiento sexual, el juego, el alcohol, la nicotina, la heroína o la metanfetamina, cientos de estudios cerebrales confirman que todas las adicciones modifican el mismo mecanismo cerebral básico[177] y producen un conjunto reconocido de alteraciones anatómicas y químicas.[178] Los expertos en adicción ya no albergan ninguna duda sobre si las adicciones conductuales son, básicamente, un trastorno.

Unos 230 estudios cerebrales realizados con adictos a internet revelan la presencia de los mismos cambios en la región cerebral central que se observan en los adictos a sustancias.[179] Si el uso de internet ya es, por sí solo, potencialmente adictivo, es evidente que la pornografía en línea también lo es. Por supuesto, los estudios cerebrales sobre los consumidores de pornografía en línea ahora lo afirman. Recientemente, se mencionaron los cuatro cambios cerebrales primarios implicados en la adicción en una publicación de referencia escrita por el director del National Institute on Alcohol Abuse and Alcoholisim (NIAAA) George F. Koob y su coautora, directora del National Institute on Drug Abuse (NIDA) [N. de la T. 4], Nora D. Volkow.[180] Dicha publicación, por cierto, también mencionaba el sexo como una adicción conductual:

> Concluimos que la neurociencia sigue respaldando el modelo de afección cerebral causado por la adicción. Los estudios neurocientíficos sobre este campo no solo ofrecen nuevas oportunidades de prevención y tratamiento de adicciones a sustancias

y otras adicciones conductuales (p. ej. a la comida, el sexo, las apuestas) (...).

Entonces, ¿cuáles son los cuatro cambios cerebrales básicos aparentemente causados por la adicción? En términos sencillos y muy generales son: 1) sensibilización, 2) desensibilización, 3) disfunción del circuito prefrontal (hipofrontalidad) y 4) mal funcionamiento del sistema responsable de la gestión del estrés (núcleo paraventricular del hipotálamo). Estudios realizados sobre consumidores de pornografía y adictos al sexo ahora encuentran evidencias de todos estos cambios (se enumeran citas debajo de cada uno de ellos).

Ya hemos abordado los dos primeros en profundidad, ya que tienen la misma relevancia para los síntomas relacionados con el condicionamiento sexual no deseado.

> **1. Sensibilización** o supermemoria inconsciente del placer que, cuando se activa, desencadena un deseo intenso. ¿Tu deseo sexual aumenta repentinamente cuando tu mujer se va de compras? Es poco probable. Podría deberse a que estás en una especie de piloto automático, como si otra persona controlara tu cerebro. Quizás sientes como una urgencia, palpitaciones, incluso temblores, y solo eres capaz de pensar en encender el ordenador e iniciar sesión en tu página de vídeos preferida. Las rutas cerebrales de la adicción sensibilizadas te gritan: «¡Hazlo!». En agosto de 2017 ya existían 19 estudios que informaban sobre la sensibilización o la reacción a desencadenantes de los consumidores de pornografía/adictos al sexo.[181]

Es importante saber que, durante la abstinencia, las rutas cerebrales sensibilizadas destinadas a la pornografía siguen creciendo durante un período de tiempo. Es como si tu sistema de recompensa pidiera a gritos estimulación, pero solo la adicción es capaz de conseguirla. Las ramificaciones (dendritas) de las neuronas responsables del procesamiento de las señales se vuelven *superespinosas*.[182] Este hipercrecimiento de pequeñas protuberancias permite que se establezcan más conexiones neuronales y, por lo tanto, más excitación. Es como si te creciera otro par de orejas en un concierto de

Spinal Tap; cuando los desencadenantes llaman a la puerta de tu circuito de recompensa, tu sensación de deseo es de 11 sobre 10.

Con la sensibilización amplificada, las señales activan el centro de recompensa mediante los mismos mecanismos implicados en los procesos normales de aprendizaje y la memoria.[183] Es posible que se debiliten, pero resistirán con determinación. Mucho después de que el anhelo consciente desaparezca, las rutas cerebrales sensibilizadas se podrán reactivar con cualquier aspecto asociado que las hubiera usado previamente (desencadenantes, estrés, etc.). Es precisamente la preocupación por la reactivación de las rutas cerebrales por lo que la organización de Alcohólicos Anónimos, con sus 12 pasos para la rehabilitación, recomienda una abstinencia total. Sin embargo, la sobriedad es un concepto mucho más difícil de definir en el caso de adicciones no relacionadas con una sustancia (como por ejemplo a internet, la comida o las imágenes eróticas).

> **2. Desensibilización** o una respuesta anestesiada al placer. Una disminución de las señales de dopamina y los opioides hace que el adicto sea menos sensible a los placeres diarios y esté sediento de actividades y sustancias capaces de incrementar sus niveles de dopamina. Probablemente, la desensibilización es el primer cambio cerebral relacionado con la adicción que perciben los consumidores de pornografía. Necesitan cada vez más estimulación para lograr el mismo efecto (desarrollan tolerancia).

Antes mencioné que el hiperconsumo crónico induce la formación de CREB que, a su vez, inhibe la dopamina del circuito de recompensa. Sin embargo, cuando el adicto practica la abstinencia, los niveles de CREB descienden rápidamente. Por este motivo, no podemos decir que la CREB sea responsable de la pérdida de placer o depresión del adicto, que puede perdurar durante varios meses. Estudios realizados con humanos y animales identifican el descenso de los receptores de opioides o dopamina, así como la pérdida de materia gris como causas de la duración de la desensibilización. El cerebro, en lugar de protegerse de un exceso de estimulación mediante la reducción de los niveles neuroquímicos, elimina algunos de los receptores, lo que hace que el adicto pierda sensibilidad a los opioides y la dopamina que produce su cuerpo.

Pensémoslo de este modo: cuando alguien grita continuamente, nos tapamos los oídos. Ante un envío masivo de dopamina, las neuronas emisoras se «tapan los oídos» reduciendo el número de receptores de dopamina (en concreto, el D2, ya que existen 5 tipos de receptores). Para complicarlo todo un poco más, los receptores D2 son los que ayudan a frenar el hiperconsumo, por lo que su pérdida hace que sea mucho más difícil resistirse al deseo. No se puede considerar la desensibilización como un daño cerebral. Las neuronas podrían restituir la pérdida de receptores de opioides o dopamina en un abrir y cerrar de ojos. Sin embargo, la desensibilización representa un sistema de respuestas negativas funcionando a toda máquina (probablemente sostenido por cambios epigenéticos).

El investigador alemán, Simone Kuhn, explicó que «asumimos que los sujetos con un consumo elevado de pornografía necesitan más estimulación para recibir la misma recompensa. Esto encaja a la perfección con la hipótesis que afirma que sus sistemas de recompensa necesitan cada vez más estimulación».[184]

Uno de los principales impulsores de la adicción es precisamente este desequilibrio entre el deseo abrumador de consumir, causado por la sensibilización, y el hecho simultáneo de experimentar menos placer al realizar las actividades cotidianas, a causa de la desensibilización.[185] Seis estudios neurológicos llevados a cabo hasta ahora han informado sobre casos de desensibilización o adaptación entre consumidores de pornografía/adictos al sexo.[186] Volvamos ahora a los dos aspectos restantes de la adicción que nos quedan por abordar.

> **3. La disfunción del circuito prefrontal** se manifiesta como una falta de voluntad debilitada, combinada con hipersensibilidad a los desencadenantes de la adicción. El córtex prefrontal (situado detrás de la frente) es la sede de lo que los científicos denominan *control ejecutivo*. Nos permite resolver problemas, prestar atención, planificar, prever consecuencias y regular el comportamiento en función de los objetivos. Es una parte importante de la adicción, ya que dirige la fuerza de voluntad e inhibe com-

portamientos de los que podríamos arrepentirnos una vez llevados a cabo.

Para ayudarnos a controlar los impulsos extiende dos tipos de rutas nerviosas en nuestro sistema de recompensa: rutas «¡adelante!» y «paremos un momento y pensémoslo». Estas rutas funcionan como los pedales del acelerador y el freno para el sistema de recompensa, de naturaleza menos reflexiva. Por ejemplo, si los centros emocionales de tu sistema de recompensa (amígdala) te generan el deseo de pegar a tu jefa, tu córtex prefrontal rápidamente calcula las consecuencias y emite mensajes a través de las rutas «paremos y pensémoslo» para inhibirte.

Con la adicción, las rutas «¡adelante!» cada vez son más potentes y amplifican el deseo de consumir pornografía; mientras que las rutas «paremos y pensémoslo» se debilitan fisiológicamente y lo tienen cada vez más difícil para inhibir tus impulsos. Es el equivalente neurológico a tener un demonio en un oído y un ángel en el otro, solo que el demonio tiene el tamaño de King Kong.

Se pueden observar evidencias físicas de la disfunción de los circuitos prefrontales en estudios realizados con imágenes por resonancia magnética funcional, y existen tests psicológicos especializados capaces de identificar un control ejecutivo más débil. Actualmente, existen 13 estudios que informan que los consumidores de pornografía y los adictos al sexo padecen una alteración de los circuitos prefrontales o un peor funcionamiento ejecutivo (hipofrontalidad).[187]

4. Mal funcionamiento del sistema responsable de la gestión del estrés que se manifiesta como deseos más intensos, inhibición de la fuerza de voluntad y numerosos síntomas de abstinencia. Nuestro sistema de gestión del estrés no solo nos prepara para luchar por nuestra vida o escapar del peligro, sino que también modifica el cerebro y el cuerpo para soportar situaciones de estrés a largo plazo. Algunos expertos consideran la adicción como un trastorno del estrés porque no solo afecta a las hormonas del estrés (el cortisol y la adrenalina), sino que también induce múltiples alteraciones en el sistema del cerebro responsable de gestionarlo.

Tres de estas alteraciones hacen que escapar de la adicción sea todo un reto.[188] En primer lugar, el estrés aumenta los niveles de dopamina y cortisol, lo que convierte cualquier elemento estresante en un deseo intenso de consumo. Incluso en ausencia de desencadenantes, el estrés activa las rutas de adicción sensibilizadas. En segundo lugar, el estrés inhibe la función ejecutiva y el córtex prefrontal, lo que incluye el control de los impulsos y la capacidad de ser plenamente conscientes de las consecuencias de nuestras acciones.

Por último, aunque no por ello menos importante, cuando un adicto priva a su cerebro de su dosis, el sistema de gestión del estrés funciona de forma frenética. Eso induce muchos de los síntomas de abstinencia habituales comentados por los adictos como, por ejemplo, ansiedad, depresión, cansancio, insomnio, irritabilidad, dolor y cambios de humor. Se sienten fatal lo que, a menudo, hace que vuelvan a su adicción. Hasta la fecha, tres estudios han demostrado la existencia de sistemas de gestión del estrés disfuncionales en consumidores de pornografía y adictos al sexo.[189] Uno de los estudios descubrió cambios epigenéticos en los genes involucrados en el estrés de los adictos al sexo.

En resumen, si estos cuatro cambios neuroplásticos pudieran hablar, la *desensibilización* se quejaría: «Nunca estoy satisfecho». Simultáneamente; la *sensibilización* te daría codazos y te diría: «¡Eh! Tengo lo que necesitas!», que casualmente es exactamente lo que causó la desensibilización; la *hipofrontalidad* (disfunción del circuito prefrontal se encogería de hombros, resignada: «No es una buena idea, pero no puedo detenerte» y tu sistema responsable de la gestión del estrés con problemas de funcionamiento gritaría «¡NECESITO algo YA para calmarme!».

Estos fenómenos son la esencia de todas las adicciones. Un adicto a la pornografía en proceso de recuperación los resumió como «Nunca tengo suficiente de eso que no logra, ni logrará jamás, llegar a satisfacerme». La recuperación revierte estos cambios. Poco a poco, el adicto reaprende a desear con normalidad.

Érase una vez, los negacionistas de la adicción a la pornografía proclamaron que la ausencia de estudios sobre los síntomas de abstinencia y tolerancia (la necesidad de más estimulación para lograr el mismo efecto) era indicativo de que la «adicción a la pornografía no existe». De hecho, ni la tolerancia ni los síntomas de abstinencia radicales son un prerrequisito de la adicción. Por ejemplo, los adictos al tabaco o a la cocaína pueden estar completamente enganchados, sin embargo, su experiencia durante la abstinencia es suave, en comparación con la de los alcohólicos o los adictos a la heroína.[190] (Lo que todos los tests de evaluación de adicciones tienen en común es un «uso continuado a pesar de las consecuencias negativas». Una prueba fehaciente de adicción.

Sin embargo, en los foros observo que los exconsumidores de pornografía manifiestan de forma habitual síntomas de abstinencia graves, que recuerdan a los de la adicción a las drogas: insomnio, ansiedad, irritabilidad, cambios de humor, dolor de cabeza, agitación, falta de concentración, fatiga, depresión, parálisis social y pérdida repentina de la libido que denominan *flatline* (síntoma de abstinencia aparentemente único en el caso de adictos a la pornografía).

No fue hasta 2017 que dos equipos de investigación preguntaron directamente a los consumidores de pornografía en línea sobre los síntomas de abstinencia que padecían. Ambos informaron sobre la existencia de síntomas de abstinencia en «usuarios con un consumo problemático de la pornografía».[191] Además, las universidades de Swansea y Milan comunicaron que los adictos a internet, la mayoría de los cuales habían accedido a páginas de apuestas o de pornografía,[192] sufrían un mono similar al dejar de entrar en las webs, igual que las personas que dejan de consumir drogas.[193]

En cuanto a la tolerancia, tres estudios han preguntado específicamente a los consumidores de pornografía sobre la tolerancia o la progresión a material más extremo y han confirmado ambos aspectos.[194] Mediante distintos métodos indirectos, otros 14 estudios han informado sobre resultados que confirmarían la adaptación al porno habitual o la progresión a géneros más extremos e inusuales.[195]

Sin embargo, la adicción a la pornografía no está reconocida como tal, ¿verdad?

La American Psychiatric Association (APA)[N. de la T. 5] ha aceptado sin entusiasmo incluir el consumo adictivo/compulsivo de pornografía en su manual de diagnóstico. En su última actualización en 2013 (*DSM-5*), no consideraba formalmente la adicción a la pornografía en línea y optaba por hablar del *trastorno hipersexual*. Tras años de revisión, los presidentes de todos los grupos de trabajo del *DSM-5* aprobaron la introducción del término genérico para designar el comportamiento sexual problemático. Sin embargo, en una sesión especial de once horas (según explicó uno de los presidentes del grupo de trabajo), los oficiales de la cumbre del *DSM-5* rechazaron de forma unilateral la hipersexualidad, justificándolo con motivos descritos como ilógicos.[196] Al tomar esta posición, el *DSM-5* descartó pruebas formales, amplios informes sobre signos, síntomas y comportamientos consistentes con la compulsión y la adicción de los sujetos y sus médicos, así como la recomendación formal de cientos de expertos de la American Society of Addiction Medicine[N. de la T. 6].

En 2011, la ASAM redactó una completa declaración de principios con preguntas frecuentes[197] donde afirmaba claramente que las adicciones de la conducta sexual son reales y que la adicción es un trastorno primario con cambios cerebrales subyacentes. Extracción de las preguntas frecuentes de la ASAM:

PREGUNTA: Esta nueva definición de adicción hace referencia a la adicción relacionada con el juego, la comida y la conducta sexual. ¿Cree realmente la ASAM que la comida y el sexo pueden causar adicción?

RESPUESTA: La nueva definición de la ASAM se aleja de la equiparación de la adicción con la dependencia de sustancias y describe que la adicción también está relacionada con otro tipo de comportamientos gratificantes. Esta definición afirma que la adicción está relacionada con el funcionamiento y los circuitos cerebrales, así como con la diferencia existente entre la estructura y el funcionamiento cerebral de las personas con adicción y las personas que no la padecen. (...) La conducta sexual, alimenticia y ludópata pueden asociarse con la «búsqueda patológica de recompensas» descrita en esta nueva definición de adicción.

Thomas Insel, el entonces director del National Institute of Mental Health (NIMH)[N. de la T. 7], criticó el *DSM*, y se opuso a este enfoque por ignorar la fisiología y la teoría clínica subyacentes para basar los diagnósticos únicamente en los síntomas. Esto último permite la existencia de decisiones políticas erráticas que desafían la realidad. Por ejemplo, el *DSM* clasificó incorrectamente la homosexualidad como un trastorno mental.

Justo antes de la publicación del *DSM-5*, en 2013, Insel advirtió que era hora de que los profesionales de la salud dejaran de depender de él. Afirmó que su «falta de solidez reside en su ausencia de validez» y que «no podemos avanzar si seguimos usando las categorías del *DSM* como una regla de oro». También añadió que «ese es el motivo por el que el NIMH reorientará sus investigaciones independientemente de las categorías del *DSM*».[198] En otras palabras, el NIMH dejaría de basar sus investigaciones únicamente en las etiquetas (o la ausencia de ellas) creadas por el *DSM*.

Desde la publicación del *DSM-5*, han surgido cientos de estudios sobre adicción a internet y al juego, así como docenas de estudios sobre adicción a la pornografía en línea. Estos siguen socavando la posición del *DSM-5*. De manera incidental, a pesar de la atención de los medios a la postura del *DSM-5*, los profesionales de la salud han seguido diagnosticando las afecciones de aquellos que padecen conductas sexuales problemáticas. Para ello, emplean otro diagnóstico del *DSM-5* («otra disfunción sexual especificada») así como una del manual de diagnóstico actual de la Organización Mundial de la Salud, el *CIE-10* («otras disfunciones sexuales no debidas a enfermedades o trastornos orgánicos»).[199]

Cuando finalicé la versión de 2017 de este texto, la Organización Mundial de la Salud corrigió la precaución excesiva de la APA. El *CIE-11* incorpora un diagnóstico para el «trastorno del comportamiento sexual compulsivo» que abarca a aquellas personas que tienen dificultades con la pornografía.[200] Sin embargo, los/as mejores neurocientíficos/as que han investigado los efectos de la pornografía en línea creen que sería mejor que el comportamiento sexual compulsivo se *recategorizara* como un trastorno adictivo teniendo en cuenta su similitud neurobiológica con otros trastornos del comportamiento como, por ejemplo, la ludopatía.[201]

Esto nos lleva al debate existente entre *compulsión* y *adicción*. Fuera del campo de la adicción, encontramos a ruidosos negacionistas que insisten en defender que la ludopatía, la adicción a los videojuegos y a la pornografía no son adicciones sino *compulsiones*. Se trata de una maniobra de distracción. He preguntado a estos negacionistas en qué se diferencian los correlatos neuronales de la compulsión por el uso de los correlatos neuronales de la adicción por algo (los *correlatos neuronales* hacen referencia a los circuitos cerebrales, neuroquímicos, receptores y genes que subyacen a un trastorno).

Los defensores de la compulsión no responden jamás a esta pregunta porque, de hecho, no existe diferencia cerebral física alguna entre una adicción al juego y la compulsión por el juego: ambas implican sensibilización. Solo tenemos un centro de recompensa y un circuito de recompensa. Los cambios que observamos en la región cerebral central de las personas que padecen una adicción del comportamiento son las mismas que encontramos en adicciones a sustancias y en las compulsiones en el uso. Se trata de cambios cerebrales asociados con el comportamiento adictivo, independientemente de la etiqueta que se les asigne. Blanco y en botella, leche (aunque, por supuesto, cada adicción específica también presenta características únicas; por ejemplo, la adicción a la heroína reduce drásticamente los receptores opioides corporales, lo que puede provocar síntomas de abstinencia especialmente duros). Tal y como la ASAM explicó en su definición de la adicción:

Esta nueva definición deja claro que la adicción no se reduce a las drogas; sino al cerebro. No se trata de las sustancias que una persona consume lo que la convierten en adicta; ni siquiera de la cantidad o la frecuencia de uso. La adicción es lo que tiene lugar en el cerebro cuando una persona se ve expuesta a sustancias o comportamientos gratificantes...

¿En qué momento se cruza la línea?

Muchas personas se plantean la pregunta obvia: «¿Cuánto es demasiado?» Esta pregunta da por hecho que los efectos de la pornografía son binarios.[202] Es decir, o bien no tienes ningún problema o eres adicto a la pornografía (o padeces otros problemas inducidos por ella). Sin embargo preguntar en qué momento se cruza la línea es ignorar el principio de neuroplasticidad: el cerebro aprende, cambia y se adapta continuamente, para responder ante el entorno.

Hay estudios que revelan que incluso una pequeña cantidad de estimulación supernormal puede alterar rápidamente el cerebro y cambiar el comportamiento. Por ejemplo, solo fueron necesarios cinco días para inducir una sensibilización evidente a los videojuegos en un grupo de adultos jóvenes sanos.[203] Los *gamers* (todavía) no eran adictos, pero una elevada actividad cerebral reflejaba el deseo subjetivo de jugar. En otro experimento, casi todas las ratas a las que se dio acceso ilimitado a alimentos de alto contenido en azúcares y grasas comieron hasta la obesidad.[204] Solo fueron necesarios unos pocos días de comida basura para que sus receptores de dopamina empezaran a decaer (lo que redujo su satisfacción). La pérdida de satisfacción empujó a las ratas a darse atracones de comida.

¿Qué pasa con los consumidores de pornografía? De nuevo, un estudio alemán en el que se observó el cerebro de sujetos no adictos correlacionó el consumo de pornografía con cambios cerebrales relacionados con la adicción y una menor activación cerebral ante contenido pornográfico.[205] Un estudio realizado en Italia describió que el 16 % de los estudiantes en su último año de instituto que consumían pornografía más de una vez a la semana experimentaban un deseo sexual bajo (el 0 % de los que no consumían pornografía declaró tener un deseo sexual bajo).[206] De todo ello se deduce que no es necesario llegar a la adicción para que se produzcan cambios cerebrales mensurables o efectos negativos.

A medida que aprendemos y nos adaptamos a nuestro entorno sexual, el condicionamiento sexual, la sensibilización y otros cambios cerebrales relacionados con la adicción se manifiestan en un espectro. Pueden alterar nuestro cerebro, percepciones, prioridades e, incluso, nuestra función sexual.

Por eso, preguntas como «¿Esta imagen cuenta como pornografía?» o «¿Cuánto porno causa adicción?» están provocadas por una falta de información. La primera, es como preguntar si lo que causa ludopatía es jugar al blackjack o las tragaperras. La segunda, preguntar a un adicto a la comida cuántos minutos pasa comiendo. El hecho es que el centro de recompensa del cerebro no sabe qué es el porno. Simplemente registra los niveles de estimulación mediante picos de dopamina y opioides. La misteriosa interacción entre el cerebro del consumidor y los estímulos escogidos determina si este caerá o no en la adicción.

Aislar la causa del efecto

Aquellos que niegan la existencia de la adicción insisten con frecuencia en que todos los consumidores de pornografía que desarrollan problemas padecían afecciones previas como, por ejemplo, depresión, trauma infantil o TOC. Sostienen que un consumo excesivo de pornografía es el resultado, no la causa, de los problemas. Por supuesto, algunos consumidores de pornografía presentan afecciones previas y necesitan un tratamiento adicional.

Sin embargo, nadie cae en la adicción sin sobreestimulación crónica. Además, los estudios no respaldan la asunción de que los jóvenes sin afecciones preexistentes pueden consumir en exceso sin riesgo a desarrollar síntomas.[207] Por ejemplo, un estudio longitudinal poco conocido llevó a cabo el seguimiento del uso de internet de los jóvenes a lo largo del tiempo. Al buscar factores que pudieran causar confusión, descubrió que «los jóvenes sin afecciones mentales al inicio del estudio pero que usan internet de un modo patológico» desarrollan depresión con una frecuencia 2,5 mayor.[208]

Se inició un experimento fascinante, que sería imposible de replicar en occidente, cuando los investigadores chinos empezaron a medir la salud mental de los alumnos de nuevo ingreso.[209] Un subconjunto de esos estudiantes nunca había pasado tiempo navegando en internet antes de llegar a la universidad. Doce meses más tarde, los científicos reevaluaron la salud mental de los novatos. Cincuenta y nueve de los 2000 estudiantes de primer año ya habían desarrollado adicción a internet. Según los investigadores:

> Tras su adicción, se observaron puntuaciones más altas en aspectos como la depresión, ansiedad, hostilidad, sensibilidad interpersonal, así como la psicosis; lo que sugiere que podrían ser el resultado de un trastorno de adicción a internet.

Al comparar las primeras y segundas puntuaciones de los alumnos que habían desarrollado adicción, los científicos descubrieron que:
- Antes de desarrollar adicción a internet, las puntuaciones de depresión, ansiedad y hostilidad de los estudiantes con adicción a internet eran más bajas de lo normal.
- Tras desarrollar la adicción (un año más tarde), (...) habían aumentado de forma significativa, lo que sugiere que la depresión, ansiedad y hostilidad eran el resultado de la adicción a internet y no viceversa.

Según los investigadores:

No podemos encontrar un factor patológico capaz de predecir un trastorno de adicción a internet. El trastorno de adicción a internet puede causar algunos problemas patológicos a los adictos.

En resumen, aparentemente, los hábitos de internet de los estudiantes fueron los causantes de sus síntomas psicológicos. Más recientemente, investigadores taiwaneses mostraron que existe una correlación entre ideaciones suicidas e intentos de suicidio entre adolescentes y la adicción a internet, incluso tras haber analizado otros factores como la depresión, la autoestima, el entorno familiar y datos demográficos.[210]

Los investigadores chinos también han confirmado que, aunque los usuarios con un consumo abusivo y de alto riesgo de internet mostraban signos inequívocos de depresión (como, por ejemplo, pérdida de interés, comportamiento agresivo, estado de ánimo depresivo y sentimiento de culpa), presentaban pocas evidencias de rasgos depresivos permanentes.[211] En otras palabras, era probable que sus síntomas estuvieran derivados del consumo abusivo de internet y no de características preexistentes.

Otro estudio chino evaluó en dos ocasiones, con un año de diferencia entre ellas, los signos de depresión, hostilidad, ansiedad social y adicción a internet en un grupo de 2293 sujetos de doce y trece años. Los que habían desarrollado adicción a internet mostraban niveles más altos de depresión y hostilidad, en comparación con los del grupo sin adicción. Además, aquellos que ya eran adictos al inicio de año pero ya no lo eran al final mostraron una disminución de los síntomas de depresión, hostilidad y ansiedad social, en comparación con los que seguían afectados por la adicción.[212] En dos estudios realizados en 2017, se pidió a varios usuarios de internet que se abstuvieran de usar unas aplicaciones de internet concretas. Los usuarios de Facebook daneses observaron una mejora significativa de la satisfacción vital y el estado de ánimo en tan solo una semana de abstinencia,[213] mientras que los *gamers* chinos experimentaron menos sensación de deseo y depresión tras una interrupción de 3 a 6 meses.[214] La psiquiatra Victoria Dunckley ha informado sobre mejoras drásticas similares en sus pacientes jóvenes que se daban un respiro de los dispositivos interactivos.[215] En cambio, cuando los investigadores belgas evaluaron el rendimiento académico de chicos de 14 años en dos momentos distintos, descubrieron que un «aumento del consumo de pornografía en línea hacía que el rendimiento académico de los chicos fuera peor, seis meses más tarde».[216]

Estos hallazgos son coherentes con los resultados que, de forma informal, mencionan miles de miembros en foros de recuperación que dejan de consumir pornografía y experimentan mejoras en aspectos como el estado de ánimo, la motivación, el rendimiento académico o la ansiedad social, entre otros. Síntomas graves, seguidos por mejoras considerables, invalidan la afirmación de que los problemas con internet solo se dan en personas con determinados trastornos o características preexistentes.

¿Se está diagnosticando erróneamente a algunos consumidores de pornografía?

Aunque síntomas como la disfunción eréctil, la ansiedad social, los problemas de concentración y la depresión son muy distintos entre sí, comparten un descubrimiento en común en los artículos científicos. Tal y como hemos explicado, uno de los cambios cerebrales que tienen lugar es la desensibilización. De nuevo, este término hace referencia a la disminución de la capacidad de respuesta de una persona ante todo tipo de placeres (caída de los valores de referencia de dopamina y menor sensibilidad a la dopamina). Se han encontrado datos indicativos de desensibilización incluso en usuarios de pornografía con un consumo moderado.[217]

Una disminución de las señales de dopamina está relacionada con:

- disminución del rendimiento de la conducta sexual,[218] una posible causa de erecciones u orgasmos de menor intensidad;
- menor predisposición a tomar riesgos[219] y mayor ansiedad, combinados con una tendencia excesiva al enfado,[220] todos ellos factores que pueden disminuir las ganas de socializar;
- incapacidad para centrarse,[221] lo que explica los problemas de concentración y de memoria; y
- falta de motivación[222] y anticipación saludable, lo que puede provocar apatía,[223] procrastinación y contribuir a la depresión.[224]

De hecho, cuando un estudiante de medicina aceptó con valentía que los doctores redujeran sus niveles de dopamina mediante un fármaco, durante un período breve de tiempo, esto es lo que pasó:

En este caso, durante los descensos de dopamina, una serie de sensaciones subjetivas aparecían y desaparecían de forma consecutiva. Estas sensaciones eran similares a síntomas negativos [falta de motivación, sentidos apagados, problemas de fluidez, bajo estado de ánimo, fatiga, falta de concentración, ansiedad, inquietud, sentimiento de vergüenza, miedo], síntomas obsesivos compulsivos, trastornos del pensamiento y síntomas depresivos [los aspectos entre corchetes aparecen mencionados en otro punto del artículo citado].[225]

Investigadores de la adicción han evaluado los descensos de dopamina y la sensibilidad a la dopamina en los cerebros de muchos adictos, lo que incluye adictos a internet.[226]

La otra cara de la moneda es que, cuando la dopamina y los neuroquímicos relacionados están bien regulados, la atracción sexual, la socialización, la concentración, la capacidad de respuesta sexual y el sentimiento de bienestar se desarrollan de forma espontánea. Creo que recuperar las señales normales de dopamina ayuda a explicar por qué muchos chicos informan sobre conjuntos similares de mejoras diversas tras desengancharse. De nuevo, los resultados preliminares muestran que un período de abstinencia de cuatro semanas logró que las personas estuvieran más predispuestas a tomar riesgos, fueran más extrovertidas, meticulosas, altruistas, más capaces de retrasar la gratificación y menos neuróticas.[227]

Desafortunadamente, muchos profesionales de la salud todavía dan por hecho que el consumo de pornografía no puede causar síntomas como depresión, espesor mental, falta de motivación o ansiedad. Involuntariamente, diagnostican erróneamente a los consumidores de pornografía en línea con otros trastornos primarios sin preguntarles sobre sus hábitos de uso de internet; lo que hace que los consumidores de pornografía se sorprendan al comprobar que sus síntomas se solucionan al interrumpir el consumo:

> No creo que la sociedad sea consciente de lo que la pornografía hace a un hombre. Simplemente se asocia la pornografía con la disfunción eréctil. El porno convierte a un hombre en un niño asustado. No sabía comportarme en sociedad, estaba deprimido, sin motivación, no me podía concentrar, era inseguro, tenía un mal tono muscular, mi voz era más débil y no controlaba ningún aspecto de mi vida. Los hombres van al médico y allí les recetan todo tipo de medicación cuando, en realidad, todo suele reducirse al porno y lo que le hace a tu cerebro y tu cuerpo. Ya no consumo porno y me siento mejor que hace años.

***

> Dejarlo es el antidepresivo que necesitaba. Hace 9 meses era un tío de 25 años que había abandonado los estudios universitarios, estaba deprimido y odiaba su trabajo. Unos meses después de haberlo dejado, me llegaron los superpoderes. Me atreví a probar un montón de cosas por primera vez como besar a una chica a los dos minutos de conocerla y que me invitaran al apartamento de otra. Creo que ya no tengo depresión. Todavía sufro altibajos, pero nada en comparación con cómo estaba antes: sin energía y con pensamientos suicidas. ¿Mi secreto? Este último mes me he conectado a internet, aproximadamente, una hora. He decidido volver a la universidad en septiembre, aunque me lo tenga que pagar todo yo.

En relación con los problemas sexuales inducidos por la pornografía, a los profesionales que se formaron antes de que existiera la pornografía de alta velocidad les enseñaban, a menudo, que los gustos sexuales son tan innatos como la orientación sexual. En lugar de animar a los pacientes a que intentaran dejar de consumir para revertir los gustos inducidos por la pornografía, les proponían un tratamiento más drástico:

> En 2012, intenté que un psicoterapeuta/sexólogo profesional me tratara. Me armé de valor para contarle que también tenía un problema de consumo compulsivo de pornografía desde hacía 20 años. Me di de bruces con un muro de incomprensión. Este psicoterapeuta intentó convencerme de que, en realidad, lo que sentía era un elevado deseo sexual (conducta sexual compulsiva) y parafilias irreversibles (escenas de porno duro y sexo anal). El terapeuta me dijo que la adicción al porno no existía y me intentó prescribir un potente antiandrógeno para reducir mi deseo sexual. No lo acepté, ya que conocía los efectos secundarios como la ginecomastia [crecimiento del pecho].

Evidentemente, los profesionales de la salud también están prescribiendo medicación a hombres jóvenes para tratar sus problemas de disfunción eréctil y eyaculación tardía cuando, en realidad, lo único que necesitan es dejar la pornografía. En un mismo día, leí dos publicaciones relacionadas con este tema. El tío del primer joven era psiquiatra y le había dicho que era imposible que la disfunción eréctil estuviera inducida por el consumo de pornografía. A pesar de ello, el joven decidió experimentar qué pasaba si lo dejaba y se recuperó. El otro, era un hombre de 32 años cuyo doctor le recomendó un implante peniano porque el tratamiento con inyecciones no funcionaba (por no mencionar la Viagra). Se negó, descubrió que la pornografía puede ser una de las causas de la disfunción eréctil, intentó dejarlo y se recuperó. Otro hombre se enfrentó a una situación similar:

> Los médicos están muy atrasados. Me gasté cientos de dólares en médicos, incluso fui a un urólogo famoso especializado en DE (recorría un trayecto de horas para que me visitara), me hice cientos de pruebas y tomé miles de pastillas. «Si consigues una erección con la pornografía es porque está en tu cabeza... toma Viagra». Ni un profesional médico me dijo: «Oye, ver demasiado porno puede causar disfunción sexual». En lugar de eso, me daban otro tipo de explicaciones, cuya relación con la DE no está demostrada y que no se aplicaban a mi caso (p. ej. ansiedad o estrés... aunque no mostrara signos de ello; dieta... aunque mi peso era normal y comía de forma equilibrada; nivel de testosterona bajo... aunque eso no se haya relacionado con la DE excepto en casos extremos y mi nivel no fuera realmente bajo).

Por otro lado está el terrible consejo de algunos que se hacen llamar sexólogos y que están tan obsesionados por ser *prosexo* que no solo niegan las posibles consecuencias negativas del consumo de porno, sino que ridiculizan abiertamente la idea de disfunción eréctil inducida por la pornografía.[228] Por eso, aunque me siento estúpido por no relacionar yo mismo el porno con la DE, el hecho es que busqué ayuda profesional y solo se mencionó el porno como algo positivo: «Todo el mundo lo hace, es normal... de hecho, es algo saludable». Valoré la posibilidad de practicarme una intervención quirúrgica. Me iba a costar entre 25 000 $ y 30 000 $ y los resultados no eran muy alentadores (revascularización peniana). El día después de esa visita, me encontré con esta información. Madre mía... fue toda una revelación y un alivio. Y funciona. No estoy al 100 % pero he mejorado muchísimo y sigo haciéndolo. Todo lo que tenía que hacer era dejar de masturbarme viendo porno. Es irreal. Si soy sincero, estoy un poco enfadado porque busqué soluciones de profesionales, incluso de especialistas, que aceptaron de buen grado el dinero que tanto me cuesta ganar y me dieron malos consejos.

¿Cuántos hombres reciben información desactualizada y tratamientos que no necesitan? ¿Acaso lo que necesitan, básicamente, sus cerebros es un descanso para volver a tener una respuesta sexual normal? La recuperación de los problemas inducidos por la pornografía puede tratarse de un resultado natural tras interrumpir una hiperestimulación crónica.

En resumidas cuentas, teniendo en cuenta lo que sabemos sobre la relación entre la conducta y las funciones cerebrales, parece imprudente prescribir psicotrópicos a jóvenes sin abordar primero un consumo excesivo de internet, así como recetarles medicación para mejorar su rendimiento sexual sin una evaluación previa del consumo que hacen de la pornografía.

3

RECOBRAR EL CONTROL

El camino del exceso lleva al palacio de la sabiduría.
William Blake

Aunque son muchos los que hablan de múltiples beneficios tras la recuperación, el mejor regalo es recuperar el control de tu vida. Un consumidor de pornografía, ya recuperado, explica:

> A pesar de lo que algunos dicen, dejarlo no te convertirá en el dios de la confianza y el autocontrol; aunque los primeros meses te sentirás como si lo fueras. Dejarlo te dará más control sobre tu propia vida. Se parece a la transición de la adolescencia a la edad adulta. En lugar de actuar por impulsos, aprenderás a autocontrolarte y a ser consciente de uno de tus instintos más primarios, lo que se extenderá a todos los aspectos de tu vida y hará que tus decisiones vitales dependan únicamente de ti.
>
> Cuando empecé, hace 500 días, tenía problemas para concentrarme; no era capaz de comprometerme con un objetivo durante más de una semana. Siempre que tenía un día libre, lo desperdiciaba haciendo el vago, aunque era consciente de que podía invertir mejor mi tiempo. Ahora, puedo con semanas de 50 o 60 horas de trabajo sin darme cuenta. Ahora, puedo hacer ejercicio de forma regular sin saltármelo. Ahora, estoy en una relación como nunca había estado, porque finalmente puedo tratar a mi pareja como otro ser humano y no como un objeto de deseo (ahora sé de primera mano que mi deseo no es tan importante como parece). Ahora, mejoro constantemente en lugar de solo desearlo.

El primer paso para recobrar el control es dejar que tu cerebro descanse, durante varios meses, de todo tipo de *estimulación sexual artificial*. Vuelve a prestar atención a la vida real. Entre otras cosas, esto te ayudará a aclarar si lo que subyace a tus síntomas es un consumo excesivo de pornografía o algún otro problema.

Idealmente, un tiempo de abstención prolongado también te permite:

- devolver la sensibilidad a tu circuito cerebral de recompensa para que puedas volver a disfrutar de los placeres cotidianos;
- reducir la sensación de necesidad de las rutas cerebrales que te empujan al consumo;
- reestablecer tu fuerza de voluntad (fortalecer la corteza prefrontal cerebral); y
- reducir el impacto que el estrés tiene sobre ti, para que no desencadene un deseo intenso de consumo.

El siguiente aspecto importante es que seas constante, porque es posible que pasen meses, o incluso un par de años, hasta que tus rutas cerebrales se disparen con menos frecuencia («¡Quiero ver porno ahora mismo!») y acaben desapareciendo.

Algunas personas denominan este proceso *reboot* (reinicio). Se trata de una forma de redescubrir cómo eres sin la pornografía. La idea es que, evitando la estimulación sexual artificial, apagas y reinicias el cerebro y lo restauras a sus ajustes predeterminados.

La metáfora no es perfecta. No puedes escoger una fecha de restauración ni borrar todos los datos tal y como hacemos con el disco duro de un ordenador. Sin embargo, muchas personas consiguen revertir sus problemas derivados del consumo de pornografía dando a sus cerebros un bien merecido descanso de la pornografía, la fantasía pornográfica u otros sustitutos. Además, a menudo, la metáfora es un aspecto útil del proceso. Después de todo, los comportamientos y los síntomas problemáticos de la adicción a la pornografía son tangibles. Están grabados en las estructuras cerebrales. Al cambiar nuestro comportamiento, cambiamos las estructuras. Con el tiempo, una nueva forma de vida se reflejará en forma de cambios en la función cerebral.

Mediante prueba y error, sujetos con adicción a la pornografía han descubierto que navegar por las páginas de citas de Facebook o de servicios eróticos para ver imágenes es como si un alcohólico pasa a beber cerveza con menor graduación alcohólica: contraproducente. En resumen, la estimulación sexual artificial incluye todo aquello que tu cerebro pueda utilizar del mismo modo que utilizaba la pornografía: videoencuentros eróticos, mensajes de texto eróticos, literatura erótica, aplicaciones de citas, imaginar escenarios pornográficos... ya ves por dónde va la cosa.

El objetivo es que busques placer interactuando con personas reales, sin una pantalla de por medio, y que despiertes tu apetito por la vida y el amor. Al principio, es posible que tu cerebro no perciba las personas reales como algo especialmente estimulante. Sin embargo, si rechazas de forma constante activar las rutas cerebrales asignadas a la pornografía, tus prioridades irán cambiando de forma gradual.

> Conseguí pasar 6 meses completos sin visitar una página de porno. La siguiente vez que vi una me sorprendió lo cutre y hortera que era. Desde entonces no he sentido mucho interés por ver porno. En comparación con el sexo real el porno es como mirar una fotografía de un Ferrari en lugar de conducirlo.

***

> Ayer, cuando volví de una conferencia estaba agotado, tanto mental como físicamente. Sin embargo, esta vez descubrí una reserva de energía interna que nunca esperé encontrar. El sexo fue increíble y apasionado. Me sentí como si volviera a tener 20 años. Tras 5 años «demasiado cansado» para mantener relaciones sexuales, ahora sé que el problema no es que mi mujer y yo estemos perdiendo la química, sino que estaba malgastando mi energía sexual masturbándome, viendo porno continuamente.

Al principio, el proceso de *reboot* cuesta. Tu cerebro puede desafiarte si no recibe su dosis tras enviarte un impulso de deseo. Sin embargo, puedes volver a ser libre si consigues recobrar la sensibilidad normal y debilitar cualquier ruta dedicada a la adicción. Solo entonces tendrás la libertad para marcar tus propias prioridades.

Un chico describió el proceso del siguiente modo:

> Cuando eliminas una fuente de placer del cerebro, es como quitarle una pata a una mesa. Todo se tambalea y se vuelve inestable. El cerebro tiene dos opciones: una es hacerte daño de cual-

> quier forma que se le ocurra para obligarte a volver a colocar la pata, la segunda es aceptar que la pata no volverá e intentar averiguar cómo recuperar el equilibrio sin ella. Por supuesto, lo que primero intenta es la opción uno. Después de un tiempo, intenta la opción dos aunque no olvida del todo la otra. Finalmente, parece que el cerebro se reequilibra, desestimando la opción uno y dejando que la opción dos triunfe.

Empezaremos este capítulo con consejos estándares que los usuarios suelen compartir en los foros. Posteriormente, revisaremos los retos y obstáculos más frecuentes. Para terminar, abordaremos algunas dudas frecuentes.

Debes tener en cuenta que los cerebros, las historias y las circunstancias son distintas en cada caso. No hay una pastilla mágica que le funcione bien a todo el mundo. Tienes que escoger los consejos que te ayuden a reentrenar a tu cerebro. No te quedes atascado cuestionándote si lo estás haciendo bien. Tú decides la duración y los parámetros de tu *reboot* en función de tus objetivos y situación actual. Muchos usuarios (que no padecen disfunción eréctil inducida por la pornografía) se marcan como objetivo 100 días o tres meses y los dividen en metas intermedias más cortas. A veces, los que padecen eyaculación retardada necesitan plazos más largos.

El *reboot* es tu experimento. Si tu plan no genera los resultados que quieres, adáptalo. Sin embargo, debes ser consciente de que, a menudo, son necesarios un par de meses para saber si un enfoque en concreto funciona; así que, a menos que hayas vuelto a darte atracones de pornografía, sigue tu plan de acción durante un mínimo de dos meses.

> Es increíble lo que se aprende haciendo esto. Creo que ahora entiendo realmente el dicho «el conocimiento es poder». Cuando sabes cómo funciona algo y cómo te afecta es mucho más fácil armarse de la fuerza de voluntad que necesitas para cambiarlo, si así lo deseas.

Consejo de sabios: completar un *reboot* no garantiza que una persona que haya tenido problemas con la pornografía pueda volver a consumir pornografía en línea de forma segura en el futuro.

Muchos chicos lo aprenden a las duras. Dan por hecho que, al recuperar sus erecciones, pueden volver a consumir pornografía o sustitutos; lo que les hace volver a padecer síntomas graves.

Recomendaciones

A continuación, incluyo algunos de los consejos que encuentro con más frecuencia en los foros de recuperación:

Controlar el acceso

1. Elimina toda la pornografía
Borra todo tipo de pornografía de tus dispositivos. Puede ser una tortura, pero esta acción envía a tu cerebro la señal de que tu intención es firme. Recuerda borrar las copias de seguridad y el contenido de la papelera. Elimina también los marcadores de páginas pornográficas y tu historial de navegación. Un chico afirmó tener pornografía que se trataba de una reliquia de la que no se podía deshacer. La grabó en un disco duro, que envolvió y precintó como si se tratara de la fórmula de la Coca-Cola, y lo guardó en un lugar de difícil acceso. Cuando se recuperó, lo tiró.

2. Cambia los muebles de sitio
Los desencadenantes ambientales asociados con el consumo pueden ser potentes incitadores porque disparan las rutas sensibilizadas. Los adictos a las drogas deben evitar amigos, vecindarios y actividades asociadas con el consumo previo.

No puedes evitarte a ti mismo o mudarte, pero sí hacer algunos cambios y no volver a consumir pornografía en la nueva distribución. Por ejemplo, podrías utilizar tus dispositivos con conexión únicamente en entornos menos privados, que no asocies con el consumo de pornografía. Deshazte de tu *silla de masturbación* o, simplemente, mueve los muebles de sitio:

> La redistribución de mi apartamento me ha funcionado muy bien ya que así no siento las asociaciones que hacía con la distribución que tenía antes. Resulta extraño cómo moviendo todo unos pocos

centímetros y cambiando las cosas de sitio pueda afectar la energía relacionada con el vínculo que sientes.

Más ideas:

> Desmonté el ordenador. Durante años me masturbé con él y era el menos fiable en cuanto a filtros. Solo lo uso para el porno y perder el tiempo. Puedo hacer todo lo que necesito con el portátil.

***

> Convertí mi escritorio para poder trabajar de pie, algo que ha hecho milagros con mis hábitos de navegación por internet. Como ya no estoy cómodamente sentado en una silla, he reducido el uso a cosas que realmente necesito hacer en lugar de conectarme a cada poco.

3. Valora la posibilidad de utilizar un bloqueador de pornografía y de anuncios

Los bloqueadores de pornografía no son infalibles. Son como un parachoques. Te dan un margen de tiempo para que te des cuenta de que realmente no quieres hacer lo que vas a hacer. Al principio del proceso de recuperación, cuando tu autocontrol no está completamente restablecido, los bloqueadores pueden resultar muy útiles. Al final, no los necesitarás. En las siguientes páginas tienes bloqueadores de pornografía gratuitos:

- Qustodio - http://www.qustodio.com
- K-9 - http://www1.k9webprotection.com
- Esafely.com - http://www.esafely.com/home.php
- OpenDNS - https://www.dnsfilter.com/

Recomiendo OpenDNS u otro tipo de servicio de filtrado web, especialmente si cuenta con un retraso de 3 minutos antes de que te permita aplicar la configuración nueva. De esa forma, aunque caigas, esos 3 minutos te dan tiempo suficiente para reflexionar que, en realidad, no quieres hacerlo y revertir la configuración. Bloquea todas las categorías sexuales, de citas y blogs. Tumblr es una de las webs escurridizas que no debes pasar por alto.

Nota: Si juegas a videojuegos, utilizar un bloqueador de pornografía puede ser arriesgado. Tu cerebro está acostumbrado a conseguir sus chutes de dopamina encontrando la forma de esquivar los obstáculos. De forma inconsciente, podrías tratar el bloqueador de pornografía como si se tratara de otra misión. Si esto pasa, borra el bloqueador de pornografía y prueba la técnica de la extinción (explicada a continuación) o algún otro enfoque.

En cualquier caso, plantéate la opción de utilizar un bloqueador de anuncios. Así no tendrás que ver imágenes que se contonean en la barra lateral mientras planificas las vacaciones o compras vitaminas. Muchos chicos encuentran los bloqueadores de anuncios muy útiles para mantener a raya la tentación. AdblockPlus es gratuito.

4. Utiliza un contador de días

Varios foros ofrecen contadores gratuitos. Debajo de tus publicaciones un gráfico de barras muestra tu progreso y se actualiza de forma automática. A algunas personas les resulta muy satisfactorio poder controlar su progreso de forma visual.

Los contadores generan opiniones diversas. Existe el riesgo de que, en caso de recaída, el usuario crea que los días son como puntos de un juego y justifique el consumo de pornografía cuando no lleva muchos días acumulados porque, total, «no pierde tantos días». Ese consumo desmedido mina el progreso mucho más que los incidentes aislados. De modo que, si decides utilizar un contador, debes tener una visión a largo plazo. Siéntete bien por el recuento global de días sin consumir pornografía.

Lo que realmente importa no son los días sino el equilibrio cerebral. No todos los cerebros se reequilibran según un plan establecido y, si bien es cierto que necesitan tiempo para reiniciarse, los días acumulados no son lo único importante. El equilibrio cerebral también resulta beneficiado si haces ejercicio, socializas, pasas tiempo en la naturaleza, aumentas tu autocontrol, te cuidas más, meditas...

Una alternativa para las personas que se marcan un objetivo de días a largo plazo es marcarse miniobjetivos. De este modo, tendrás una reconfortante sensación de logro a medida que te esfuerzas por conseguir un objetivo más lejano.

5. *Extinción (no apta para todo el mundo)*
¿Recuerdas el perro de Pávlov? Es posible que no te hayas dado cuenta, pero Pávlov no solo enseñó a salivar al perro cuando sonaba la campana. Más tarde, le enseñó a que *dejara* de hacerlo haciendo sonar la campana y reteniendo la carne (de forma repetida).

Este proceso se conoce como *extinción*. Se trata de debilitar el enlace o la ruta existente entre un estímulo y la respuesta habitual. Algunos consumidores de pornografía son capaces de implementar este principio para fortalecer su autocontrol:

> (16 años) Cada vez que estaba en el ordenador abría una página porno. Cuando la página se abría, lo apagaba para poner a prueba mi fuerza de voluntad. Sin duda, las dos primeras semanas fueron las más difíciles; todavía no sé cómo fui capaz de hacerlo. A los 30 días podía decir que me estaba olvidando del porno. Hoy llevo limpio 90 días y casi no pienso en él. Me siento como una persona nueva. Durante estos 3 meses me he masturbado algunas veces (unas 5), pero nunca he visto porno. Todos los adolescentes debemos descargarnos de vez en cuando.

Si la extinción (también denominada terapia de exposición con prevención de respuesta) es demasiado arriesgada para ti porque solo un vistazo de material pornográfico te hace querer consumir sin medida, puedes probar un enfoque indirecto, en el que fortalezcas tu fuerza de voluntad primero. El ejercicio (o cualquier estresor beneficioso) y la meditación son buenas opciones. A continuación, hablaremos de ellas.

Apoyo

1. *Únete a un foro, busca un padrino*
Participar en una comunidad en línea en la que otras personas estén intentando dejar la pornografía puede inspirarte, ser un lugar en el que quejarte, aportarte los beneficios de apoyar a los demás y proporcionarte nuevos trucos para acelerar el progreso:

No luches esta guerra solo. Al final, tú serás el único responsable de tu éxito, pero una comunidad en línea te puede aportar esa motivación extra en los momentos más bajos.

Webs como NoFap.com y Reboot Nation te ayudan a encontrar un padrino. De este modo, os podréis apoyar mejor sin perder el anonimato. Algunas personas encuentran beneficioso encontrar un compañero de viaje.

Lo malo de buscar un padrino y participar en un foro es que se trata de actividades en línea. Dado que el consumo de pornografía en línea se centra en internet, tienes que pasar menos tiempo conectado, no más. Aunque la mayoría de usuarios coinciden en que un foro les ayudó durante la primera fase de recuperación, puede llegar a convertirse en una forma de evitar la vida real. En ese punto, algunos se conectan al foro únicamente cuando necesitan ánimos.

Tanto la adicción como la recuperación tienen un contexto social. Lo importante no es si el apoyo que recibes es en línea o en persona, sino que lo encuentres.

2. Terapia, grupos de apoyo y sistema sanitario
Te puede resultar de ayuda encontrar un buen terapeuta, que sea capaz de comprender hasta qué punto la potente novedad sexual en línea puede llegar a alterar la capacidad de respuesta sexual con parejas reales, y que las adicciones de comportamiento son tan reales como cualquier otra. Algunos ofrecen grupos de apoyo para las personas con dificultades para dejar el porno. También existen grupos autogestionados de 12 pasos, tanto en línea como presenciales.

Si padeces problemas adicionales, como un trauma infantil, abusos sexuales o problemas familiares, que dificultan el apego emocional, ir a un buen terapeuta puede ser una buena inversión.

Como ya hemos comentado, si crees que padeces un trastorno obsesivo compulsivo (TOC) es posible que necesites medicarte cuando intentes dejar la pornografía para aliviar la ansiedad provocada por los síntomas de abstinencia. Busca la ayuda de un médico. Un chico con TOC dijo:

> Los antidepresivos me han ayudado. Hicieron que me espabilara y me obligaron a ver mi situación desde un punto de vista positivo, sin estresarme tanto.

3. *Escribe un diario*
Registra tu progreso. No se trata de un proceso lineal. Tendrás días buenos y malos, y los malos tu cerebro intentará convencerte de que no has progresado nada y nunca lo harás. Leer lo que has escrito en el diario te ayudará a poner las cosas en perspectiva:

> Cuando el deseo era muy intenso, leía mi diario y veía que había llegado lejos como para dejarlo. Si no quieres que nadie lo encuentre, puedes ponerle una contraseña.

Mantener un diario te quita un peso de encima cuando no te sientes cómodo para compartirlo con alguien. Otra opción es compartir tus pensamientos de forma anónima, en un diario en línea público. Existen varios foros que te permiten mantener un diario de forma gratuita (NoFap.com, RebootNation.org, YourBrainRebalanced.com). Con vuestros diarios, los usuarios os apoyáis entre vosotros.

Gestionar el estrés, mejorar el autocontrol y el autocuidado

1. *El ejercicio, un estresor beneficioso*
De todas las técnicas con las que los usuarios experimentan, el ejercicio parece ser la más beneficiosa para todos. Es una distracción excelente ante los impulsos de deseo, mejora la autoconfianza y el estado físico, e incluso está asociado con una mejor función eréctil en hombres de menos de 40 años.[229]

El ejercicio es un potente regulador del ánimo. Los científicos afirman que puede ayudar a sobrellevar la adicción porque los episodios intensos de ejercicio aumentan las concentraciones de dopamina y la práctica regular genera un incremento sostenido de los niveles de dopamina y de los beneficios asociados.[230] Ayuda a contrarrestar las señales crónicamente débiles de dopamina que persiguen a los adictos en fase de recuperación antes de que sus cerebros consigan reiniciarse.[231] Estos son algunos comentarios de dos usuarios:

> No puedo remarcar lo suficiente la importancia de las flexiones. Puedes hacerlas en cualquier momento y solo tardas unos 30 segundos en hacer unas buenas 20. Te pondrán el corazón en marcha y harán que la atención del cuerpo se aleje casi de inmediato de esos deseos. Si no lo consigues con una serie, haz varias con una pausa de algunos segundos entre ellas hasta que sientas que se te van a caer los brazos.

***

> Haz pesas. Ayuda. Si te da vergüenza, utiliza las máquinas en lugar de las mancuernas. El personal del gimnasio te ayudará si no tienes ni idea de cómo usarlas.

El ejercicio es un estresor beneficioso. Estresar ligeramente el cuerpo hace que responda incrementando el sentimiento de bienestar. Algunos usuarios en fase de recuperación indican que los estresores positivos pueden restablecer la sensibilidad cerebral al placer. Visita www.gettingstronger.org para obtener más información sobre la fisiología que hay tras el ejercicio, el ayuno intermitente, las duchas frías diarias y mucho más.

Esta última sugerencia fue ridiculizada como «pilar de los teóricos victorianos de la hombría», pero las duchas frías diarias reciben comentarios muy favorables de muchas personas que buscan una vía rápida para recuperar la fuerza de voluntad y el equilibrio emocional perdidos. Las duchas frías se han propuesto como un tratamiento médico para la depresión.[232]

> Estoy en un periodo de abstinencia de 81 días y me doy las duchas tan frías como puedo. Las ganas por salir son muy fuertes, pero aguanto y salgo de la ducha sintiéndome el rey del mundo.

Recuerda, se trata de encontrar lo que te funcione a ti. Si una ducha fría te mejora el ánimo y reduce la tentación de perder tiempo tirado delante de un ordenador, entonces es algo útil, en especial si estás teniendo dificultades para dejar algo. No es buena idea abusar de nada, pero eso ya lo sabes.

2. Sal

Los investigadores han descubierto que pasar tiempo en la naturaleza es bueno para el cerebro. Fomenta la creatividad, la percepción y la capacidad de resolución de problemas.[233] Los usuarios en fase de recuperación también se han dado cuenta de ello:

Alejarse de la tecnología y estar en un entorno natural tiene algo muy potente, que acelera mi recuperación.

Si vives en una ciudad, sal a pasear al parque. De acuerdo con investigadores de la University of Sheffield los entornos tranquilos pueden afectar de forma positiva a las funciones del cerebro humano.[234]

Toma el sol y respira aire fresco. No hemos sido creados para mirar rectángulos brillantes y respirar aire reciclado 24/7.

3. *Socializa*

Los humanos han evolucionado como primates tribales que crean vínculos de pareja. Nuestros cerebros no pueden regular fácilmente por sí solos su ánimo, al menos no durante un período largo de tiempo. No es inusual sentirse ansioso o deprimido (o automedicarse, y acabar provocándose una adicción) en una situación de aislamiento.

Con esta misma premisa, establecer relaciones es uno de los mejores seguros de salud que ofrece el planeta. Ayuda a reducir el cortisol, una hormona que puede llegar a debilitar el sistema inmunitario en situaciones de estrés. «Contar con alguien que nos ayude a regularnos supone un desgaste menor», explicó el psicólogo y neurocientífico James A. Coan en el *New York Times*.[235]

Cuando los usuarios en fase de recuperación se esfuerzan para desviar la atención de su método de *alivio* habitual, su circuito de recompensa busca otras fuentes de placer. Al final, logra encontrar las recompensas naturales para las que ha evolucionado: interacción con amigos, parejas reales, tiempo en la naturaleza, ejercicio, adquisición de nuevas habilidades, creatividad... Todas ellas alivian el deseo.

Si te has estado sintiendo un poco antisocial, empieza por algo sencillo:

Existen muchos lugares en los que te puedes acostumbrar a estar al aire libre y rodeado de gente sin sentirte abrumado. Ve a leer en una biblioteca o una librería o llévate una revista a una cafetería o un banco del parque. También puedes salir a dar largos paseos al aire libre. Todas estas actividades me distraen y me hacen sentir integrado en la sociedad.

***

Yo me limito a sonreír cada vez que me siento raro, jaja. Y funciona.

***

Estoy creando relaciones con personas que he conocido en eventos de *networking*, bares y sitios así. He hecho trabajo de voluntariado como abogado una vez a la semana e intento hacer, como mínimo, un acto de bondad cada día para alguien que no conozco. Todo esto me ayuda a lograr el equilibrio.

Otra opción sencilla es asistir a reuniones con una estructura marcada como, por ejemplo, Toastmasters o una clase de baile. Escojas lo que escojas, practica el contacto visual con las personas que te cruces. Empieza con las personas más mayores. Conviértelo en un juego. Intenta mejorar tu puntuación cada vez. Añade una sonrisa, una inclinación de cabeza o un saludo verbal, prueba cosas hasta que tu carisma natural surja de forma automática.

4. *Meditación y otras técnicas de relajación*

Las meditaciones diarias pueden ser muy relajantes para alguien que está haciendo frente al estrés que provoca la abstinencia. Los estudios también demuestran que ayuda a que la parte irracional de nuestro cerebro, el córtex prefrontal, siga al mando.[236]

Algunas reflexiones de miembros de foros sobre la meditación:

He oído que no debes pensar en dejar la adicción; en su lugar, debes aprender a meditar. Cuanto más meditas más fuerte se hace tu mente y más se debilita la adicción. He reducido drásticamente el tiempo que invierto pensando en el porno.

***

Cuando medito de forma constante, la parte de mi cerebro que sabe que debo dejar el porno (el córtex prefrontal) tiene mucha más influencia. Cuando no medito con regularidad, la parte de mi mente que racionaliza el consumo del porno como una solución al aburrimiento y el estrés tiene más influencia. Es como si, para superar la adicción al porno, se librara, literalmente, una batalla entre las funciones racionales de planificación y las partes más emocionales y reactivas del cerebro.

5. *Creatividad, aficiones y objetivo de vida*

Las primeras semanas son, principalmente, una batalla de distracción. Un adicto en fase de *reboot* explicó la importancia de ocupar el tiempo de forma diferente, explorando y aprendiendo cosas nuevas:

> No puedes esperar seguir viviendo el mismo estilo de vida que vivías (es decir, levantarte, trabajar un poco, navegar por internet, seguir trabajando, navegar un poco más, navegar por NSFW, trabajar, navegar, etc.) y esperar que las cosas cambien. El patrón no va a desaparecer de forma mágica sin un esfuerzo consciente por tu parte.

Tu cerebro te lo agradecerá. La creatividad, al igual que aprender cosas nuevas, es una distracción estupenda e inherentemente reconfortante gracias a la anticipación de lograr algo importante:

> Me gusta la música y dejar el porno ha mejorado tanto mi capacidad creativa como el placer que siento al escucharla. He compuesto unas 20 canciones en mi cabeza estos últimos meses, desde que lo dejé. Por otro lado, soy mucho más creativo haciendo chistes y conversando. De repente, conversar es como tocar un instrumento. Estoy pensando en unirme al club de improvisación de la universidad, ver hacia dónde puede llevarme. Actuar en un escenario ya no me da miedo. Me parece emocionante, en todo caso.

***

> Soy escritor y músico, aunque he dejado que mi capacidad artística se fuera al garete durante los últimos años, porque me fui encerrando en el porno. Pensé que tenía un bloqueo porque ya

no era capaz de escribir ni de componer. Sin embargo, desde que empecé este viaje, estoy trabajando en tres canciones y estoy a punto de acabar una cuarta.

Muchos usuarios afirman recuperar aficiones pasadas o incorporar nuevas durante el *reboot*. Estos son los comentarios de dos hombres:

> He empezado a cocinar y a preparar postres. Es una distracción estupenda, es divertido y cuando acabo tengo una recompensa.

***

> El yoga me obliga a salir de casa y me calma. Además, allí hay muchas mujeres guapas. Mujeres muy guapas. Mmmmm... mujeres.

Consejo: limita las actividades que causen una subida de dopamina «vacía», como sesiones frecuentes e intensas de videojuegos, comer comida basura, pasar tiempo en Facebook, Instagram, Tumblr, Twitter y Tinder, ver programas de TV sin contenido... En su lugar, decántate por actividades que produzcan una sensación de satisfacción sostenible y duradera, aunque no parezcan tan gratificantes a corto plazo: tener una buena conversación, organizar tu lugar de trabajo, recibir o dar mimos, marcar objetivos, visitar a alguien, construir algo o practicar la jardinería. En resumen, cualquier cosa que te transmita una sensación de conexión o que te ayude a avanzar hacia objetivos a largo plazo.

Una distracción tan potente como la pornografía en línea puede actuar como automedicación contra el aburrimiento, la frustración, el estrés o la soledad. Sin embargo, si estás leyendo este libro probablemente te hayas dado cuenta de que el uso crónico de una distracción estimulante supernormal es una ganga fáustica que puede costarte tus objetivos y bienestar.

Cuanto mejor te sientas, menos necesitarás automedicarte. Ponerse en forma y empezar a comer sano son un inicio. Durante cientos de años los humanos tuvieron que hacer frente al reto de mantener su equilibrio cerebral sin las medicaciones que tenemos hoy en día. Muchos de ellos nos dejaron soluciones inspiradoras y reveladoras, disponibles a través de internet. No tienes que reinventar la rueda. Busca. Piensa en grande. Tómate tu tiempo para desarrollar una filosofía de vida. Ponla en práctica.

Actitud, formación e inspiración

1. *Sé amable contigo mismo*

Las personas que consiguen completar el *reboot* con relativa facilidad mantienen el sentido del humor, aceptan su humanidad, les gusta el sexo, pero respetan su sexualidad y van cambiando gradualmente a una nueva rutina. No se fustigan a sí mismos ni se amenazan con la ruina.

El sexo es un impulso básico y dejar la estimulación intensa del consumo regular de pornografía es un cambio importante para tu cerebro. Sé amable contigo mismo durante la transición, perdónate si recaes (pero evita darte atracones) y sigue adelante. Piensa en practicar *snow* o surf. Sé flexible. En ese sentido, la terapia de aceptación y el *mindfulness* son prometedores en cuanto al tratamiento de un uso problemático de la pornografía.[237]

2. *Aprende cómo funciona tu cerebro*

Independientemente de si los usuarios en *reboot* saben mucho o poco de ciencia, por lo general valoran entender cómo han llegado hasta ese punto y cómo pueden cambiar su vida:

> Simplemente saber qué me está pasando en el cerebro y qué es lo que lo causa me alivia. Es de locos lo astuta que es la mente y cómo puede engañarte. Ahora que tengo todo este conocimiento, siento que puedo reconocer lo que pasa y actuar antes de que sea demasiado tarde.

La página que he creado, www.yourbrainonporn.com, es una oficina de información sobre ciencia de relevancia. Los recursos van desde artículos y vídeos sencillos de entender, realizados por legos en la materia, hasta amplias colecciones de artículos y estudios clínicos sobre la adicción del comportamiento y la forma en la que el porno altera la capacidad de respuesta sexual.

3. No pierdas la inspiración
Completar un *reboot* puede ser todo un reto y resulta de ayuda encontrar una fuente de inspiración a la que poder acudir a diario. Podrías frecuentar un foro en línea en el que se anime a los demás. Podrías centrarte en tu filósofo o libro favoritos, en los que encontrar calma e inspiración:

> Mi apoyo preferido era un libro que decía que debías marcarte un objetivo; decidir los pasos que debías dar para hacerlo realidad y cumplirlos sin importar lo que sintieras. Decidí tener una mejor vida social, por lo que me uní a algunos clubs universitarios, aunque no me apetecía para nada. Me registré en algunos clubs académicos de mi especialización, aunque no me apetecía. Inicié conversaciones con compañeros de clase, aunque no me apetecía. Fui a fiestas, aunque no me apetecía. Fui a bares y clubs con personas cuando me invitaron, aunque no me apetecía. Pedí citas a algunas chicas, aunque me ponía muy nervioso. Fue muy duro, pero acabé teniendo un grupo estupendo de amigos.

Puedes leer cientos de inspiradoras autoevaluaciones sobre recuperación, seleccionadas de diversos foros en www.yourbrainonporn.com. Haz clic en «Cuentas sobre reinicio» (*Rebooting Accounts*) en «Reinicio» (*Rebooting*).

Obstáculos durante el reboot

1. Abstinencia
Quizás debido a que nuestra cultura ha sido lenta a la hora de reconocer la capacidad de adicción de la pornografía actual, la gravedad del síndrome de abstinencia puede coger desprevenidos a aquellos que intentan dejarlo.

> El síndrome de abstinencia es una mierda. No hablamos lo suficiente sobre él. Por su culpa fracasamos. Es la forma que tiene el centro de recompensa de nuestro cerebro de suplicarnos, ame-

nazarnos, castigarnos, rogarnos e intentar explicarnos de forma razonable por qué debemos consumir pornografía. El síndrome de abstinencia es doloroso de forma física, mental y emocional. Tienes escalofríos, temblores, sudor, dolores raros en sitios extraños, tu mente se nubla y el cerebro te dice que todo eso tan desagradable puede desaparecer si haces una cosa pequeña e inofensiva. Uno de los síntomas de mi síndrome de abstinencia fue sentir como si tuviera una infección sinusal y me dolían los dientes. No tenía una infección sinusal y mis dientes estaban bien, pero mi cerebro tenía que hacerme sentir muy mal para que yo intentara hacerme sentir mejor con el porno.

En todas las adicciones, detener el consumo puede provocar eventos neuroquímicos muy reales. Habitualmente, estos incluyen una respuesta exagerada ante el estrés y un sentimiento muy intenso de que el mundo es triste y sin sentido sin el estímulo que ya no tenemos. A menudo, las dos primeras semanas son las más duras:

> Dejad que os cuente la verdad ahora que habéis decidido iniciar el reto: no podréis lograrlo. O, al menos, es lo que pensaréis cada día y os parecerá tan real que no podréis seguir con ello. Pasaréis por los altibajos emocionales que provoca el síndrome de abstinencia. Seréis como un hombre que se dispone a escalar una gran montaña, sin haber entrenado antes. Al principio, os parecerá imposible, pero cuando avancéis un poco cada día, vuestros músculos, es decir vuestra fuerza de voluntad, cada vez será más fuerte y podréis conseguirlo. De modo que id día a día. No lo abordéis como una guerra de X días de abstinencia, porque os parecerá demasiado grande para abordarlo. Daos cuenta de que lo que estáis haciendo es decir «no» una vez. Cuando os entren las ganas decid «no». Gritad en una almohada, gritadlo de forma interna, deshaceos de esos pensamientos. Distraeos, pensad que estáis mejor sin el porno y reflexionad sobre todo lo que perderíais si recayerais y tuvierais que volver a empezar; quizás nunca conseguiríais llegar tan lejos. No dejéis que las ganas crezcan. Y punto. No se trata de tener fuerza de voluntad X días, tan solo es un sutil cambio de vida, un «no» silencioso cada vez que el deseo aparezca y os intente dominar.

Los cambios de humor son el primer signo de que algo está cambiando:

> Mi cerebro es como un subibaja. El día puede pasar de ir bien a rozar el suicidio en unas pocas horas. Es difícil sobrellevarlo pero me garantiza que hay algo que está intentando corregirse.

Gradualmente, los colores vuelven, el entusiasmo aumenta y predomina la estabilidad. En su charla TEDx *The Pleasure Trap* («La trampa del placer»), el psicólogo Doug Lisle ofrece ejemplos de cómo las personas que se dan atracones revierten los deseos de comer con períodos de ayuno o ingiriendo únicamente líquidos. El mismo principio de aumentar la sensibilidad al eliminar la hiperestimulación se aplica a todas las recompensas naturales, lo que incluye la masturbación viendo pornografía en línea.

Algunos consumidores afirman sentir un ligero malestar por la abstinencia. Otros, sin embargo, afirman padecer síntomas graves. A continuación, podemos leer el testimonio de un chico de 26 años, tras muchos años de consumo de pornografía:

> La primera semana padecí el peor insomnio imaginable. No recuerdo dormir nada en los primeros 6 días. En mi cabeza, era peor que la semana del infierno de los entrenamientos para los marines estadounidenses. Durante las siguientes semanas, las cosas empezaron a mejorar un poco, pero no noté un cambio significativo hasta los 3 meses, cuando empecé a tener energía para hacer cosas.

Algunas personas no tenían ningún motivo para pensar que el síndrome de abstinencia sería tan agonizante:

> No había tenido un problema grave con el porno, di por hecho que los beneficios serían mínimos. Sin embargo, si crees que no eres adicto a algo, intenta dejar de consumirlo y ver qué pasa. En mi caso, padecí síntomas de abstinencia bastante duros. Duraron, como mínimo, un mes. Era evidente que algo me estaba afectando de forma neuroquímica: en un período de 24 horas podía experimentar una especie de euforia brillante y exultante seguida de la tristeza depresiva de un moribundo. Al cabo de aproximadamente un mes, empecé a sentirme significativamen-

te mejor y las cosas empezaron a ponerse en su lugar; las personas que me rodeaban parecían estar mejor predispuestas hacia mí, mi lenguaje corporal mejoró, empecé a bromear en el trabajo y a ver, mayoritariamente, el lado bonito de las cosas.

Algunos de los síntomas de abstinencia más habituales son: irritabilidad, ansiedad o incluso pánico, lágrimas fuera de lugar, inquietud, letargo, dolores de cabeza, espesor mental, depresión, cambios de humor, deseo de aislarse, tensión muscular, insomnio y fuertes ansias de consumir pornografía.

> Los aspectos emocionales te golpean fuerte: depresión, ansiedad extraña, sentido de inutilidad. Todo por lo que había pasado, pero de golpe. Era como tener un día horrible, ¡multiplicado por 10! Por no olvidar lo cachondo que estás. Empiezas a aprender a controlar tus fantasías porque, si no lo haces, te sientes incómodo.

Otros síntomas menos frecuentes, pero no inusuales son: micción frecuente, temblores, náuseas, tensión en el pecho con dificultades para respirar, desesperanza, sofocos o frío incluso delante de un fuego, ingesta excesiva o falta de apetito, sueños eróticos fuera de lo común, pérdidas de semen al ir al baño y sensación de pesadez, presión o dolor de testículos (el agua fría puede aliviar esto último).

> Tenía cambios de humor como si fuera una niña embarazada de 13 años. Podía ver un árbol precioso y llorar por ello. Sentía un deseo intenso e insaciable de tener contacto humano... pero me daba un miedo terrible. Deseo de comer de forma insaciable... Prácticamente me comí un pastel entero en 24 horas. Soy de MECHA MUY CORTA, ¡idiota! JAJA cuando me siento así, trato fatal a la gente. Es el peor síntoma.

Otro aspecto frustrante del síndrome de abstinencia es que la recuperación no es lineal; es un subibaja. Algunas personas solo sufren síntomas graves de abstinencia durante las dos o tres primeras semanas. Otras los padecen durante meses y eso se denomina, de forma informal, *síndrome de abstinencia postagudo* (PAWS, siglas en inglés de *post-acute withdrawal syndrome*).

Solo quiero dar algo de esperanza a aquellos que lo estáis pasando mal con los problemas mentales asociados a esta mierda. Durante un año y medio casi nada me hacía feliz. Ahora, empiezo a sentir la música como antes. Disfruto de una conversación con un extraño en lugar de pasarlo mal por la ansiedad social.

Tras pasarlo increíblemente mal estos dos últimos años estoy mejorando realmente. Es TAN evidente que tengo PAWS o síndrome de abstinencia postagudo. No tengo ninguna duda. La naturaleza volátil de los síntomas, lo leeeeeeeennnnnnnnnnnta que ha sido la recuperación y los síntomas en sí mismos.

Los días buenos cada vez son más frecuentes, pero los malos seguirán presentes todavía durante un tiempo antes de que el cerebro vuelva del todo a la normalidad. No tiene sentido medir tu progreso comparando tu tiempo de recuperación con el de otra persona. Algunas personas necesitan más tiempo que otras para recuperar el equilibrio cerebral.

2. La *flatline*

Un joven describió la *flatline* como la «tormentosa y misteriosa iniciación que soportamos pero de la que no hablamos». Es un síntoma de abstinencia estándar entre los hombres con disfunción eréctil inducida por la pornografía, pero también pueden padecerla hombres que no sufran eyaculación retardada en el momento de dejarlo. Ya he abordado este efecto temporal anteriormente, pero podemos ampliar la información. Esta es una descripción habitual de la *flatline*:

> Tras algunos días soportando los berrinches de mi cerebro (deseos), entré en una inapetencia (*flatline*) que me duró semanas. Básicamente, sentía indiferencia por las chicas, el sexo y todo en general. La vocecilla del porno seguía quejándose en lo más profundo de mi mente pero no me importaba. Además, mi pene estaba inerte y pequeño. Era como si alguien hubiera desconectado la máquina que alimentaba mi deseo sexual. No sentía ningún tipo de libido.

No hace falta explicar que, llegados a este punto, los chicos quieren huir de la recuperación y volver a consumir pornografía, por miedo a perder la libido por completo si no la usan. Sin embargo, hace diez años, un valiente australiano siguió con el proceso y descubrió que alrededor de la séptima semana, su *flatline* llegó a su fin y la libido (y las erecciones) volvieron a la carga con más fuerza.[238] Desde entonces, muchos jóvenes se han enfrentado a la *flatline* y han documentado su recuperación.

Nadie sabe qué la causa, pero esta es la teoría de un joven:

> Empezamos a masturbarnos viendo porno siendo muy jóvenes y seguimos haciéndolo como locos hasta que nuestras mentes y cuerpos acabaron agotados. Cuando ya estás exhausto, tu cerebro y tu cuerpo entran en un modo de hibernación (lo que llamamos *flatline*) para recuperarse y poder volver a reaccionar ante la estimulación. Si hubiéramos parado a tiempo habría sido un período de unos pocos días antes de volver a la normalidad. Pero no lo hicimos. A pesar de estar en un período de *flatline*, consumimos porno hasta tocar fondo. De modo que ahora necesitamos más que unos pocos días para recuperarnos. Tardamos meses, o incluso más en algunos casos. Pero acaba pasando.

Cada período de *flatline* es único en términos de gravedad y duración. Para algunos, la libido y las erecciones vuelven de forma simultánea, tanto de forma gradual como de golpe. Otros recuperan la libido antes que las erecciones, o al revés. Independientemente de lo que la causa, el período de *flatline* se trata de algo definitivamente extraño. Antes de que existiera la pornografía de alta velocidad, dejar de consumir pornografía *no* estaba asociado con una disminución grave y temporal de la libido. Tal y como dije en el capítulo dos, sospecho que los centros sexuales del cerebro están implicados, ya que otros tipos de adictos no pierden temporalmente la función sexual cuando dejan de consumir.

¿Debes contarle a tu pareja que tienes problemas de rendimiento sexual relacionados con el consumo de pornografía? Muchos chicos dicen que es de gran ayuda informar a la pareja sobre el período de *flatline* y sus causas. Este es el testimonio de una mujer de 23 años cuyo novio de la misma edad necesitó 130 días para volver a la normalidad.

> Díselo a tu novia. Te quitarás presión de encima y evitarás hacerle daño. La DE inducida por el porno no es nada de lo que tengas que avergonzarte. Hoy en día el porno está muy extendido y casi todos los chicos lo consumen o lo han consumido en algún

momento (y todas las chicas lo sabemos). Le puede pasar a cualquier persona, ya que no es necesario que consumas en exceso para que tu cerebro se vea afectado. Mi novio se esforzó mucho para explicármelo todo y se lo agradezco mucho. Es mucho mejor saber qué está pasando. También es algo que une, si tu pareja te incluye en algo así, porque lo superáis juntos.

No todos los chicos que dejan el porno experimentan una pérdida temporal de la libido (*flatline*) durante la recuperación. Sin embargo, el porcentaje de hombres que afirman padecer una *flatline* parece ir en aumento, ya que aquellos que se iniciaron directamente con la alta velocidad constituyen una parte cada vez mayor de los afectados con disfunción eréctil. Tal y como dijo un chico:

> Algunos chicos sufren un período de *flatline* muy largo, algunos corto y otros no la llegan a padecer. Es difícil medirlo porque se trata de un problema muy nuevo. Con suerte, en un par de años seremos testigos de algunas tendencias y podremos aconsejar mejor a los que acaban de dejarlo. Desafortunadamente, somos pioneros en esto.

3. Insomnio

Es importante descansar bien ya que la fatiga puede desencadenar el consumo de pornografía. Sin embargo, muchas de las personas que pasan por el *reboot* habían usado su ritual pornográfico como ayuda para dormir. Sin él, es difícil conciliar el sueño al principio (el insomnio es un síntoma frecuente de abstinencia). Tienes que encontrar algo que te funcione.

> Pensaba que la única manera de poder conciliar el sueño era si me masturbaba antes, pero solo llevo 10 días y ya duermo genial. Dormirme en cuanto la cabeza toca la almohada es increíble.

Evita sustituir el consumo de pornografía con alcohol. Te ayudará a dormir, pero el alcohol hace que te despiertes demasiado pronto y sin haber descansado bien. Tampoco es buena idea sustituir una adicción con algo potencialmente adictivo. A continuación tienes algunas sugerencias:

La primera semana fue dura porque no dormía bien. Una cosa que hice fue no usar el portátil ni leer en la cama. Lo instalé en la mesa de la cocina y solo me tumbaba en la cama cuando me entraba el sueño.

***

Cómprate una lámpara para leer. Tener solo esa luz encendida en la habitación, iluminando el libro te hará tener muuuucho sueño.

***

Empecé a correr a última hora de la noche. Cuando llego a casa, me ducho y me voy al sobre directamente. Me duermo de inmediato.

***

Pongo música y disfruto centrándome en ella. Casi siempre consigo dormirme.

***

Leer me funciona muy bien cuando no puedo dormir. Es una conducta sustitutiva de la masturbación viendo porno. También me he esforzado para mentalizarme de que si una noche no duermo, no es el fin del mundo. Eso me ayuda.

***

Mi enfoque fue hacer ejercicio de forma constante, que me diera la luz natural todo lo que fuera posible (melatonina) y cumplir la norma que dice que la cama solo es para dormir y para el sexo; en mi caso, que estoy soltero, es solo para dormir.

***

Si llego a un grado de desasosiego muy malo, hago ejercicios de Kegel [ejercicios para el suelo pélvico], aunque sea a mitad de la noche. Tienden a aliviar el deseo o los síntomas de la abstinencia ya que redistribuyen la energía, o algo así. Con los ejercicios, la atención se centra en los músculos durante un rato y, normalmente, se «vuelven a dormir».

***

Levántate antes. Además, es el mejor momento para hacer deporte. Cuando llegue la hora de dormir estarás cansado.

***

A mí, lo que me funciona es levantarme e irme a la cama siempre a la misma hora y evitar practicar actividad física intensa justo antes de dormir.

***

Túmbate boca arriba y enumera todo aquello por lo que te sientes agradecido. Cuando empecé a hacerlo mi lista era muy larga. Ahora, apenas soy capaz de dar gracias por mis amigos y mi perro antes de quedarme profundamente dormido.

Algunos usuarios se han ayudado de suplementos, infusiones como la manzanilla y otros remedios caseros.

4. Desencadenantes

Un hombre describió los desencadenantes como «los factores externos que te hacen pensar en el porno». Algunos desencadenantes frecuentes son: programas de televisión y películas con contenido erótico, recuerdos sobre pornografía, las erecciones matutinas, el consumo de alcohol o sustancias de uso recreativo, palabras que te recuerdan a una escena o un actor pornográfico y la publicidad sugerente. Un chico dijo:

> Solo hay una cosa peor que recaer y es recaer porque ibas demasiado colocado o borracho como para controlarte.

Sin embargo, los estados mentales también pueden ser desencadenantes: aburrimiento, ansiedad, estrés, depresión, soledad, rechazo, fatiga, frustración, enfado, sentimiento de fallo o autocompasión, deseo de premiarte por un logro, exceso de confianza, celos o la resaca.

La procrastinación también es el desencadenante de muchas recaídas. El resultado ha sido denominado *procrasturbación*. Haz una lista de cosas que quieras lograr, así como una de actividades sin riesgos, para aquellos momentos en los que no tengas motivación suficiente como para hacer algo productivo.

Como es lógico, cada cerebro tiene sus propios desencadenantes únicos. Algunos ejemplos menos comunes son: duchas calientes, exceso de azúcar, de hidratos de carbono y de cafeína, anuncios de novias rusas, sitios web como Stumbleupon, YouTube, Imgur y Reddit, cotillear antiguos intereses románticos en Facebook, estar mucho tiempo en el ordenador sin pausas de 15 minutos cada hora, videojuegos, sentir la vejiga llena, el ensimismamiento, tocarse los genitales y ropa que los roce, la masturbación, los móviles y el hambre.

Los desencadenantes son tanto el problema como la solución. Te vuelven loco durante el *reboot* (al principio), pero también te indican cuándo debes estar alerta. Algunos usuarios toman la medida drástica de abstenerse de usar internet durante un mes o dos.

Las malas noticias son que, a veces, las rutas cerebrales asociadas con los desencadenantes permanecen activas durante un largo período de tiempo, incluso cuando ya has completado el *reboot*. Se debilitan. Por ejemplo, un alcohólico que lleva sobrio 20 años ya no se verá afectado por los anuncios de cerveza. Sin embargo, si se bebiera una, sus rutas sensibilizadas podrían dispararse y provocar que perdiera el control. Algo similar les sucede a antiguos usuarios de pornografía. Se vuelven inmunes a desencadenantes que antes suponían un riesgo pero, si vuelven a consumir pornografía, es posible que no puedan parar.

Tendrás que ser precavido con los desencadenantes durante mucho tiempo, así que vale la pena identificarlos y estar alerta. También debes tener una respuesta predeterminada para cuando te tengas que enfrentar a uno.

Estos hombres explican cómo utilizan los desencadenantes a su favor:

Un día estaba navegando por internet cuando mis padres decidieron salir. No quería ir con ellos, así que seguí con lo mío. Cuando cerraron la puerta, algo hizo clic en mi cabeza. De repente, un gran deseo de consumir porno era todo en lo que podía pensar. ¡Me puse cachondo con un portazo! Ahí me di cuenta de que el hecho que mis padres salieran de casa era un desencadenante para mí. Parece obvio, pero no me había dado cuenta. Ahora, cuando mis padres se van de casa yo salgo a dar un paseo, llamo a un amigo o dejo de utilizar el ordenador y hago algo útil.

***

Mi mayor problema era estar siempre tumbado en la cama con el iPhone. Sin duda, un desencadenante de fácil acceso. También consumía pornografía casi exclusivamente por la noche. Ahora, a las 23:00 h apago todos los dispositivos electrónicos, guardo el portátil en el armario, programo la alarma y alejo el teléfono de la cama. Me lavo la cara, me cepillo los dientes y escribo en mi diario o leo hasta que me entra el sueño. Esto aleja todos los desencadenantes y tentaciones. En lugar de dejar que mi mente divague, leo un libro.

Cuando sientas las ganas, pregúntate:
- ¿Qué emociones estoy sintiendo?
- ¿Qué hora es?
- ¿A quién tengo cerca?
- ¿Qué acabo de hacer?
- ¿Dónde estoy?
- ¿Qué podría hacer en lugar de consumir pornografía que cubriera mis necesidades?

¿Podrías salir a correr, prepararte algo saludable para comer, aprender una palabra en otro idioma, trabajar en esa novela que querías escribir o llamar a un amigo? Escoge una respuesta que te aporte una sensación de logro, conexión o autocuidado.

Una vez hayas identificado el desencadenante y escogido una alternativa reconfortante para esa situación, registra tu plan: cuando _____(desencadenante), voy a _____(nueva rutina), porque me hace sentir _____ (recompensa). Las recompensas pueden ser más energía, algo de lo que enorgullecerse, mejor salud, sentimientos de felicidad, la satisfacción por ser capaz de completar tus obligaciones, más confianza, un mejor estado de ánimo, una mejor memoria, menos depresión, deseo de socializar, mejores erecciones...

Si, de forma constante, haces frente y sustituyes los desencadenantes, acabarás adquiriendo el nuevo comportamiento de forma automática. Si, por alguna razón, no puedes seguir la nueva rutina, haz lo mismo que los atletas olímpicos: visualízate haciéndolo con todo lujo de detalles.

5. Emociones

A menudo, las personas que dejan de consumir pornografía destacan que sienten más emociones. ¿Por qué supone un reto? Porque las emociones desconocidas nos pueden sobrecoger al principio, especialmente si no son deseadas.

> Desde una felicidad inexplicable a una pena devastadora, ahora experimento las emociones como nunca. Masturbarme viendo porno había entumecido esos extremos, convirtiéndome en alguien soso y complaciente.

***

> Harás frente a emociones que no habías sentido en años, quizás nunca. Mujeres que antes no te importaban, de repente, se convertirán en el centro de tu p--ta vida. ¿El examen que suspendiste? No te lo quitas de la cabeza; te preocupan tus notas, te preocupas por el final que tienes en dos semanas. Y es algo bueno; joder es genial. Aprendemos del sufrimiento, es lo que nos hace crecer. Pero va a doler. En algunos momentos te sentirás triste, confundido e incluso deprimido. No caigas en la trampa. Las emociones pasan, los recuerdos se desvanecen y saldrás de todo esto más fuerte. Recuerda, tienes años de crecimiento emocional y madurez por delante. Puede que no sea fácil, es posible que no te sientas cómodo, pero vale la pena.

Tal y como este chico menciona, no puedes disfrutar de los buenos momentos si no estás dispuesto a hacer frente a los malos:

El porno, en esencia, es igual que cualquier otra sustancia o comportamiento adictivo. ATENÚA tu dolor, y eso es el problema. Verás, no puedes adormecer de forma selectiva una emoción o un sentimiento sin hacer lo mismo con el resto. Aunque las adicciones suavizan el dolor de la vulnerabilidad, la soledad, la tristeza, la desilusión y el miedo, también adormecen la gama de emociones positivas como la felicidad, la esperanza, la alegría y el amor.

6. *El efecto chaser*

El término *chaser* a menudo se emplea para describir deseos intensos que, a veces, siguen al orgasmo. Al igual que los síntomas de abstinencia, el *chaser* puede hacer que tu *reboot* descarrile en un abrir y cerrar de ojos.

> El efecto del *chaser* es ilógico pero real. Casi no tenía ganas de masturbarme mientras mi novia estaba fuera del país, pero en cuanto volvimos a mantener relaciones, mis ganas de consumir porno aumentaron.

***

> A veces, me siento más cachondo los días después de un orgasmo. En esos momentos, también siento una gran atracción por otras mujeres.

Algunos chicos también sienten el efecto *chaser* tras un sueño erótico; otros no. En cualquier caso, esos deseos intensos, a veces inesperados, tras un orgasmo pueden hacer que un incauto se precipite a un atracón de porno:

> Tras completar el *reboot* ligué con una chica. Nos fuimos a la cama. Empecé a quitarle la ropa y... ME EMPALMÉ AL MOMENTO (¡genial!). Practicamos sexo durante unas 2 horas y media, lo que, SIN DUDA, es un récord para mí. Sin embargo, después sentí el temible *chaser*. Estaba tan cachondo al día siguiente que me hice una paja mientras estaba en la ducha. Me sentí muy deprimido el resto del día. De hecho, me masturbé varias veces.

***

> Después de tres meses sin porno, mi nueva novia y yo mantuvimos relaciones y ahora, un día o dos más tarde, siento un potente deseo de masturbarme y de volver a ver porno. Parece muy contradictorio, pero es así. Me masturbo más e incluso ayer vi porno casero.

***

> Tras darme un atracón de porno es todo un esfuerzo obligarte a enderezarte porque el orgasmo te hace sentirte más cachondo. Los primeros tres días son difíciles.

Probablemente, el *chaser* es una versión amplificada de los cambios neuroquímicos que siguen a cualquier clímax. Afortunadamente, ayuda a reactivar tu libido después de un período de *flatline* muy largo:

> La mañana del día 68 me pasó algo muy extraño que nunca había experimentado como adolescente: tuve un sueño húmedo. Ahora que ya llevo 91 días, vuelvo a pensar en ello y creo que fue un punto de inflexión, casi como un renacimiento. A partir de ese momento, empecé a experimentar las ventajas del *reboot*. Siento más energía y mi disfunción eréctil parece haber desaparecido.

A veces, las personas afirman que el efecto *chaser* se suaviza con el tiempo. De hecho, la desaparición de los más extremos puede ser una señal de que el *reboot* progresa adecuadamente:

> Desde que me masturbé el sábado por la noche con mi primera erección completa y dura, con estimulación mínima, sin fantasía y una sorprendente resistencia al orgasmo, me he sentido con más energía y cachondo. Tengo la mente despejada, sin el efecto *chaser*. Creo que no me equivoco si digo que estoy en el buen camino.

Este marido encontró un uso especialmente bueno para su *chaser*:

> Como justo ayer noche hicimos el amor, mi mujer decidió acercarse sigilosamente esta mañana para ver cómo estaba (conoce el efecto *chaser*). Así que hice lo que todo buen guerrero habría

hecho: le enseñé qué es exactamente un *chaser*. La perseguí hasta la habitación y le demostré que ahora, todos mis *chasers* LE pertenecen. Llegué tarde al trabajo... pero valió la pena.

7. Sueños alarmantes, flashbacks

A menudo, las personas remarcan que recuerdan mejor sus sueños tras dejar de consumir. Esto puede ser agradable o no:

> Me he dado cuenta de que vuelvo a recordar lo que sueño. Durante los 10 años que me estuve masturbando como un loco, no soñé nunca o solo alguna vez.

Los sueños vívidos parecen ser una parte normal del proceso de limpieza mental de desengancharse. Con frecuencia, estas personas sueñan que recaen, ya que el cerebro intenta activar bucles cerebrales familiares, pero esos sueños acaban desapareciendo.

> He estado teniendo los sueños más j--didos, el tipo de mierda que no me siento cómodo contándole a nadie. Sé que es mi mente intentando superar la abstinencia, pero espero que acabe pronto. Me vendría muy bien poder descansar bien una noche.

Los *flashbacks* de imágenes pornográficas también son comunes y causan angustia:

> Muchas veces no puedo ver a un extraño o un amigo por lo que son. Solo puedo imaginármelos desnudos, no importa si son hombres o mujeres. Entiendo perfectamente que las personas normales fantaseen con alguien que les guste de verdad (por ejemplo, un adolescente que no pueda prestar atención en clase porque está pensando en cómo debe estar su profesora desnuda). No me molesta el hecho de desnudar mentalmente a la gente, sino que me pase TAN A MENUDO y como respuesta a hechos tan aleatorios, desencadenantes y desencadenantes no deseados. Aunque no encuentre a la persona atractiva, o no quiera encontrarla atractiva. Por ejemplo, personas mayores o niños. Mi mente está hecha polvo. Puedo soportarlo si me cruzo con alguien por la calle y puedo olvidarme rápidamente. Pero si es alguien con quien estoy hablando, puedo llegar a sufrir un ataque de pánico. Acabo la conversación rápidamente y busco un lugar tranquilo para calmarme.

Lo mejor es abordar estos flashbacks como si fueran sueños. Es decir, asignarles la categoría de limpieza mental en lugar de una prueba de que el *reboot* no está funcionando. Limítate a reconocerlos y dejar que pasen, sin asignarles ningún significado. Conecta con tus sentidos y desvía tu atención a lo que sucede a tu alrededor. Relájate y respira hondo. Nota: las personas con tendencia a padecer TOC pueden tener una mayor dificultad para deshacerse de los *flashbacks*. Les asignan un significado cuando no existe. Podría ayudarles un profesional.

8. *El círculo de la vergüenza.*
Muchos de los usuarios actuales de pornografía crecieron con contenido erótico en línea y sienten bastante indiferencia ante el uso. Si sienten vergüenza, es por su incapacidad de controlar su consumo, no por el uso en sí mismo o el contenido pornográfico. Su vergüenza se esfuma en cuanto recuperan el control.

Sin embargo, si tienes una asociación mental del consumo pornográfico con la vergüenza, las amenazas o el castigo parentales/conyugales/religiosos (o tienes ideas rígidas sobre la masturbación) es posible que necesites ayuda delimitando el consumo de pornografía y la imagen que tienes de ti mismo.

Los niveles de dopamina suben rápidamente (en especial en los adolescentes) ante la anticipación de algo nuevo o un riesgo, como algo prohibido. Este estímulo neuroquímico empujó a nuestros ancestros adolescentes a arriesgarse y aventurarse en nuevos territorios y evitar la endogamia. Esto hace que «la fruta prohibida sepa mejor». Para explicarlo de otra forma, los estudios demuestran que la ansiedad aumenta la excitación.[239]

Con toda esa dopamina extra gritando «¡Sí!» es fácil que el circuito de recompensa primitivo del cerebro sobrevalore actividades condenadas. Las registra como hiperexcitantes, lo que significa que también ofrecen un reconfortante olvido temporal cuando la vergüenza aparece. Esto explica cómo caen algunos usuarios en el círculo de la vergüenza.

Sería atrevido afirmar que conocemos todos los detalles de la historia, en lo que respecta a la química cerebral de la adicción. Sin embargo, este marco biológico de la neuroplasticidad (y la analogía con el ordenador en la idea de *reiniciarse* o completar un *reboot*) se acerca mucho más al *quid* de la cuestión que el desasosiego de la parte más conservadora sobre los estímulos sexuales visuales *per se* o la complacencia liberal sobre la inocuidad de la pornografía.

Es interesante que las personas (incluso las religiosas) que participan en los foros que seguimos, a menudo aceleran el progreso en su *reboot* cuando redefinen su problema con la pornografía en términos biológicos:

> Ya no veo mi adicción como la influencia de demonios o la expresión natural de mi corazón pecaminoso; sino como un deseo muy humano y natural (aunque poco apropiado) por la intimidad sexual. Se trataba de un mal hábito, reforzado por neuroquímicos, no era nada misterioso o etéreo. Me di cuenta de que tenía el poder de controlar mis acciones; y eso hice. Me di cuenta de que la vida que quería llevar era incompatible con el consumo de pornografía, así que simplemente tomé la decisión. «Simplemente» no significa que sea fácil, por supuesto.

> El éxito en este campo me ha dado la confianza para hacer frente a otros retos. Desde que empecé mi abstinencia, hace 90 días, también he perdido más de 9 kilos, he empezado a bailar *swing*, me he unido a una banda y estoy empezando a conocer a una chica. No hablo de superpoderes. Yo ya tenía todo el potencial, pero estaba escondido detrás de mi adicción al porno. Me miro en el espejo y no siento arrepentimiento. Creo que así es como se siente la gente normal. Odio la cantidad de tiempo que he malgastado sintiéndome culpable y avergonzado, pero ahora miro hacia adelante con la conciencia limpia. Me encanta mi vida.

La clave parece residir en canalizar grandes dosis de energía en acciones constructivas y autocompasión y alejarse de batallas internas agotadoras, aunque excitantes.

9. Uso intermitente

El riesgo de consumir pornografía de forma muy frecuente es algo familiar para muchos usuarios. Sin embargo, es menos conocido el hecho que el consumo intermitente (por ejemplo un atracón de dos horas seguido de unas semanas de abstinencia, aclarar y repetir) puede incrementar la compulsión. Los motivos son biológicos y la adicción y el consumo intermitente se ha investigado mucho, incluso se han hecho estudios sobre el consumo de drogas y de comida basura.[240] Los periodos de abstinencia (de 2 a 4 semanas) provocan cambios neuroplásticos[241] que no se dan en otros usuarios. Estas alteraciones aumentan la sensación de deseo intenso, elevan la respuesta ante el estrés[242] y pueden provocar graves síntomas de abstinencia.[243]

Por ello, darte atracones tras temporadas de abstinencia te puede afectar más, quizás porque la intensidad de la experiencia es mayor.[244] En resumen, el consumo desproporcionado e intermitente puede causar lo mismo que el consumo continuado y, en algunos casos, puede ser peor.

Es importante que todas las personas que estén intentando dejar la pornografía entiendan este fenómeno y reconozcan que la regularidad (aunque existan recaídas aisladas) hace que dejarlo sea más fácil que si se dan episodios intermitentes de consumo abusivo. Este fenómeno también podría explicar por qué los usuarios que afirman consumir menos pornografía (por ejemplo, usuarios religiosos con un consumo intermitente) también obtienen una puntuación más alta de lo esperado en tests sobre adicción a la pornografía/compulsividad.[245]

Obstáculos comunes

1. Edging

El término *edging* se emplea para definir la técnica de masturbarse hasta estar a punto de alcanzar el orgasmo, de forma repetida, sin llegar a culminar (a menudo mientras se navega en páginas de pornografía). No es extraño observar esta práctica en foros *nofap* en los que, en ocasiones, los usuarios se convencen a sí mismos de que el problema es la eyaculación y no el consumo de pornografía.

Un *rebooter* explica por qué no es prudente practicar el *edging*:

> En lugar de llegar hasta el orgasmo y culminar, enseñas al cerebro a darse un baño de excitantes neuroquímicos durante horas. Es lo peor que puedes hacer y punto. Lo peor. Creo que la mayoría de nosotros no teníamos adicción al porno, sino a practicar *edging* viendo porno.

En los hombres, esta práctica estresa la próstata. Además, no te prepara bien para mantener relaciones sexuales con una persona real, ya que está habitualmente ligada a una estimulación visual prolongada, a contenido nuevo suministrado de forma rápida, pasar de un clic de una escena a otra y tu propia mano (o juguete sexual).

La dopamina alcanza su nivel más alto cuando estás a punto de llegar al orgasmo. Por ello, practicar *edging* también mantiene la dopamina en su nivel natural álgido, en ocasiones durante horas. El cerebro recibe señales fuertes para reforzar la asociación entre la excitación y lo que el espectador está viendo, ya sea contenido fetiche o una pantalla vacía. Los niveles de dopamina crónicamente altos también provocan el riesgo de sufrir cambios cerebrales relacionados con la adicción como, por ejemplo, una menor sensibilidad al placer.

Antes de que existiera internet, los chicos se masturbaban, alcanzaban el clímax y acababan en cuestión de minutos. El orgasmo pone en marcha cambios neuroquímicos que inhiben la dopamina durante un tiempo. Eso normalmente supone un alivio para la frustración sexual. Sin embargo, pisar el acelerador de la dopamina sin rozar el freno, tiene como resultado un estado de deseo continuo que nunca se satisface:

> Lo que me atrapó en la espiral mortal del porno fue cuando dejé de hacerlo por el orgasmo a hacerlo para obtener la sensación previa al orgasmo.

Debes ser consciente de que, al principio, es posible que sientas que los orgasmos sin pornografía no son satisfactorios o que la masturbación sin pornografía no te parezca lo suficientemente estimulante como para alcanzar el orgasmo. Esto es así porque tu cerebro no asimila las recompensas con normalidad. No es necesario que te fuerces a llegar al clímax. Sé paciente.

2. *Fantasías*

Estudios sobre las imágenes mentales indican que fantasear o imaginar una experiencia activa muchos de los circuitos neuronales que se activan cuando la llevamos a cabo realmente.[246] La mayoría de las personas afirman que evitar tener fantasías al principio del *reboot* es muy útil (incluso mientras se practica sexo con una pareja) porque reduce los deseos. Sin embargo, si la persona en cuestión tiene poca experiencia sexual, puede resultar útil tener fantasías realistas sobre posibles parejas reales para ayudar a reconectar los circuitos cerebrales con personas reales (en lugar de pantallas). Después de todo, los humanos llevan siglos teniendo fantasías sexuales. Sin embargo, debes evitar que personas reales aparezcan en tus escenarios pornográficos preferidos.

> La fantasía se considera algo arriesgado porque, al principio, nuestras fantasías no son más que versiones modificadas de escenas pornográficas. Que tu cerebro esté como adormecido ante el placer y la creatividad, significa que no eres capaz de imaginar con claridad qué aspecto tendría esa chica tan atractiva desnuda. O cómo es hacer el amor de forma tierna y cariñosa. ¿Cuál es la solución? «Voy a fantasear con esa escena pornográfica que me tuvo a punto de correrme durante horas». Ahí reside el peligro. Una persona sana, con fantasías naturales sobre alguien no se meterá en problemas, mientras que un adicto al porno, que fantasea basándose en su pasado pornográfico, solo empeora las cosas. En mi opinión, en cuanto empieces a recuperarte, si tu mente empieza a fantasear por sí sola, sin llegar a extremos o ser poco realista, debes permitírselo. No refuerces la fantasía, pero deja que pase.

Durante el *reboot*, si una fantasía se parece al porno en lo más remoto, debes descartarla. Existen dos motivos:

(1) Las fantasías de contenido pornográfico pueden provocar una recaída.

(2) Pueden reforzar el circuito neuronal afectado que estamos intentando cancelar con el *reboot*. Tu cerebro no hace distinción entre las imágenes procedentes de una pantalla de ordenador o de tu mente, por lo que activar fantasías de contenido pornográfico para tu cerebro no es muy diferente de ver pornografía. Dicho esto, no creo que todas las fantasías sean malas y contraproducentes. Durante el *reboot*, por primera vez en mi vida, he empezado a tener otro tipo de fantasías de forma espontánea, en las que se daban situaciones íntimas sin llegar al sexo

como, por ejemplo, intercambiar sonrisas, cogerse de la mano, hacerse masajes en la espalda o en los pies... Sé que puede sonar cursi, pero estas fantasías eran muy reales y agradables. Por cierto, nunca me masturbo ni practico *edging* durante estas fantasías (si lo hiciera, probablemente se convertirían en algo sexual).

3. Uso de sustitutos para la pornografía

Es otra forma de hacer descarrilar el *reboot*. Si estás intentando dejar la pornografía, es fácil justificar mirar imágenes de modelos en tanga en su lugar. Después de todo, eso no es porno ¿verdad? De hecho, la parte primitiva de tu cerebro *no sabe qué es el porno*. Solo sabe si algo te resulta excitante o no (tu cerebro está en buena compañía. En 1964, el abogado Potter Stewart de la Corte Suprema de los Estados Unidos, proclamó que, aunque no podía definir qué era la pornografía, podía reconocerla cuando la veía).

Es irrelevante que nos pongamos a opinar si las imágenes de mujeres en biquini son pornografía o no. Lo que realmente importa son los picos de dopamina en nuestro circuito de recompensa. La cuestión que debemos plantearnos es qué tipo de entrenamiento cerebral provocó los problemas que padeces y si lo estás repitiendo.

¿Navegar por Imgur porque te parece excitante activa las rutas de adicción sensibilizadas y refuerza tu problema con la pornografía? Sin duda. Haces clic y navegas en búsqueda de novedades sexuales bidimensionales porque tu cerebro anhela estimulación. Esto puede ralentizar tu recuperación. Por otro lado, darse de bruces con imágenes de contenido *hardcore* y cerrar la página de inmediato mejora tu fuerza de voluntad. Recuerda, el objetivo es reiniciar el cerebro para que se excite con algo real.

La adicción a la pornografía en línea no es una adicción a cuerpos desnudos o contenido erótico; es una adicción a la novedad en pantalla. Un chico resumió lo que aprendió del siguiente modo:

> ¿Por qué navegas en YouTube para ver vídeos de chicas bailando en pantaloncitos cortos? ¿Qué sentido tiene el *sexting*, las *webcams*, el sexo telefónico, las fantasías constantes, las historias eróticas, navegar por aplicaciones de citas (sin la intención real

de ponerte en contacto con las chicas), escribir nombres de estrellas del porno y buscar imágenes, ver las redes sociales, etc.? Todas esas actividades refuerzan las rutas cerebrales que estás intentando debilitar. Mantienen tu mente ocupada con pensamientos sexuales, tetas, culos, f----teo, corridas, chicas guapas, etc. Hacen que el *reboot* sea más difícil y doloroso. Intenta acostarte con alguien real (acércate a posibles parejas, ten citas, flirtea, contacta con amigos o sal por ahí) o haz algo que no esté relacionado con el sexo (trabaja, estudia, haz ejercicio o sal a pasear).

4. Forzar el rendimiento sexual demasiado pronto (DE)
Tradicionalmente, tanto hombres como mujeres asumen que subir la temperatura es la solución a la pereza sexual de la pareja. Sin embargo, aquellos que parecen disfunciones sexuales relacionadas con la pornografía, a menudo descubren que se recuperan más rápido si dejan que su libido se despierte de forma natural, sin exigencias de interpretaciones sexuales. Un hombre describió del siguiente modo el apoyo que recibió de su novia:

Ha sido increíble. Le dije que, de forma ocasional, usaba las fantasías pornográficas para mantener la erección y me dijo que ella prefería que perdiera la erección a que usara el porno. Saberlo me puso las cosas más fáciles y no he vuelto a pensar en el porno desde que lo hablamos, hace unas semanas. También se negó a que me medicara contra la disfunción eréctil, ya que quería que lo solucionara de forma natural. Este es mi consejo:

1. Hablad con vuestras parejas. Es el mayor apoyo.
2. Tomaos el tiempo que necesitéis y avanzad a un ritmo en el que os sintáis cómodos.
3. Los suplementos no tuvieron ningún efecto.
4. No caigáis en la trampa de mirar porno, aunque no estéis pensando en daros un atracón.

Es gracioso porque mi novia pasó por una fase similar hace un tiempo. Veía demasiado porno y, al final, solo se excitaba con contenido lésbico aunque ella no es lesbiana. Ella también tuvo que dejarlo, así que entendía por completo por lo que estaba pasando. Claro que hemos tenido algunas etapas malas. Ha sentido

> inseguridad. Yo he tenido noches en las que me sentía fuera de lugar e inútil pero, al final, hablamos las cosas y eso nos hizo más fuertes. Por fin, el fin de semana pasado conseguí una erección lo suficientemente sólida y duradera para tener una relación sexual. Es un gran paso para mí; el inicio de una nueva aventura sexual y es fantástico.

Si alcanzar el orgasmo activa un efecto dominó de neuroquímicos (el efecto *chaser*) o te aboca a un consumo desmedido, durante un tiempo, no te fuerces a acabar. Mantén una actividad sexual suave y de perfil bajo, es decir, sin presión por el rendimiento final, mientras dejas que tu sensibilidad al placer vuelva de forma natural. Es mejor acabar con ganas de más que exprimir todo tu deseo sexual.

Si es necesario, pídele a tu pareja que no tenga una actitud de estrella del porno para que no te excite demasiado pronto. Tenéis todo el tiempo del mundo para hacer eso cuando tú te hayas recuperado.

> Tan solo hace unas semanas casi me había resignado a no poder alcanzar el clímax durante el sexo por penetración. Ayer por la noche, tuve relaciones con mi pareja dos veces y ¡llegué al orgasmo las dos! Cuando empezamos a besarnos y tocarnos, no podía aguantarme las ganas de penetrarla. Fue tan natural. Definitivamente, he recuperado la sensibilidad en el pene y siento que todavía mejorará.

5. Asumir que los fetiches son permanentes

La creencia de que no podemos evitar nuestros fetichismos, que son algo innato, puede ser un gran obstáculo para dejar la pornografía en línea, porque puedes llegar a sentir que estás abandonando la única esperanza de llegar a la plenitud sexual. El hecho es que solo sigues un proceso de eliminación, podrás saber si se trata de un fetiche superficial inducido por la pornografía o un fetiche de tu identidad sexual básica.

Como es obvio, si un fetiche desaparece los siguientes meses de dejar el porno, es que no formaba parte de tu identidad sexual. Mientras tanto, las ansias por lograr un subidón pueden hacer que te equivoques a la hora de buscar la felicidad. Un joven dijo:

> En verano de 2011 desarrollé un nuevo fetiche que hacía que se disparara la dopamina en mi cerebro. Me hacía tan feliz y me excitaba tanto ver este nuevo tipo de porno que me temblaba el cuerpo. Desde entonces, no me ha hecho tan feliz y he vuelto al contenido normal.

Confundidos por el entusiasmo inicial y la insatisfacción actual, algunos usuarios pasan a consumir géneros pornográficos cada vez más extremos. Otros se plantean si su orientación sexual ha cambiado, ya que encuentran el nuevo material muy excitante y el anterior menos. Algunos buscan desesperados una respuesta masturbándose ferozmente con distintos tipos de pornografía, en un esfuerzo por entender las cosas. Esta necesidad de comprobar de forma compulsiva puede abocarlos a una adicción o un comportamiento similar al TOC sin darles ninguna respuesta. También hay casos en los que intentan hacer realidad sus fetiches sin que les satisfagan.

Consejo: si estás en un hoyo, deja de cavar. *En primer lugar*, intenta descartar si el consumo excesivo de pornografía es la causa. Descansa, deja de probar cosas. Deja el porno y las fantasías pornográficas durante unos meses. Ten cuidado, porque es posible que la incomodidad de los síntomas de abstinencia o la *flatline* te convenzan de que necesitas escenarios extremos para quedar satisfecho, cuando, en realidad, la satisfacción depende de un cerebro equilibrado (la dirección opuesta). Una actividad adictiva tiende a promover la repetición de la actividad y no a saciarla.[247]

> La pornografía hizo que solo me excitara si imaginaba imágenes extremas. Hice muchas cosas extremas con prostitutas, pero siempre me sentía insatisfecho. Ni siquiera las *escorts* transexuales conseguían excitarme. Me obligaba a excitarme pensando en porno extremo. Además, cambiaba de una actividad sexual a otra distinta a cada minuto, igual que pasaba de un vídeo a otro en casa. Cuando consumía porno, no era capaz de excitarme por el simple hecho de estar cerca de una mujer desnuda (algo que me gustaba más que nada y que ahora me vuelve a gustar). Actualmente, cuando estoy en una situación íntima con una mujer, tiene lugar una conexión real, un sentimiento excepcional e increíble. Ninguna fantasía forzada.

Los usuarios de pornografía en línea actuales están demostrando que la sexualidad humana es mucho más maleable de lo que nadie había pensado. Los espectadores pueden utilizar el contenido hiperestimulante que existe hoy en día para provocar estados de excitación supernormales y mantenerlos durante horas. A medida que el consumo excesivo va provocando la desensibilización, el cerebro busca generar más dopamina mediante contenido novedoso, sorprendente, prohibido, retorcido, etc. Eso sucede cuando los gustos pornográficos originales ya no consiguen el efecto deseado.

Es evidente que existen períodos tempranos de desarrollo, durante los cuales las asociaciones pueden fijarse de forma más o menos permanente. Por supuesto, durante la pubertad, todos los recuerdos eróticos que se generan son más potentes y se refuerzan con la excitación. Un consumo ávido de pornografía en adolescentes, cuyos cerebros están en un momento muy maleable, puede causar que los gustos sexuales cambien con sorprendente facilidad. Los estudios muestran que cuanto más joven se empieza a consumir pornografía, más probable es que se acabe consumiendo contenido zoofílico o pederasta.[248] En una encuesta informal de 2012 realizada (principalmente) a personas jóvenes en r/nofap, el 63 % de los encuestados afirmó que sus gustos se habían vuelto cada vez más *extremos* o *pervertidos*.[249] La mitad estaban preocupados, la otra mitad no. Independientemente de ello, a menudo, los fetiches pornográficos desaparecen tras dejarlo.

6. *Un deseo insoportable*
El momento ideal para controlar un deseo insoportable es antes de que aparezca. Cuando decidas dejarlo, planifica con antelación los siguientes puntos:

> Intenta estar en casa el mínimo tiempo posible. Si no encuentras ningún plan para los primeros días, ve a una biblioteca, una librería o un parque a leer. Evita estar en casa o en el sitio en el que te masturbaras habitualmente; eso te resultará muy útil para superar los primeros y agónicos días de síndrome de abstinencia.

Haz una lista de motivos por los que quieres dejar el porno y consúltala cada vez que aparezca el deseo de consumo. Aún mejor, escríbete una nota para leerla cada vez que surja el deseo:

> Has empezado a practicar *edging*. Ya no hay marcha atrás. Un poco más... otro poco más... y listo. Es probable que el orgasmo no sea muy intenso. Tendrás una sensación de alivio, más que otra cosa. Te dirás que ya puedes volver al trabajo. «No ha estado tan mal. No me siento avergonzado. No tiene sentido autolimitarse hasta ese punto».
>
> En una hora, empezarás a sentir que tu energía decae, empezarás a sentir la mente nublada. Irá evolucionando hasta convertirse en ansiedad. La ansiedad no la causa la masturbación. Es una respuesta natural a la caída de energía. No te ha pasado nada malo. Nadie te ha reñido. No tenías ningún pensamiento negativo. Todo iba bien hasta hace una hora. Ahora, empiezas a sentirte un poco mal. No te puedes concentrar bien. Ojalá no tuvieras que trabajar. Lo único que te apetece es sentarte y ver la televisión.
>
> Al final del día, no habrás conseguido terminar las tareas que te habías marcado. Tus mecanismos de defensa para justificar la procrastinación se activarán. Tu estado mental ya está completamente en manos de factores externos. ¿Cuánto podrás trabajar al día siguiente? ¿Te encontrarás algún obstáculo? Empiezas a sentir depresión. Tu mente no quiere involucrarse con nada, por si empeora las cosas. No quieres conocer gente nueva. Tu cerebro está en modo hibernación. Decides no volver a ceder.

A continuación, haz una lista de qué podrías hacer cuando te vuelva surgir el deseo. Algunas personas utilizan la técnica de la "X roja".

> Dejé de fantasear por completo con el porno hace unas cuatro semanas. Cada vez que me pasa por la cabeza una imagen relacionada con el porno, visualizo una gran X de color rojo e imagino una sirena de ambulancia a todo volumen. Si la imagen persiste, me la imagino explotando. La clave es hacerlo de inmediato. La técnica se va volviendo cada vez más automática con el tiempo.

Si no sabes qué más hacer, espera y no hagas nada. Explícate a ti mismo que existen deseos. Que surgen de la nada y no tienen un poder real sobre ti. No eres lo que piensas, no lo has generado tú; Tú no los quieres y no tienes que reaccionar ante ellos. Por lo general, el pensamiento desaparecerá sin dejar rastro (durante un tiempo).

Todos los deseos acaban muriendo en un plazo aproximado de un cuarto de hora.

> Cuando seas consciente de que eres más fuerte que tu deseo y que siempre acaba pasando, conseguirás deshacerte del porno. En mis intentos anteriores, siempre me rendía al primer deseo fuerte que sentía. Cuando finalmente le planté cara, me di cuenta de que podía superar cualquier deseo que me surgiera. Justo el momento en el que te sientes más débil, cuando crees que te va a vencer, ese es el momento en el que debes mantenerte fuerte. Al otro lado de ese deseo está tu éxito.

A continuación, dejo algunos consejos que le han funcionado a algunas personas:

> Tu cerebro intentará racionalizar el consumo de porno porque lo desea de forma desesperada. La clave es no discutir con él. Limítate a reconocer que piensas en ello o darle un «No» como respuesta.

***

> Literalmente pongo los genitales en el lavamanos y les echo agua fría con las manos. Se me pasan las ganas de forma definitiva. También me ayuda con el dolor de testículos.

***

> Intento centrarme en dirigir la energía sexual hacia arriba, hasta el pecho y el tronco, para liberar la presión de los pantalones. Me hace sentir muy poderoso. Alivia las ganas de masturbarme y me da esa sensación de estar preparado para todo. Como si pudiera derribar una casa, si fuera necesario, o coger una chica y hacérmelo con ella, de forma consensuada y divertida, por supuesto. Me gusta.

***

> ¿Te sigues poniendo la excusa de que hoy es la última vez o vas a hacerlo por última vez? Cámbialo por «Hoy no voy a hacerlo».

***

> Vive como si el porno no existiera. Olvídate por completo de él. No te pases todo el día luchando contra tus deseos. No te esfuerces al máximo. Acepta la idea de que nunca volverás a ver porno en tu vida.

Cuando el deseo insoportable aparezca, y sientas que no tienes el control, apaga tu dispositivo y piensa las cosas antes de actuar. Aunque acabes haciéndolo, lo harás de forma consciente y ese es el primer paso para cambiar de comportamiento.

No lo dejes nunca. No importa si tienes que reiniciarte cada dos días durante un mes o dos. Si eso es lo mejor que puedes hacerlo, al menos estarás consumiendo la mitad que antes. La historia más inspiradora que he visto es la de un chico que consiguió estar 15 días seguidos sin consumir... después de 3 años intentándolo. Mientras vuelvas a intentarlo, porque sabes que es importante para ti, no fallarás. Solo es cuestión de tiempo hasta que resetees tus rutas neuronales y seas libre.

Preguntas frecuentes

1. *¿Cuánto tiempo tiene que durar el reboot?*

Muchos de los sitios web que enlazan a www.yourbrainonporn.com afirman que en ella se prescriben 60 o 90 días, u ocho semanas, etc., de abstinencia. De hecho, YBOP sugiere no marcarse un plazo, ya que el tiempo necesario depende de la gravedad de tus problemas derivados de la pornografía, de cómo responde tu cerebro y de tus objetivos. Marcar plazos de tiempo en las cuentas de *reboot* no tiene sentido porque cada cerebro es distinto y algunos hombres padecen eyaculación retardada inducida o no por el porno.

Piensa en el *reboot* como un proceso para descubrir qué puedes atribuirle realmente al porno y qué no, tanto si se trata de las disfunciones sexuales, la ansiedad social, la excitación sexual brutal, el TDA, la depresión o cualquier otra cosa. Cuando tengas claro hasta qué punto te has visto afectado por la pornografía, podrás capitanear el barco.

2. ¿Puedo mantener relaciones sexuales durante el reboot?
Depende de ti. Algunas personas encuentran que un paréntesis temporal de todo tipo de estimulación sexual da al cerebro un más que necesario descanso y acelera la recuperación. Por otro lado, los signos afectuosos de cariño diarios siempre son beneficiosos, tanto si acaban en una relación sexual como si no. Si crees que el efecto *chaser* posterior al sexo te desequilibra, durante un tiempo podrías marcarte como objetivo hacer el amor de forma suave, sin el objetivo de llegar al orgasmo. Esto te aportará los beneficios de la intimidad y permitirá que el cerebro descanse de una estimulación sexual intensa. Sin embargo, si tu *reboot* se prolonga en el tiempo, a veces, mantener relaciones sexuales con una pareja ayuda a que la libido vuelva a la normalidad.

Sin embargo, si crees que sufres disfunción eréctil derivada del consumo pornográfico, es probable que observes mejores resultados si no te fuerzas a llevar a cabo ningún acto sexual hasta que sientas que tus erecciones surgen de forma espontánea con tu pareja.

3. ¿Debo dejar de masturbarme durante el reboot?
No necesariamente. Primero puedes intentar dejar de consumir pornografía, fantasear con ella y eliminar cualquier tipo de sustitución. Para algunas personas eso es suficiente para volver a la normalidad. Para otras, la masturbación es un potente desencadenante que activa las rutas cerebrales de la pornografía, de modo que les va mejor si no la practican durante un tiempo.

> Cada vez que me decía a mí mismo que solo me masturbaría y no volvería a consumir porno, al poco tiempo me aburría de hacerlo. Al principio fantaseaba con recuerdos reales de mi vida, pero mi cerebro saltaba rápidamente a recuerdos de escenas pornográficas y fantasías poco realistas. Eso me llevaba a consu-

mir ficción erótica, imágenes creadas por aficionados y seguir directamente con el hardcore.

Por otro lado, cuando sufres disfunción eréctil derivada del consumo pornográfico, la *mayoría* de los *rebooters* descubren que necesitan reducir drásticamente la masturbación y los orgasmos (de forma temporal). Cuando padeces una patología, normalmente necesitas hacer algo más que eliminar la causa, que en este caso es el consumo de pornografía. Por ejemplo, por lo general no te rompes una pierna por poner peso sobre ella. Sin embargo, cuando ya está rota hay que enyesarla, utilizar muletas y dejar de caminar mientras te curas. Lo mismo pasa con la disfunción eréctil derivada del consumo pornográfico. No es necesario que lleves un yeso, pero tienes que darle a tu cerebro el tiempo que necesita para curarse, sin someterlo a estimulación sexual intensa. Dicho eso, más tiempo no significa necesariamente mejor y a algunas personas les resulta útil reintroducir masturbación ocasional sin pornografía después de un tiempo de descanso largo.

Nota: No debes obligarte a masturbarte con tu fantasía u otra ayuda si no te surge de forma espontánea.

4. *¿Cómo sé que he vuelto a la normalidad?*
Como es obvio, no existe una respuesta simple a esta pregunta ya que los objetivos son distintos para cada persona. Algunos objetivos comunes son: volver a experimentar erecciones saludables, facilidad para alcanzar el orgasmo durante el sexo en pareja, niveles de libido normales, disminución de los gustos fetichistas inducidos por la pornografía, control del deseo de consumo, entre otros. Con frecuencia, las personas siguen experimentando mejoras de forma continua mucho después del *reboot*. Estos son algunos signos alentadores:

- Te apetece flirtear con posibles parejas, que te parecen mucho más atractivas.
- Vuelves a tener erecciones (o semierecciones) matutinas con frecuencia.
- Puedes llegar al orgasmo sin padecer después un intenso efecto chaser.

- Las relaciones sexuales con una pareja son estupendas (nota: es posible que padezcas una ligera eyaculación precoz o retardada al principio. La práctica hace la perfección).
- Tu libido cambia: Mi libido desaparecía de forma intermitente durante 6 meses. Sin embargo, cuando volvió a aparecer, fue increíble. El deseo por consumir pornografía y observar sexualmente a las mujeres desapareció.

5. *¿Cómo sé que simplemente no tengo unos niveles de libido muy altos?*
Deja el porno y las fantasías pornográficas durante unas semanas y observa cómo es tu libido entonces. Resulta sorprendente comprobar que a la mayoría de *rebooters* les resulta más sencillo dejar de masturbarse que de ver pornografía. Para muchos chicos la masturbación no es tan interesante sin ella y se sorprenden al descubrir que la pornografía, y no una libido elevada, era lo que hacía que buscasen alivio continuamente. Definitivamente, si no eres capaz de masturbarte sin pornografía o tienes una erección parcial cuando lo haces, no estás excitado ni necesitas *descargar*. Tu cerebro busca una solución: el alivio de una subida temporal de neuroquímicos.

La confusión entre el deseo de consumir pornografía (evidencia de los cambios cerebrales y el aprendizaje patológico) y el denominado *elevado deseo sexual* da lugar a acalorados debates en la prensa general. Sin embargo los científicos han demostrado que los deseos y una libido elevada por naturaleza son cosas distintas. Los estudios encuentran poca similitud entre las personas que cruzan el umbral del comportamiento sexual problemático y las que tienen una libido genuinamente alta.[250] El primer caso es una disfunción (diagnosticada como una *obsesión*) que implica hipersensibilidad a desencadenantes (sensibilización) y falta de control inhibitorio (hipofrontalidad). En el caso de los consumidores de pornografía, a menudo, estos síntomas están asociados con una falta de deseo por el sexo con parejas reales. Por otro lado, un deseo elevado simplemente es entusiasmo por una actividad sexual, lo que incluiría actividades en pareja.

CONCLUSIONES

Nada es real hasta que se experimenta.

John Keats

Si sospechas que tu consumo de pornografía podría estar afectándote de forma negativa, haz este experimento sencillo: déjalo durante un tiempo y observa qué sientes. No es necesario que esperes hasta que los expertos lleguen a un consenso. Dejar la pornografía no es como participar en un procedimiento médico que no ha sido probado o ingerir un medicamento que implica riesgos; situaciones en las que no solo es posible, sino también necesario, llevar a cabo un estudio detallado. Si intentas hacerlo y experimentas malestar es posible que te veas muy tentado a plantearte si la adicción a la pornografía es realmente un mito. Dadas las características de internet, probablemente encontrarás personas con credibilidad que lo afirmen. Es incluso posible que tu médico descarte tus preocupaciones. Cualquier tipo de escepticismo parecerá más creíble si tu abstención de consumir pornografía desencadena efectos negativos, como la ansiedad o una pérdida de libido. Por si sirve de algo, esos síntomas y tu deseo de mirar pornografía, y de intentar racionalizarlo, podrían estar diciéndote algo importante sobre cómo has llegado a utilizar los omnipresentes estímulos de internet para gestionar tu estado de ánimo. Si no estás seguro de que sea un problema para ti, simplemente para y presta atención a las consecuencias que tiene.

Dejar la pornografía en línea es el equivalente a restringir el azúcar refinado o las grasas trans de tu dieta. No es más que eliminar una forma de entretenimiento que no hace mucho no teníamos y no necesitábamos. Dejar la pornografía es una especie de recreación histórica, con la que vivirás como ha vivido históricamente casi todo el mundo. Tal y como un usuario de pornografía dijo:

Este es el panorama:

1. Por motivos económicos, se introduce una conducta emocionante pero negativa a largo plazo.
2. La gente se engancha.
3. Los estudios precisos, abalados por la ciencia, tardan décadas en llegar.
4. Las personas enganchadas empiezan a recibir formación.
5. Empiezan a eliminar la conducta.

El problema es que todo este ciclo es increíblemente dañino. El tabaco se introdujo (de forma generalizada) a principios del siglo XX y se tardó décadas en regular. Ahora sabemos que determinados tipos de alimentos son dañinos. Sin embargo, con la alimentación todavía estamos en fase 2-3. ¿Adivinas dónde estamos en el caso de la pornografía? Solo hace unos pocos años que se han empezado a realizar estudios científicos de utilidad.

A pesar de los esfuerzos de los urólogos, que han hecho pública su preocupación por la pornografía y la disfunción sexual en los congresos anuales de la Asociación Americana de Urología,[251] incluyendo un equipo de la Marina estadounidense, es posible que no se llegue a un consenso sobre los riesgos del porno de alta velocidad en internet.[252] Todo ello, a pesar de las advertencias de cientos de expertos en salud sexual como el doctor en medicina del RU, Anand Patel, que afirma que «Aunque es difícil dejar la pornografía, es totalmente posible recobrar sin medicación la capacidad de excitación sexual normal y la función eréctil».[253] Lamentablemente, los sexólogos que insisten en que el porno es, exclusivamente, *sexualmente positivo*, necesitarán más tiempo para ponerse al día.

> Un joven psiquiatra, recién recuperado de disfunción eréctil derivada del consumo pornográfico,[254] señaló que el fenómeno de la pornografía en línea surgió hace tan solo 10 o 15 años y le lleva mucha ventaja a la investigación. Destaca:

La investigación clínica trabaja a paso de tortuga. Con suerte, se abordará este tema en 20 o 30 años (...) cuando la mitad de la población ya esté incapacitada. Las empresas farmacéuticas no pueden vender medicación para alguien que está dejando de consumir pornografía.

Quizás no es necesario que seamos tan pesimistas. Ya existen más de treinta estudios basados en pruebas cerebrales (y 12 revisiones de expertos en la neurociencia de la adicción[255]) por no mencionar las docenas de otros tipos de estudios que relacionan el consumo de pornografía y el consumo problemático de pornografía con disfunciones sexuales, pérdida de excitación con parejas reales, hipersensibilidad a desencadenantes pornográficos y pérdida de satisfacción con el sexo y las relaciones. Todos coinciden de forma evidente con las autoevaluaciones que he seguido durante años.

Sin duda, todavía tenemos mucho que aprender sobre los efectos de la pornografía en línea. Sin embargo, mientras se siguen desarrollando estudios, confía en tu propia experiencia. Tal y como un exconsumidor escribió:

> Una vez has experimentado la verdad en tus propias carnes, la propaganda sobre el porno ya no puede decepcionarte, sin importar si procede del sector más religioso, del liberal o de sus productores. Todos tienen sus intenciones, pero tú tienes el conocimiento y eres capaz de generar una opinión propia, basada en lo que es mejor para ti.

Entender la ciencia de la desinformación

Si te preguntas por qué no existe todavía un consenso sobre los efectos de la pornografía en línea a pesar del creciente número de advertencias procedentes de afectados y de sus profesionales de la salud, te podría interesar la historia de la guerra del tabaco. Hace años, casi todo el mundo fumaba, incluso las estrellas de cine que aparecían en pantalla. A todo el mundo le encantaba dar una buena calada. Calmaba los nervios, proporcionaba una sensación predecible y confería un aire sofisticado. ¿Como podía ser *realmente* perjudicial una actividad tan maravillosa? ¿La nicotina era *verdaderamente* adictiva? Cuando se encontró alquitrán en los pulmones de cadáveres, los fumadores incrédulos prefirieron culpar al asfalto.

No se pudieron llevar a cabo estudios causales ya que eso hubiera implicado la creación de dos grupos aleatorios de personas y pedir a uno que fumara durante años, mientras el otro se abstenía. Completamente inmoral. Mientras tanto, otro tipo de hallazgos demostraba que fumar causaba problemas de salud y que las personas tenían dificultades para dejarlo: estudios correlacionales, informes anecdóticos de médicos y pacientes, etc. La ejecución de estudios prospectivos, en los que se compararan un grupo de sujetos similares, cuyos hábitos de tabaquismo fueran distintos, tardaron décadas en llevarse a cabo.

Durante todo ese tiempo, los estudios fomentados por la industria tabacalera no encontraban hechos indicativos de daños o adicción. De forma predecible, cada vez que aparecían datos probatorios, la industria sacaba a relucir sus *estudios del descrédito* para crear la impresión de que las autoridades se contradecían y que era demasiado pronto para dejar de fumar. El responsable del Tobacco Industry Research Committee[N. de la T. 8] dijo: «Si tener humo en los pulmones fuera una causa segura de cáncer todos lo padeceríamos. Ya hace mucho tiempo que habríamos enfermado todos. La causa del cáncer es mucho más compleja». También descartó las relaciones estadísticas ya que estas no probaban la causalidad.

Sin embargo, llegó un momento en el que ya no se podía negar la realidad. El tabaco cada vez se cobraba más víctimas. De forma simultánea, los estudios sobre adicción ganaron en sofisticación y explicaron, desde un punto de vista fisiológico, cómo produce adicción la nicotina. Finalmente, se rompió el hechizo de la industria tabacalera. Hoy en día, la gente sigue fumando, pero lo hace conociendo los riesgos. Han cesado los esfuerzos por crear una falsa imagen sobre lo inofensivo que es fumar.

Sin embargo, hasta llegar a ese punto se había hecho mucho daño. Información sobre la salud de importancia crucial, que se debería haber hecho de dominio público en pocos años, tardó décadas en conocerse; mientras una incertidumbre creada a medida protegía los beneficios de las tabacaleras.

Hoy en día, la campaña creada por las gigantes de la industria tabacalera para infundir la duda sobre la relación entre el tabaco y las enfermedades es un caso de estudio de una ciencia denominada *agnotología*, es decir, el estudio de la producción cultural de ignorancia. La agnotología investiga la siembra deliberada de la duda y desinformación en el público general sobre un área científica. Tal y como Brian McDougal, autor de *Porned Out*, lo plantea:

Es difícil imaginar que toda una generación fumó un cigarrillo tras otro sin tener ni idea de lo perjudiciales que eran, y que hoy en día esté pasando exactamente lo mismo con la pornografía en línea.

¿La pornografía en línea es el nuevo tabaquismo? Casi todos los hombres jóvenes con acceso a internet ven pornografía y los porcentajes de mujeres van en aumento. Siempre que algo pasa a ser la norma, surge la asunción no cuestionada de que debe ser inofensivo o «normal», es decir, que no puede provocar resultados fisiológicos *anormales*. Sin embargo, se demostró que ese no era el caso con el tabaco y al igual que con el tabaco, no es posible llevar a cabo un estudio causal. No sería ético crear dos grupos de niños y mantener a uno «virgen de pornografía» y dejar que el otro corretee libre durante años, degustando la pornografía en línea actual, para ver qué porcentaje pierde la atracción por las parejas reales, no es capaz de dejarlo, padece ansiedad social o desarrolla disfunciones sexuales y gustos fetichistas extremos derivados del consumo.

Es posible que nunca se lleguen a realizar estudios que analicen durante años sujetos que consuman pornografía y que no lo hagan, sobre todo entre menores de 18 años. Incluso encontrar un grupo que no consuma pornografía y otro que informe de forma precisa sobre su consumo sería todo un reto. En comparación, estudiar los efectos del tabaco era sencillo. O fumabas o no, y no tenías ningún tipo de problema en decir qué marca, cuántos pitillos al día y cuándo empezaste.

Mientras tanto, otros tipos de evidencias, tanto formales como informales, fomentan que algunos usuarios de pornografía en línea sufran problemas graves, tal y como se recoge en este libro. Reputados investigadores están poniendo sobre la mesa asociaciones entre el consumo de pornografía en línea y la depresión, la ansiedad, el malestar social, la adicción/compulsión, el fetichismo y la evolución a gustos extremos, insatisfacción con el sexo y las relaciones, pérdida de deseo por parejas reales, así como la preocupación sobre el rendimiento sexual y la imagen corporal.[256]

Afortunadamente, la gente informa sobre la sorprendente recuperación de varios de los síntomas tras abstenerse de consumir pornografía. Sin embargo, los centros especializados en el tratamiento de adicciones están siendo testigos de un aumento de la adicción a la pornografía en línea. Los abogados están detectando un incremento de divorcios en los que uno de los factores determinantes es el consumo, una afirmación respaldada por un estudio reciente sobre el consumo pornográfico y una mayor probabilidad de divorcio.[257] Además, un metaanálisis de 2016 correlacionó el consumo pornográfico con la agresión sexual.[258] La correlación no equivale a causalidad. Sin embargo ¿realmente queremos descartar posibles efectos secundarios para legitimar el uso de una actividad no esencial como alcanzar el clímax con una pantalla?

La retaguardia contraataca

Como siempre ocurre con las nuevas áreas de la ciencia, el progreso también ha desencadenado cierto grado de resistencia desde la retaguardia. Los medios de comunicación y sexólogos con un punto de vista «sexualmente positivo» habitualmente caracterizan los esfuerzos por comprender y explicar los posibles efectos que tiene la pornografía en línea sobre los usuarios como intentos por patologizar o avergonzar un comportamiento sexual diverso; una afirmación que nos distrae de toda evidencia científica.

Dichas personas tampoco aceptan la preponderancia de los estudios neurocientíficos realizados en los cerebros de los usuarios de porno. Con el objetivo de ayudarte a ser un consumidor más informado sobre las afirmaciones de la neurociencia sobre los efectos de la pornografía en línea, vamos a observar una de las corrientes más generalizadas de oposición.

A menudo, dos de los treinta y siete estudios cerebrales a los que hemos hecho referencia anteriormente, son citados para desacreditar el modelo de adicción a la pornografía (Steele, *et al.*,

2013[259] y Prause *et al.*, 2015[260]). Sin embargo, sus deducciones nos dicen algo completamente distinto. De hecho, los expertos sugieren que los resultados de estos dos estudios *están en línea* con el modelo de la adicción. Ambos se tratan de investigaciones llevadas a cabo con encefalogramas (EEG), en los que se mide la actividad eléctrica, u ondas cerebrales en el pericráneo. Aunque la tecnología EEG existe desde hace aproximadamente un siglo, se mantiene el debate sobre qué es lo que realmente genera las ondas cerebrales, o qué lecturas son realmente significativas. Sin embargo, por mucho enigma que los rodee, nos dicen algo sobre los niveles de actividad cerebral.

Nikky Prause, formada en el Kinsey Institute, ha actuado como portavoz de estos dos estudios. Ha afirmado que los de 2013 y 2015 desmienten la adicción a la pornografía y el sexo. Sus atrevidas aserciones se han publicado ampliamente en artículos que, con frecuencia, carecen de cualquier otra perspectiva científica. Parece ser que Prause ya no está afiliada a ninguna institución académica.[261]

Sin embargo ¿qué es lo que establecen estos dos estudios realmente? Y, ¿hasta qué punto justifican las afirmaciones hechas en su nombre? Antes de responder a estas preguntas, debemos tener en mente que se tratan simplemente de dos fases de un único experimento. El estudio de 2013 midió las ondas cerebrales en «sujetos con problemas para regular la cantidad de pornografía que veían». El estudio de 2015 midió las respuestas detectadas mediante EEG de un grupo de control y comparó los resultados con los datos de los sujetos del estudio de 2013. En otras palabras, el primer estudio no contaba con un grupo de control en el momento de su publicación.

En cuanto al artículo de 2013, se hicieron dos afirmaciones, que acapararon titulares, en oposición directa con los hallazgos reales del equipo. En primer lugar, la portavoz afirmó que los cerebros de sus sujetos «no respondieron a las imágenes igual que los cerebros de otros adictos responden a las drogas que les causan adicción». También afirmó que sus descubrimientos respaldan el punto de vista que afirma que la adicción a la pornografía no es otra cosa que un «elevado deseo sexual».[262]

Ambos estudios midieron los EEG generados mientras los participantes veían imágenes. De estas, 38 eran de contenido sexual, con una mujer y un hombre. Las 187 imágenes restantes de contenido no sexual se categorizaron como agradables (p. ej. salto en paracaídas), neutrales (p. ej. un retrato) o desagradables (p. ej. un cuerpo mutilado). Las lecturas de los EEG solo evaluaban la atención por las imágenes y no la excitación sexual o activación del sistema de recompensa. El estudio de 2013 (Steele *et al.*) informó sobre dos descubrimientos principales.

En primer lugar, las lecturas de los EEG realizados mientras los sujetos veían fotografías de contenido pornográfico eran más elevadas que con el resto de imágenes. Algo que no sorprende, ya que es habitual que los sujetos (adictos o no) presten más atención a una pareja desnuda practicando sexo que a una imagen de alguien comiéndose un bocadillo. Aunque no queda claro si alguno de estos sujetos padecía adicción a la pornografía, los estudios revelan de forma sistemática que se obtiene una P300 (medición del EEG) elevada cuando un adicto se expone a desencadenantes asociados con su adicción (reactividad a los desencadenantes). En resumen, la atención de estos sujetos a imágenes estáticas de contenido erótico no es inconsistente con la teoría de su adicción.

Sin embargo, con las prisas por desacreditar la adicción a la pornografía, la Sra. Prause, como portavoz, afirmó en su comunicado de prensa y en entrevistas que los cerebros de los sujetos «no tenían el mismo aspecto que el de un adicto». Eso no es verdad. Los cerebros de los sujetos sí tenían la apariencia del de un adicto. Es decir, mostraban una subida de atención como respuesta a imágenes asociadas con su comportamiento compulsivo. No existe ningún punto en el estudio de 2013 que respalde dicha afirmación y el equipo responsable todavía debe hacer pública la «diferencia cerebral» que, según se ha afirmado, existe entre esos sujetos y los adictos a las drogas.

¿Cuál es el segundo descubrimiento del estudio de 2013? Los usuarios con un consumo pornográfico problemático que mostraron una mayor activación cerebral ante imágenes pornográficas revelaron un *menor deseo* de mantener relaciones sexuales con una pareja física (pero no un menor deseo de masturbarse), en comparación con aquellos usuarios con un consumo problemático, que revelaron una activación menor. En otras palabras, aquellos individuos con más activación sexual y un deseo más intenso de consumir pornografía preferían masturbarse viendo pornografía que mantener relaciones sexuales con una persona real. Eso, sin duda, es consistente con la idea de que algunas de estas personas podrían ser realmente adictas. Muchas personas que se preocupan por su consumo pornográfico afirman masturbarse con frecuencia, pero que el sexo en pareja no les parece tan excitante como la pornografía.

Sin embargo, la portavoz afirmó públicamente lo contrario de lo que descubrió su equipo, ya que declaró que los consumidores de pornografía simplemente tenían una «libido elevada». Pero quisiera resaltar que el deseo de sus sujetos de practicar sexo en pareja *descendía* a medida que su deseo de consumir pornografía aumentaba. No menos de 5 artículos con revisión científica externa han señalado que los hallazgos del estudio son coherentes con el modelo de adicción a la pornografía.[263]

Dos años más tarde, en 2015, Prause y su equipo compararon un grupo de control con los sujetos de 2013 y generaron un segundo estudio (Prause *et al.*).[264] Los sujetos de control mostraron picos predecibles en lecturas del EEG mientras veían pornografía tradicional y esos picos eran ligeramente mayores que los de las personas con un consumo problemático de 2013. Es decir, tanto los usuarios del grupo de control, como los usuarios con un consumo problemático registraron picos en sus EEG como respuesta al contenido pornográfico, pero los segundos prestaron ligeramente menos atención que los primeros. Esto sugiere que su cerebro no encontró las imágenes sexuales tan interesantes como el cerebro de los sujetos del grupo de control.

En su última aparición, la portavoz del equipo afirmó que la subida de las lecturas del EEG de los usuarios con un consumo problemático significaba que no eran adictos. Posteriormente, dijo que las lecturas (comparativamente) más bajas de los usuarios con un consumo problemático «desmentía» de algún modo la adicción a la pornografía. Sin embargo, sí es cierto que las lecturas más bajas del EEG indican que los usuarios problemáticos prestaban menos atención a las imágenes, en comparación con los sujetos de referencia sanos. Explicado de forma simple, los usuarios con un consumo frecuente parecían estar desensibilizados (aburridos, acostumbrados) a imágenes estáticas de pornografía tradicional. Este descubrimiento coincide completamente con otros estudios cerebrales sobre usuarios de pornografía en línea, que los expertos consideran coherentes con el modelo de adicción. Por ejemplo, Kühn & Gallinat[265] también descubrió que un consumo más elevado de pornografía estaba correlacionado con una menor activación cerebral ante imágenes de pornografía tradicional. Banca *et al.*[266] detectó que los adictos a la pornografía se acostumbran antes a las imágenes sexuales. Los autores de este último estudio advirtieron que la vaga respuesta cerebral podría provocar la progresión a material más extremo; lo cual puede ser indicativo de una adicción.

El origen de parte de la confusión es que, superficialmente, parece que el estudio de 2013 informó de picos más elevados en los EEG en el caso de los usuarios con un consumo problemático, mientras que el de 2015 expuso unos picos menores en esos mismos usuarios. La distinción clave es: ¿con quién comparamos los picos de los EEG? El estudio de 2013 solo evaluó a los usuarios con un consumo pornográfico problemático y comparó los picos de sus EEG mientras veían imágenes de contenido pornográfico y no pornográfico. Los picos generados al ver pornografía eran mayores que los generados al ver cualquier otra imagen. En cambio, el estudio de 2015 comparó los picos de los EEG observados en los usuarios de 2013 con un consumo problemático con los de un grupo de control nuevo. Los picos de los consumidores problemáticos de porno al ver imágenes pornográficas fueron ligeramente inferiores a los generados por el grupo de referencia.

Los estudios sobre pornografía en línea y su interpretación se complican debido a que mirar imágenes pornográficas (fotografías o vídeos) es la conducta adictiva en sí, y no únicamente un desencadenante. En comparación, ver imágenes de botellas de vodka es un desencadenante para un alcohólico (porque no puedes darle un trago a una imagen). Mientras que dicho desencadenante puede activar el cerebro de un alcohólico mucho más que el de un sujeto de control, el alcohólico necesita beber más alcohol para lograr el mismo efecto que una persona que no lo es. De forma similar, aparentemente, los usuarios con un consumo más elevado de pornografía de los estudios de Kühn y Prause, necesitaban una mayor estimulación para manifestar el efecto que tenía la imagen en ellos. No respondían con normalidad a imágenes estáticas. Los expertos consideran este hecho como una prueba de tolerancia (y de los subyacentes cambios cerebrales relacionados con la adicción).

Hasta ahora, seis artículos de revisión han mostrado su desacuerdo con la interpretación que la portavoz hizo del segundo estudio.[267] Todos sugieren que el estudio que dirigió su equipo en 2015 detectó signos de desensibilización o habituación. Sin embargo, Prause sigue proclamando que sus equipos han desmentido el modelo de adicción.

Algunas de las críticas realizadas por expertos también señalan graves defectos metodológicos en los dos estudios. En primer lugar, el estudio con EEG de 2013 no tenía un grupo de control de sujetos no adictos para establecer una comparación, aunque esto es indispensable para poder hacer las afirmaciones que se proclamaron. En segundo lugar, muchos de los usuarios con un consumo problemático de pornografía que participaron en el estudio no eran verdaderos adictos. En estudios en los que se comparan los patrones de activación cerebral de adictos y no adictos se debe establecer quién consume pornografía de un modo compulsivo y quién no. A diferencia de otros estudios cerebrales sobre adicción llevados a cabo, esos investigadores no preclasificaron a los sujetos con una herramienta para evaluar el consumo de pornografía en línea. En lugar de ello, se reclutó personas de Procatello, Idaho, a través de un anuncio en línea en el que se buscaba sujetos «con problemas para regular la cantidad de imágenes sexuales que miraban».

En una entrevista de 2013, la portavoz admitió que algunos de los sujetos solo padecían problemas de carácter leve (es decir, no eran adictos). ¿Como es posible «desmentir el modelo de adicción» sin reclutar e investigar sujetos que se puedan considerar adictos?[268]

En tercer lugar, los investigadores no hicieron una selección de sujetos en función de si padecían trastornos mentales, comportamientos compulsivos u otras adicciones. Se trata de algo crucial para cualquier estudio cerebral sobre la adicción, para que los investigadores puedan estar seguros de que, lo que están evaluando, son los efectos de la adicción, si es que estos existen, y no los efectos de cualquier otro trastorno.

En cuarto lugar, y quizás lo que es más grave, los sujetos del estudio no eran heterogéneos. Había hombres y mujeres y siete no eran heterosexuales. Sin embargo, a todos se les mostró pornografía estándar, y posiblemente carente de interés, entre un hombre y una mujer. Solo este aspecto ya invalida cualquier resultado. ¿Por qué? Estudio tras estudio se demuestra que los hombres y las mujeres muestran respuestas cerebrales significativamente *distintas* ante imágenes o películas de contenido sexual. Por este motivo los investigadores serios sobre la adicción buscan homogeneidad entre los sujetos.

Todos estos defectos de diseño, que imposibilitan la interpretación de los resultados, explicaría que algunos neurocientíficos hayan omitido estos dos artículos en revisiones bibliográficas recientes.[269]

Es fácil encontrar artículos en línea basados en las afirmaciones de Prause de que estos dos estudios con EEG han «rebatido» o «desmentido» la adicción al porno. Sin embargo, está equivocada. La información generada por los estudios no respalda las conclusiones que ella deduce. Lo que es peor, los problemas con la metodología significan que la información no respalda de forma fiable ningún tipo de conclusión.

Otro de los temas difundidos por Prause es que la adicción no existe, tan solo existe la tendencia cultural a etiquetar la vergüenza relativa a los temas sexuales como «trastornos sexuales».[270] También ha caricaturizado los foros en línea sobre recuperación, denominándolos los «foros de la vergüenza».

La afirmación sobre la vergüenza es común entre algunos de los blogueros e investigadores que más se hacen oír, un número importante de los cuales parece ser exreligiosos o reaccionar a una educación conservadora. Una afirmación desconcertante, ya que la mayoría de los miembros de los foros en línea de recuperación más populares parecen ser agnósticos o ateos[271] y seguirían consumiendo sin problemas si no les preocupara la gravedad de los síntomas que padecen. Cualquier vergüenza que puedan sentir está relacionada con su incapacidad temporal para controlar el uso y no con la vergüenza sexual. Tampoco existe gran evidencia de que las personas que publican en los foros tengan interés en avergonzarse entre ellas. Los visitantes de sitios como Reddit/NoFap a menudo se maravillan del apoyo que ofrecen los miembros y de la bondad que muestran.

Además, no existen pruebas de que ningún tipo de vergüenza sea capaz de inducir los sólidamente establecidos cambios cerebrales relativos a la adicción que reputados neurocientíficos están detectando en los cerebros de consumidores de pornografía. De hecho, todo indica que se tratan de los mismos cambios que explicarían las autoevaluaciones sobre adicción y condicionamiento sexual no deseado.

Los sexólogos más ruidosos no son los únicos en insistir que el consumo de pornografía es completamente inocuo, e incluso beneficioso, con frecuencia basándose únicamente en sus propios artículos. Tampoco es extraño que los consejeros sexuales desacrediten todos los estudios, ya sean correlacionales, longitudinales o de otro tipo, que contradigan su punto de vista.

Otros exigen que se hagan estudios de doble ciego para tomarse en serio las supuestas consecuencias negativas. Aunque esto último pueda sonar rigurosamente científico –¿quién, después de todo, podría estar en contra de algo tan científicamente respetable como un estudio de doble ciego?– es una auténtica tontería. *Doble ciego* significa que ni el investigador ni el sujeto de estudio saben que se ha alterado una variable. Por ejemplo, ninguno de los dos sabe quién recibe placebo y quién el medicamento real. *Ciego* significa que el investigador lo sabe pero el sujeto no. Debería ser evidente que ninguno de estos dos tipos de estudio son factibles en el caso de la pornografía. El sujeto siempre sabrá que ha dejado de consumir pornografía. Si oyes a alguien exigir un estudio de doble ciego en este contexto, te puedo garantizar una cosa: no saben de lo que hablan.

Tal y como he mencionado, el experimento que podría proporcionarnos más información sobre la relación causal lo están llevando a cabo ahora mismo cientos de personas en diversos foros en línea. Los usuarios están eliminando la única variable que comparten todos: el consumo de pornografía. Dicho «estudio» no es perfecto. Hay otras variables que también influyen en sus vidas. Sin embargo, eso también sucedería en un estudio formal en el que probaran los efectos de, por ejemplo, los antidepresivos. Los sujetos siempre tienen dietas, situaciones sentimentales, infancias u otros aspectos distintos. Ya es hora de que los investigadores académicos objetivos sigan el ejemplo de los pioneros en línea y diseñen un estudio que revele una dirección causal que no esté abierta a una interpretación politizada.[272]

Algunos expertos creen que los negacionistas de la adicción a la pornografía son como los cómplices de la industria tabacalera.[273] La única diferencia es que su justificación parece derivar de un «positivismo sexual» acrítico.

Información, pero ¿de qué tipo y quién la proporciona?

¿Qué pasó cuando los investigadores plantearon cuestiones basadas en la realidad de los adolescentes y no en sus teorías? Los datos rápidamente se alinearon con las anécdotas expuestas en este libro:

Un estudio sobre sexo anal realizado a mujeres y hombres de 16 a 18 años[274] analizó una amplia muestra cualitativa de tres lugares distintos de Inglaterra. Según los investigadores: «Pocos hombres o mujeres afirmaron considerar el sexo anal como algo placentero y ambos esperaban que el sexo anal resultara doloroso para las mujeres».

¿Por qué las parejas practican sexo anal si ninguna de las partes lo encuentra placentero? «Los principales motivos por los que los jóvenes practicaran sexo anal fueron que los hombres deseaban imitar lo que veían en la pornografía, que "estaba más apretado" y que "a la gente le debe gustar, si lo hace" (afirmación realizada de forma simultánea a la contradictoria expectativa de que debía resultar doloroso a las mujeres)».

Tiene todo el aspecto del ejemplo perfecto de entrenamiento cerebral para los adolescentes: «Así es cómo se hace; esto es lo que debo hacer». Sin embargo, es posible que los consumidores de pornografía estén buscando prácticas sexuales más provocadoras y una estimulación más intensa (una sensación de mayor presión) debido a la sensibilidad al placer debilitada (desensibilización) que están detectando los investigadores en los usuarios actuales. De ser eso cierto, los adolescentes necesitan mucho más que las «conversaciones sobre placer, dolor, consentimiento y coacción» recomendadas por los investigadores sobre sexo anal. Los consumidores más jóvenes también tienen que aprender cómo les puede alterar el cerebro la hiperestimulación crónica y que esa alteración les hará buscar, de manera progresiva, una estimulación cada vez más intensa.

Los adolescentes ya se están dando cuenta de que la pornografía tiene efectos no deseados en sus vidas. Una encuesta realizada en 2014 a jóvenes de 18 años del RU[275] reveló:

- La pornografía puede ser adictiva: de acuerdo: 67 %, en desacuerdo: 8 %
- La pornografía puede tener un impacto dañino en la visión que los jóvenes tienen del sexo y las relaciones: de acuerdo: 70 %, en desacuerdo: 9 %
- La pornografía ha generado presión en las chicas o mujeres jóvenes para que actúen de una forma determinada: de acuerdo: 66 %, en desacuerdo: 10 %
- La pornografía conduce a una actitud poco realista del sexo: de acuerdo: 72 %, en desacuerdo: 7 %
- Ver pornografía no tiene nada de malo: de acuerdo: 47 %, en desacuerdo: 19 %¿Es posible que los adolescentes que han crecido con la pornografía en *streaming* y que han observado los efectos que causa en sus compañeros conozcan mejor los efectos que los sexólogos que deberían educarlos? Tan solo el 19 % de los adolescentes creyó que ver pornografía era totalmente inocuo, pero más de dos tercios percibió sus efectos dañinos.

Estos resultados sugieren que muchos jóvenes no encajan en la narrativa sexológica sobre la pornografía. No consideran que esté mal ver pornografía. Es decir, (supuestamente) no la rechazan basándose en el puritanismo o la vergüenza «sexualmente negativa». Sin embargo muchos de los que no tienen ninguna objeción al consumo pornográfico creen que puede causar problemas graves. Teniendo en cuenta la evidencia, debemos escuchar a los usuarios actuales y a sus compañeros, ya que el fenómeno avanza a un ritmo frenético. Parece inútil intentar mantener a los adolescentes lejos del material explícito, así como irresponsable no informarles sobre su potencial dañino.

Entonces, ¿qué podemos hacer para preparar a los consumidores (potenciales) de pornografía para que, al igual que los fumadores, puedan tomar decisiones informadas? Es posible que hayas oído que la información es la solución. Estoy de acuerdo, pero dicha información deben proporcionarla expertos con formación en la neurociencia pertinente. Los consumidores deben ser conscientes de los síntomas de los que hablan los consumidores de pornografía actuales, así como del método de aprendizaje del cerebro, de cómo se puede ver alterado negativamente por un consumo excesivo (condicionamiento sexual y adicción) y lo que implica revertir esos cambios no deseados.

Asimismo, es beneficioso que personas de cualquier edad tengan un buen conocimiento de las prioridades que la evolución ha marcado al mecanismo de apetito primitivo del cerebro, el circuito cerebral de recompensa: garantizar la supervivencia y el éxito genético. Abre los brazos a una dosis extra de calorías o más oportunidades de «fertilización» independientemente de las posibles consecuencias.

También es necesario saber que el equilibrio del circuito de recompensa es indispensable para el bienestar emocional y físico vitales, ya que tiene el poder de definir nuestras percepciones y prioridades de forma inconsciente. Por otro lado, conviene informarse sobre métodos que ayuden a los humanos a lograr dicho equilibrio: el ejercicio físico y otro tipo de estresores, la naturaleza, la compañía, las relaciones saludables y la meditación, entre otros.

Cuando empezamos a pensar con claridad sobre la neuroplasticidad nos vemos inevitablemente conducidos a preguntarnos qué queremos de la vida; qué consideramos una buena vida. Cada uno debemos respondernos esa pregunta. Sin embargo, somos más capaces de hacerlo cuando comprendemos las amenazas que algunas substancias y comportamientos suponen para nuestra capacidad, para escoger la vida que queremos llevar. La autodeterminación exige que nos comprendamos lo mejor posible.

Además, cuando hablamos de personas jóvenes, la responsabilidad de comprender los riesgos que entraña el material sexual explícito es todavía mayor. Los adolescentes no son capaces de decidir con seguridad por sí mismos aquello que constituye una buena vida y existen motivos para pensar que la disrupción de sus circuitos de recompensa puede pasarles mayor factura que a los adultos. Por todo ello, también me gustaría ser testigo de una extensa formación sobre las vulnerabilidades únicas de los cerebros adolescentes en relación con el condicionamiento sexual y la adicción. La plasticidad de los cerebros adolescentes es mayor que la de los adultos y, desde un punto de vista evolutivo, su trabajo más importante es adaptarse a su entorno sexual para lograr reproducirse con éxito.

Llevemos a los niños al campo y hagamos que valoren los efectos fisiológicos que tiene para ellos. Ayudémosles a apreciar las posibilidades de relacionarse y lograr una sensación de plenitud que no requieran conexión wifi. Animémoslos a tomarse un descanso de tanta pantalla. Sabemos mucho más sobre el funcionamiento cerebral de lo que sabíamos hace unos pocos años. Es nuestro deber compartir dicho conocimiento con los más jóvenes, así como ayudarlos a florecer en una cultura en la que se puede hacer fortuna con la soledad y la adicción.

En lugar de eso, en ocasiones oímos que las escuelas tan solo deben enseñar a los niños sobre consentimiento, el *bullying* a aquellos que son diferentes, los riesgos de la vergüenza sexual y cómo distinguir la «pornografía buena» de la «pornografía mala». En 2013, por ejemplo, el *Daily Mail* proclamó que «los expertos afirman que los profesores deberían dar lecciones sobre pornografía y explicar a los alumnos que no todo es malo». Lo que esta afirmación nos dice es que lo único que necesitamos saber para disfrutar de la pornografía es la diferencia entre fantasía y realidad.

Desgraciadamente, no existe evidencia científica que respalde la idea que dirigir a los niños hacia la «pornografía buena» evitará problemas o los preparará para el entorno hiperestimulante que nos rodea. De hecho, esta forma de pensar contradice cientos de estudios neurocientíficos sobre la adicción a internet así como investigaciones sobre consumidores de pornografía en línea.[276] Todos ellos sugieren que internet en sí misma (es decir, el suministro a demanda de seductora estimulación de forma ilimitada) es el principal peligro. Aunque los usuarios limitaran sus excursiones a la «pornografía buena» todavía se arriesgarían a perder la atracción por las parejas reales si, sin darse cuenta, condicionaran su respuesta sexual a las pantallas, el voyerismo, el aislamiento y la posibilidad de hacer clic a voluntad para recibir más estimulación.

> Solo consumo fotografías de mujeres atléticas. Sin embargo busco la chica o imagen que me ponga, de modo que veo cientos en cada sesión. Mi novia actual encaja con el perfil de mujer con el que me masturbo. Sin embargo, aunque me siento muy atraído por ella, mis erecciones son débiles. Creo que mi cerebro se ha conectado a la búsqueda así como a la variedad y la comodidad de tener que complacerme únicamente a mí.

Ver «pornografía buena» no erradicará los riesgos, así como tampoco lo hará dejar que los consumidores ignoren la ciencia que explica los posibles daños por miedo a avergonzarlos. ¿Podemos decir que existe realmente una pornografía digital «buena» para aquellos usuarios cuyos cerebros se adaptan en respuesta a la hiperestimulación (y, como consecuencia, se desequilibran) y en un mundo en el que tenemos acceso inmediato e ilimitado a imágenes sexualmente excitantes? Una imagen explícita aislada no va a causar ningún problema, del mismo modo que una cucharada de azúcar no causa diabetes. Sin embargo, en internet hay azúcar por doquier. Para los usuarios religiosos, exreligiosos o no religiosos el contenido erótico novedoso e ilimitado es un estímulo supernormal peligroso.

También debería ser evidente que educar a los adolescentes sobre «sexo realista» no logra evitar que accedan a contenido extremo cuando se les deja solos. Los cerebros adolescentes evolucionaron con una predilección por las cosas raras y maravillosas;

se sienten increíblemente atraídos por la novedad y la sorpresa. Ese principio tan cándido sería el equivalente a dar a un adolescente un número antiguo de la *Playboy* y decirle que el único contenido adecuado va de la página cinco a la ocho. Como adolescente ¿qué páginas habrías mirado primero?

Hablando de este tema, las hipótesis relacionadas con la «pornografía buena y mala» y la vergüenza sexual pueden surgir de una intención poco noble. Establecen las bases para el debate interminable sobre los *valores*. Invitan a aquellos que más se hacen oír y sus acérrimos periodistas a presionar sobre la adecuación de sus tipos preferidos de pornografía mientras mantienen que los críticos están intentando imponer sus estándares arbitrarios de «vergüenza». Sin embargo, siendo francos, tal y como los estudios demuestran,[277] el contenido pornográfico y la orientación sexual del espectador tienen poca importancia en comparación con el método de acceso al porno. Desde la llegada de los clips de vídeo pornográficos en *streaming*, la progresión a géneros más extremos, la transformación de los gustos sexuales, varias disfunciones sexuales y la pérdida de atracción por parejas reales parece afectar a un porcentaje de todos los grupos de personas: desde homosexuales, a heterosexuales, pasando por cualquier otra orientación sexual. Lo que parece dar problemas es la forma en la que los usuarios se pueden hiperestimular.

Hablando de peligros, nadie sabe todavía qué traerá la realidad virtual pornográfica, pero informes procedentes tanto del laboratorio[278] como de la vida real[279] son amenazantes:

> Todo el mundo al que se lo enseño tiene la misma reacción: «Joder. Esta mierda es intensa. Lo cambiará todo».

***

> Fui uno de los primeros en aceptar la RV… durante el 2015 las cosas empezaron realmente a evolucionar pero, como resultado, también lo hizo mi adicción. Me vi por primera vez pagando por porno, ¡porque no quería esperar a poder descargármelo en Torrent!

***

Tengo 42 y me masturbo hasta llegar al orgasmo a diario desde que tengo unos 12. Nunca he tenido problemas de disfunción eréctil inducida por el porno. Solo he estado expuesto a RV pornográfica durante unos meses, unas dos veces al mes. Esa exposición limitada ha desencadenado algunos problemas de DE inducida por el porno. No vale la pena.

***

Tenemos que hacer algo para combatir esta mierda. Los niños que crecen en un mundo con RV pornográfica van a vivir un infierno. Para la industria pornográfica serán una presa fácil. Está en nuestras manos ayudar a las generaciones futuras, ya que tenemos el conocimiento, la experiencia y los medios. Si unimos fuerzas, podemos ser la generación que acabe con la industria pornográfica. Si, como mínimo, somos capaces de transmitir el mensaje de forma tan evidente como un par de tetas de píxeles, estaremos dando a la próxima generación de hombres la oportunidad de luchar.

Por ahora, alejemos el debate de distracciones no científicas y redirijámoslo a los efectos que tiene la pornografía en los usuarios y la ciencia pura y dura que ayuda a explicar por lo que están pasando. En el proceso todos podemos aprender mucho sobre sexualidad humana.

Al final, dicho enfoque también servirá a los usuarios de pornografía. Al igual que los fumadores, podrán tomar decisiones informadas sobre el consumo que hacen de la pornografía con toda la información sobre los riesgos que ello conlleva para cerebros plásticos como los nuestros.

Somos lo que hacemos repetidamente.

Aristóteles

LECTURAS ADICIONALES

Burnham, Terry y Phelan, Jay, *Mean Genes: From Sex to Money to Food Taming Our Primal Instincts*, Nueva York: Basic Books, 2000. Divertido libro informativo sobre cómo el circuito de recompensa del cerebro nos lleva a hacer cosas que no siempre son lo que más nos conviene.

Chamberlain, Mark, PhD y Geoff Steurer MS, LMFT, *Love You, Hate the Porn: Healing a Relationship Damaged by Virtual Infidelity*, Salt Lake City: Shadow Mountain, 2011. Guía práctica para matrimonios en los que una parte está muy dolida por el consumo que la otra hace de la pornografía.

Church, Noah B. E., *Wack: Addicted to Internet Porn*, Portland: Bvrning Qvestions, LLC, 2014. Historia brillante sobre la recuperación de la disfunción sexual derivada de la pornografía de un joven de 24 años.

Doidge, Norman, MD, *El cerebro se cambia a sí mismo*, Madrid: Aguilar, 2008. Libro fascinante sobre la plasticidad cerebral, con un capítulo dedicado al sexo y al porno.

Fisch, Harry, MD, *The New Naked: The Ultimate Sex Education for Grown-Ups*, Naperville: Sourcebooks, Inc. 2014. Libro de autoayuda estándar para parejas con problemas relacionados con la pornografía.

Fradd, Matt, *The Porn Myth: Exposing the Reality Behind the Fantasy of Pornography*, Ignatius Press, 2017. Fradd se enfrenta a los argumentos habituales de los negacionistas de la pornografía.

Hall, Paula, *Understanding and Treating Sex Addiction: A Comprehensive Guide For People Who Struggle With Sex Addiction And*

Those Who Want To Help Them, East Sussex: Routledge, 2013. Guía práctica para terapeutas y afectados por la pornografía, escrita por una terapeuta del RU.

McDougal, Brian, *Porned Out: Erectile Dysfunction, Depression, And 7 More (Selfish) Reasons To Quit Porn*, Kindle ebook, 2012. Libro breve y útil escrito por un consumidor de pornografía recuperado.

Maltz, Wendy, LCSW, DST y Larry Maltz, *The Porn Trap: The Essential Guide to Overcoming Problems Caused by Pornography*, New York: Harper, 2010. Guía práctica para terapeutas y afectados por la pornografía, escrita por terapeutas estadounidenses.

Robinson, Marnia, *Cupid's Poisoned Arrow: From Habit to Harmony in Sexual Relationships*, Berkeley: North Atlantic Books, 2011. Libro que aborda los efectos del sexo en el cerebro y las relaciones, con un capítulo sobre pornografía.

Toates, Frederick, *How Sexual Desire Works: The Enigmatic Urge*, Cambridge: Cambridge University Press, 2014. Toates, profesor emérito de Psicología Biológica en la Open University, destaca la relevancia de la neuroplasticidad para casi todos los aspectos de la sexualidad humana, incluida la adicción.

Notas al final

N. de la T 1 y 2: «¿La pornografía como causa de disfunciones sexuales? Una revisión con informes clínicos» y «Eliminación del consumo crónico de pornografía en línea para revelar sus efectos»; artículos únicamente disponibles en inglés.

N. de la T. 3: «La pornografía o la amenaza a la virilidad», artículo disponible únicamente en inglés.

N. de la T. 4: NIAAA, por sus siglas en inglés, Instituto Nacional de Abuso de Alcohol y el Alcoholismo (EE. UU.). NIDA, Instituto Nacional sobre el Abuso de Drogas (EE. UU.).

N. de la T. 5: APA, por sus siglas en inglés, Asociación Estadounidense de Psiquiatría.

N. de la T. 6: ASAM, por sus siglas en inglés, Asociación Estadounidense de Medicina de la Adicción.

N. de la T. 7: NIMH, por sus siglas en inglés, Instituto Nacional de la Salud Mental estadounidense.

N. de la T. 8: Comité de Investigación de la Industria Tabacalera

1 Compulsive sexual behaviour disorder. Disponible en: https://icd.who.int/browse11/l- m/en#/http://id.who.int/icd/entity/1630268048

2 Gola, M. & Potenza, M. Promoting, educational, classification, treatment, and policy initiatives. J. Behav. Addict. 7, doi.org/10.1556/2006.7.2018.51 (2018).

3 Lim, M. S. C., Agius, P. A., Carrotte, E. R., Vella, A. M. & Hellard, M. E. Young Australians' use of pornography and associations with sexual risk behaviours. Aust. N. Z. J. Public Health (2017). doi:10.1111/1753-6405.12678

4 Chinese way of nofap (https://www.reddit.com/r/NoFap/comments/28smcs/chinese_way_of_nofap/).

5 Sabina, C., Wolak, J., & Finkelhor, D. The nature and dynamics of Internet pornography exposure for youth. CyberPsychology & Behaviour, 11, 691-693 (2008).

6 Sun, C., Bridges, A., Johnson, J. A. & Ezzell, M. B. Pornography and the Male Sexual Script: An Analysis of Consumption and Sexual Relations. Arch. Sex. Behav. 45, 983-994 (2016).

7 Véase nota 3.

8 Véase nota 3.

9 Janssen, E. & Bancroft, J. The Psychophysiology of Sex., Chapter: The Dual-Control Model: The role of sexual inhibition & excitation in sexual arou-

sal and behavior. in The Psychophysiology of Sex 197-222 (Indiana University Press, 2007).

10 LIVE BLOG: Porn-induced erectile dysfunction and young men | Globalnews.ca. Disponible en: http://globalnews.ca/news/1232800/live-blog-porn-induced-erectile- dysfunction-and-young-men/.

11 Fisch MD, H. The New Naked: The Ultimate Sex Education for Grown-Ups. (Sourcebooks, Inc., 2014).

12 Kühn, S. & Gallinat, J. Brain Structure and Functional Connectivity Associated With Pornography Consumption: The Brain on Porn. JAMA Psychiatry 71, 827-834 (2014).

13 Voon, V. et al. Neural correlates of sexual cue reactivity in individuals with and without compulsive sexual behaviours. PloS One 9, e102419 (2014).

14 Mouras, H. et al. Activation of mirror-neuron system by erotic video clips predicts degree of induced erection: an fMRI study. NeuroImage 42, 1142-1150 (2008).

15 Julien, E. & Over, R. Male sexual arousal across five modes of erotic stimulation. Arch. Sex. Behav. 17, 131-143 (1988).

16 Brand, M. et al. Watching pornographic pictures on the Internet: role of sexual arousal ratings and psychological-psychiatric symptoms for using Internet sex sites excessively. Cyberpsychology Behav. Soc. Netw. 14, 371-377 (2011).

17 Pagoto PhD, S. What Do Porn and Snickers Have in Common? Psychology Today Disponible en: http://www.psychologytoday.com/blog/shrink/201208/what-do-porn-and- snickers-have-in-common.

18 Enlaces a los foros chinos: http://www.jiese.org/bbs/index.php, http://bbs.jiexieyin. org/forum.php and http://tieba.baidu.com. Also see this forum post, 'Chinese way of nofap' June 22, 2014, http://www.reddit.com/r/NoFap/comments/28smcs/ chinese_way_of_nofap.

19 Rodríguez-Manzo, G., Guadarrama-Bazante, I. L. & Morales-Calderón, A. Recovery from sexual exhaustion-induced copulatory inhibition and drug hypersensitivity follow a same time course: two expressions of a same process? Behav. Brain Res. 217, 253-260 (2011).

20 Medina PhD, J. J. Of Stress and Alcoholism, Of Mice and Men | Psychiatric Times. Psychiatric Times (2008). Disponible en: http://www.psychiatrictimes.com/ articles/stress-and- alcoholism-mice-and-men.

21 http://www.reddit.com/r/NoFap; http://www.rebootnation.org; http://www. reddit.com/r/pornfree; http://www.yourbrainrebalanced.com; http://www.nofap.com.

22 NoFap Survey, www.reddit.com/r/NoFap, March, 2014, https://docs. google. com/file/d/0B7q3tr4EV02wbkpTTVk4R2VGbm8/edit?pli=1.

23 Wilson, G. Eliminate Chronic Internet Pornography Use to Reveal Its Effects. ADDICTA Turk J Addict 3, 1-13 (2016).

24 Negash, S., Sheppard, N. V. N., Lambert, N. M. & Fincham, F. D. Trading Later Rewards for Current Pleasure: Pornography Consumption and Delay Discounting. J. Sex Res. 53, 689- 700 (2016).

25 Lambert, N. M., Negash, S., Stillman, T. F., Olmstead, S. B. & Fincham, F. D. A Love That Doesn't Last: Pornography Consumption and Weakened Commitment to One's Romantic Partner. J. Soc. Clin. Psychol. 31, 410-438 (2012).

26 Bronner, G. & Ben-Zion, I. Z. Unusual masturbatory practice as an etiological factor in the diagnosis and treatment of sexual dysfunction in young men. J. Sex. Med. 11, 1798-1806 (2014).

27 Park, B. Y. et al. Is Internet Pornography Causing Sexual Dysfunctions? A Review with Clinical Reports. Behav. Sci. 6, (2016).

28 Porto, R. Habitudes masturbatoires et dysfonctions sexuelles masculines. Sexologies (2016). doi: 10.1016/j.sexol.2016.03.004

29 Blair, L. How difficult is it to treat delayed ejaculation within a short-term psychosexual model? A case study comparison. Sex. Relatsh. Ther. 0, 1-11 (2017).

30 Sproten, A. How Abstinence Affects Preferences, http://www.alec-sproten. eu/ language/en/2016/01/18/how-abstinence-affects-preferences/. (2016).

31 Harper, C. & Hodgins, D. C. Examining Correlates of Problematic Internet Pornography Use Among University Students. J. Behav. Addict. 5, 179-191 (2016).

32 Giordano, A. L. & Cashwell, C. S. Cybersex Addiction Among College Students: A Prevalence Study. Sex. Addict. Compulsivity 24, 47-57 (2017).

33 Wéry, A. & Billieux, J. Online sexual activities: An exploratory study of problematic and non-problematic usage patterns in a sample of men. Comput. Hum. Behav. 56, 257-266 (2016).

34

35 Aboul-Enein, B. H., Bernstein, J. & Ross, M. W. Evidence for Masturbation and Prostate Cancer Risk: Do We Have a Verdict? Sex. Med. Rev. 4, 229-234 (2016).

36 Daine, K. et al. The Power of the Web: A Systematic Review of Studies of the Influence of the Internet on Self-Harm and Suicide in Young People. PLOS ONE 8, e77555 (2013).

37 Janssen, E. & Bancroft, J. The Psychophysiology of Sex., Chapter: The Dual-Control Model: The role of sexual inhibition & excitation in sexual arousal and behavior. in The Psychophysiology of Sex 197–222 (Indiana University Press, 2007); Voon, V. et al. Neural correlates of sexual cue reactivity in individuals with and without compulsive sexual behaviours. PloS One 9, e102419 (2014); Blair, L. How difficult is it to treat delayed ejaculation within a short-term psychosexual model? A case study comparison. Sex. Relatsh. Ther. 0, 1–11 (2017); Pizzol, D., Bertoldo, A. & Foresta, C. Adolescents and web porn: a new era of sexuality. Int. J. Adolesc. Med. Health 28, 169–173 (2015); Daneback, K., Traeen, B. & Månsson, S.-A. Use of pornography in a random sample of Norwegian heterosexual couples. Arch. Sex. Behav. 38, 746–753 (2009); Carvalheira, A., Træen, B. & Štulhofer, A. Masturbation and Pornography Use Among Coupled Heterosexual Men With Decreased Sexual Desire: How Many Roles of Masturbation? J. Sex Marital Ther. 41, 626–635 (2015); Wright, P. J., Sun, C., Steffen, N. J. & Tokunaga, R. S. Associative pathways between pornography consumption and reduced sexual satisfaction. Sex. Relatsh. Ther. 0, 1–18 (2017).

38 de Boer, B. J. et al. Erectile dysfunction in primary care: prevalence and patient characteristics. The ENIGMA study. Int. J. Impot. Res. 16, 358–364 (2004).

39 Prins, J., Blanker, M., Bohnen, A., Thomas, S. & Bosch, J. Prevalence of erectile dysfunction: a systematic review of population-based studies. Publ. Online 13 Dec. 2002 101038sjijir3900905doi 14, (2002).

40 Park, B. Y. et al. Is Internet Pornography Causing Sexual Dysfunctions? A Review with Clinical Reports. Behav. Sci. 6, (2016).

41 Nicolosi, A. et al. Sexual behavior and sexual dysfunctions after age 40: the global study of sexual attitudes and behaviors. Urology 64, 991–997 (2004).

42 Landripet, I. & Štulhofer, A. Is Pornography Use Associated with Sexual Difficulties and Dysfunctions among Younger Heterosexual Men? J. Sex. Med. 12, 1136–1139 (2015).

43 O'Sullivan, L. F., Byers, E. S., Brotto, L. A., Majerovich, J. A. & Fletcher, J. A Longitudinal Study of Problems in Sexual Functioning and Related Sexual Distress Among Middle to Late Adolescents. J. Adolesc. Health Off. Publ. Soc. Adolesc. Med. (2016). doi:10.1016/j.jadohealth.2016.05.001

44 Marston, C. & Lewis, R. Anal heterosex among young people and implications for health promotion: a qualitative study in the UK. BMJ Open 4, e004996 (2014).

45 Flegal, K. M., Carroll, M. D., Ogden, C. L. & Curtin, L. R. Prevalence and trends in obesity among US adults, 1999-2008. JAMA 303, 235–241 (2010).

46 Results from the 2013 NSDUH: Summary of National Findings, SAMHSA, CBHSQ. Disponible en: https://www.samhsa.gov/data/sites/default/files/ NSDUHresultsPDFWHTML2013/Web/NSDUHresults2013.htm#fig2.2.

47 Health, C. O. on S. and. Smoking and Tobacco Use; Data and Statistics; Tables, Charts, and Graphs; Trends in Current Cigarette Smoking. Smoking and Tobacco Use. Disponible en: http://www.cdc.gov/tobacco/data_statistics/ tables/ trends/cig_smoking/.

48 Bancroft, J. et al. The relation between mood and sexuality in heterosexual men. Arch. Sex. Behav. 32, 217–230 (2003).

49 Mathew, R. J. & Weinman, M. L. Sexual dysfunctions in depression. Arch. Sex. Behav. 11, 323–328 (1982).

50 Your Brain On Porn. Studies linking porn use or porn/sex addiction to sexual dysfunctions, lower arousal, and lower sexual & relationship satisfaction. Your Brain On Porn disponible en: https://yourbrainonporn.com/studies-reported-relationships-between-porn-use-or-porn- addictionsex-addiction-and-sexual.

51 Harper, C. & Hodgins, D. C. Examining Correlates of Problematic Internet Pornography Use Among University Students. J. Behav. Addict. 5, 179–191 (2016)

52 Zillmann, D. & Bryant, J. Pornography's Impact on Sexual Satisfaction. J. Appl. Soc. Psychol. 18, 438–453 (1988).

53 Zillmann, D. Effects of Prolonged Consumption of Pornography. Pap. Prep. Surg. Gen. Workshop Pornogr. Public Health https://profiles.nlm.nih.gov/ps/ access/nnbckv.pdf, (1986).

54 Wéry, A. & Billieux, J. Online sexual activities: An exploratory study of problematic and non-problematic usage patterns in a sample of men. Comput. Hum. Behav. 56, 257–266 (2016).

55 Wolchik, S. A. et al. The effect of emotional arousal on subsequent sexual arousal in men.J. Abnorm. Psychol. 89, 595–598 (1980).

56 Spencer, B. Why a hungry man loves a curvy woman: They have evolved to prefer people who seem to have better access to food. Disponible en: http:// www. dailymail.co.uk/news/article-2650221/Why-hungry-man-loves-curvy-woman-They-evolved- prefer-people-better-access-food.html.

57 Brom, M., Both, S., Laan, E., Everaerd, W. & Spinhoven, P. The role of conditioning, learning and dopamine in sexual behavior: A narrative review of animal and human studies. Neurosci. Biobehav. Rev. 38, 38–59 (2014).

58 Banca, P. et al. Novelty, conditioning and attentional bias to sexual rewards. J. Psychiatr. Res. 72, 91–101 (2016); Gola, M. et al. Can Pornography be Addic-

tive? An fMRI Study of Men Seeking Treatment for Problematic Pornography Use. Neuropsychopharmacol. Off. Publ. Am. Coll. Neuropsychopharmacol. (2017). doi:10.1038/npp.2017.78; Stark, R. & Klucken, T. Neuroscientific Approaches to (Online) Pornography Addiction. in Internet Addiction 109–124 (Springer, Cham, 2017). doi:10.1007/978-3-319-46276-9_7

59 Müller, K. et al. Changes in sexual arousal as measured by penile plethysmography in men with pedophilic sexual interest. J. Sex. Med. 11, 1221–1229 (2014).

60 Downing, M. J., Schrimshaw, E. W., Scheinmann, R., Antebi-Gruszka, N. & Hirshfield, S. Sexually Explicit Media Use by Sexual Identity: A Comparative Analysis of Gay, Bisexual, and Heterosexual Men in the United States. Arch. Sex. Behav. (2016). doi:10.1007/s10508-016-0837-9

61 Tomikawa, Y. No Sex, Please, We're Young Japanese Men - Japan Real Time - WSJ. The Wall STreet Journal (2011). Disponible en: https://blogs.wsj.com/japanrealtime/2011/01/13/no-sex-please-were-young-japanese-men/.

62 Samuel, H. French women 'are the sexual predators now'. The Telegraph (2008). Disponible en: http://www.telegraph.co.uk/news/worldnews/1581043/French-women-are-the-sexual-predators-now.html.

63 Pizzol, D., Bertoldo, A. & Foresta, C. Adolescents and web porn: a new era of sexuality. Int. J. Adolesc. Med. Health 28, 169–173 (2015).

64 Researchers reveal that today's teens are having LESS sex than previous generations - and why - Mirror Online. Disponible en: http://www.mirror.co.uk/science/researchers-reveal-todays-teens-having-8547144.

65 Sun, C., Bridges, A., Johnson, J. A. & Ezzell, M. B. Pornography and the Male Sexual Script: An Analysis of Consumption and Sexual Relations. Arch. Sex. Behav. 45, 983–994 (2016).

66 Wright, P. J., Sun, C., Steffen, N. J. & Tokunaga, R. S. Associative pathways between pornography consumption and reduced sexual satisfaction. Sex. Relatsh. Ther. 0, 1–18 (2017).

67 Liu, Y. et al. Nucleus accumbens dopamine mediates amphetamine-induced impairment of social bonding in a monogamous rodent species. Proc. Natl. Acad. Sci. 107, 1217–1222 (2010).

68 Viegas, J. Flirty strangers sway how men see partners. Discovery News/ABC Science (2007). Disponible en: http://www.abc.net.au/science/articles/2007/03/26/1881621.htm.

69 Zillmann, D. & Bryant, J. Pornography's Impact on Sexual Satisfaction. J. Appl. Soc. Psychol. 18, 438–453 (1988).

70 Your Brain On Porn. Studies linking porn use or porn/sex addiction to sexual dysfunctions, lower arousal, and lower sexual & relationship satisfaction. Your Brain On Porn Disponible en: https://yourbrainonporn.com/studies-reported-relationships-between-porn-use-or-porn- addictionsex-addiction-and-sexual.

71 Studies linking porn use to poorer mental-emotional health & poorer cognitive outcomes | Your Brain On Porn. Disponible en: https://www.yourbrainonporn.com/ studies-linking-porn- use-poorer-mental-cognitive-health.

72 Mitra, M. & Rath, P. Effect of internet on the psychosomatic health of adolescent school children in Rourkela - A cross-sectional study. Indian J. Child Health 4, 289-293 (2017).

73 Brand, M. et al. Watching pornographic pictures on the Internet: role of sexual arousal ratings and psychological-psychiatric symptoms for using Internet sex sites excessively. Cyberpsychology Behav. Soc. Netw. 14, 371-377 (2011).

74 Schiebener, J., Laier, C. & Brand, M. Getting stuck with pornography? Overuse or neglect of cybersex cues in a multitasking situation is related to symptoms of cybersex addiction. J. Behav. Addict. 4, 14-21 (2015); Messina, B., Fuentes, D., Tavares, H., Abdo, C. H. N. & Scanavino, M. de T. Executive Functioning of Sexually Compulsive and Non-Sexually Compulsive Men Before and After Watching an Erotic Video. J. Sex. Med. 14, 347-354 (2017); Leppink, E. W., Chamberlain, S. R., Redden, S. A. & Grant, J. E. Problematic sexual behavior in young adults: Associations across clinical, behavioral, and neurocognitive variables. Psychiatry Res. 246, 230-235 (2016).

75 Beyens, I., Vandenbosch, L. & Eggermont, S. Early Adolescent Boys' Exposure to Internet Pornography: Relationships to Pubertal Timing, Sensation Seeking, and Academic Performance. J. Early Adolesc. 35, 1045-1068 (2015).

76 Cheng, W. & Chiou, W.-B. Exposure to Sexual Stimuli Induces Greater Discounting Leading to Increased Involvement in Cyber Delinquency Among Men. Cyberpsychology Behav. Soc. Netw. (2017). doi:10.1089/cyber.2016.0582; Negash, S., Sheppard, N. V. N., Lambert, N. M. & Fincham, F. D. Trading Later Rewards for Current Pleasure: Pornography Consumption and Delay Discounting. J. Sex Res. 53, 689-700 (2016); Sproten, A. How Abstinence Affects Preferences, http://www.alec-sproten.eu/ language/en/2016/01/18/how- abstinence-affects-preferences/. (2016).

77 Kühn, S. & Gallinat, J. Brain Structure and Functional Connectivity Associated With Pornography Consumption: The Brain on Porn. JAMA Psychiatry 71, 827-834 (2014).

78 Myers, B. A. Researchers both induce, relieve depression symptoms in mice by stimulating single brain region with light. News Center Disponible en: http://med. stanford.edu/news/all- news/2012/12/researchers-both-induce-re-

lieve-depression-symptoms-in-mice-by-stimulating- single-brain-region-with-light. html.

79 Consultar el ejemplo de Voon, V. et al. Neural correlates of sexual cue reactivity in individuals with and without compulsive sexual behaviours. PloS One 9, e102419 (2014); Brand, M. et al. Watching pornographic pictures on the Internet: role of sexual arousal ratings and psychological-psychiatric symptoms for using Internet sex sites excessively. Cyberpsychology Behav. Soc. Netw. 14, 371–377 (2011); Weaver, J. B. et al. Mental- and physical-health indicators and sexually explicit media use behavior by adults. J. Sex. Med. 8, 764–772 (2011).

80 Levin, M. E., Lillis, J. & Hayes, S. C. When is Online Pornography Viewing Problematic Among College Males? Examining the Moderating Role of Experiential Avoidance. Sex. Addict. Compulsivity 19, 168–180 (2012).

81 Mattebo, M. Use of Pornography and its Associations with Sexual Experiences, Lifestyles and Health among Adolescents. (2014).

82 Kasper, T. E., Short, M. B. & Milam, A. C. Narcissism and Internet pornography use. J. Sex Marital Ther. 41, 481–486 (2015).

83 Pfaus, J. G. Dopamine: helping males copulate for at least 200 million years: theoretical comment on Kleitz-Nelson et al. (2010). Behav. Neurosci. 124, 877-880; discussion 881-883 (2010).

84 Giuliano, F. & Allard, J. Dopamine and male sexual function. Eur. Urol. 40, 601–608 (2001).

85 Wise, R. A. Dual roles of dopamine in food and drug seeking: the drive-reward paradox. Biol. Psychiatry 73, 819–826 (2013); Pfaus, J. G. & Scepkowski, L. A. The biologic basis for libido. Curr. Sex. Health Rep. 2, 95–100 (2005); Young, K. A., Gobrogge, K. L., Liu, Y. & Wang, Z. The neurobiology of pair bonding: insights from a socially monogamous rodent. Front. Neuroendocrinol. 32, 53–69 (2011); Cell Press. Pure Novelty Spurs The Brain. ScienceDaily. Disponible en: https:// www.sciencedaily.com/releases/2006/08/060826180547.htm.

86 Angier, N. A Molecule of Motivation, Dopamine Excels at Its Task - The New York Times. The New York Times (2009).

87 Learning addiction: Dopamine reinforces drug-associated memories. EurekAlert!

88 Salamone, J. D. & Correa, M. The mysterious motivational functions of mesolimbic dopamine. Neuron 76, 470–485 (2012).

89 Sapolsky, R. Dopamine Jackpot! Sapolsky on the Science of Pleasure - Video Dailymotion. FORA TV (2012). Disponible en: http://www.dailymotion.com/ video/xh6ceu.

90 Kuehn, B. M. Willingness to Work Hard Linked to Dopamine Response in Brain Regions. news@JAMA (2012).

91 Berridge, K. C., Robinson, T. E. & Aldridge, J. W. Dissecting components of reward: 'liking', 'wanting', and learning. Curr. Opin. Pharmacol. 9, 65–73 (2009).

92 Weinschenk, S. 100 Things You Should Know About People: #8 – Dopamine Makes You Addicted To Seeking Information - The Team W Blog. The Team W Blog (2009).

93 Robinson, T. E. & Berridge, K. C. The incentive sensitization theory of addiction: some current issues. Philos. Trans. R. Soc. B Biol. Sci. 363, 3137–3146 (2008).

94 Cell Press. Pure Novelty Spurs The Brain. ScienceDaily. Disponible en: https://www.sciencedaily.com/releases/2006/08/060826180547.htm.

95 Koukounas, E. & Over, R. Changes in the magnitude of the eyeblink startle response during habituation of sexual arousal. Behav. Res. Ther. 38, 573–584 (2000).

96 Meuwissen, I. & Over, R. Habituation and dishabituation of female sexual arousal. Behav. Res. Ther. 28, 217–226 (1990).

97 Joseph, P. N., Sharma, R. K., Agarwal, A. & Sirot, L. K. Men Ejaculate Larger Volumes of Semen, More Motile Sperm, and More Quickly when Exposed to Images of Novel Women. Evol. Psychol. Sci. 1, 195–200 (2015).

98 Kepecs, A. Big Think Interview With Adam Kepecs - Video. (2010).

99 Spicer, J. et al. Sensitivity of the nucleus accumbens to violations in expectation of reward. NeuroImage 34, 455–461 (2007).

100 Barlow, D. H., Sakheim, D. K. & Beck, J. G. Anxiety increases sexual arousal. J. Abnorm. Psychol. 92, 49–54 (1983).

101 Arias-Carrión, O. & Pöppel, E. Dopamine, learning, and reward-seeking behavior. Acta Neurobiol. Exp. (Warsz.) 67, 481–488 (2007).

102 Aston-Jones, G. & Kalivas, Brain Norepinephrine Rediscovered in Addiction Research. Biol. Psychiatry 63, 1005–1006 (2008).

103 Beggs, V. E., Calhoun, K. S. & Wolchik, S. A. Sexual anxiety and female sexual arousal: a comparison of arousal during sexual anxiety stimuli and sexual pleasure stimuli. Arch. Sex. Behav. 16, 311–319 (1987).

104 Wolchik, S. A. et al. The effect of emotional arousal on subsequent sexual arousal in men. J. Abnorm. Psychol. 89, 595–598 (1980).

105 D. L. Pornography addiction – a supranormal stimulus considered in the context of neuroplasticity. Socioaffective Neurosci. Psychol. 3, (2013).

106 Eyal, N. How Technology is Like Bug Sex. Nir and Far (2013). Disponible en: https://www.nirandfar.com/2013/01/how-technology-is-like-bug-sex.html.

107 Deaner, R. O., Khera, A. V. & Platt, M. L. Monkeys pay per view: adaptive valuation of social images by rhesus macaques. Curr. Biol. CB 15, 543-548 (2005).

108 Krebs, R. M., Heipertz, D., Schuetze, H. & Duzel, E. Novelty increases the mesolimbic functional connectivity of the substantia nigra/ventral tegmental area (SN/VTA) during reward anticipation: Evidence from high-resolution fMRI. NeuroImage 58, 647-655 (2011).

109 Julien, E. & Over, R. Male sexual arousal across five modes of erotic stimulation. Arch. Sex. Behav. 17, 131-143 (1988).

110 Spicer, J. et al. Sensitivity of the nucleus accumbens to violations in expectation of reward. NeuroImage 34, 455-461 (2007).

111 Hanson, H. Robot Handjobs Are The Future, And The Future Is Coming (NSFW) | HuffPost. Huffpost (2013). Disponible en: http://www.huffingtonpost.com/2013/11/12/robot-handjobs-vr-tenga_n_4261161.html.

112 Weiss, R. Techy-Sexy: Digital Exploration of the Erotic Frontier. Psychology Today (2013).

113 Anorak | The FriXion Revolution: Virtual Sex Just Got Intimate. Anorak News.

114 Newcastle University. The 'reality' of virtual reality pornography, http://www.ncl.ac.uk/press/news/2017/05/vrporn/. (2017).

115 Frohmader, K. S., Wiskerke, J., Wise, R. A., Lehman, M. N. & Coolen, L. M. Methamphetamine acts on subpopulations of neurons regulating sexual behavior in male rats. Neuroscience 166, 771-784 (2010).

116 Pitchers, K. K. et al. Endogenous opioid-induced neuroplasticity of dopaminergic neurons in the ventral tegmental area influences natural and opiate reward. J. Neurosci. Off. J. Soc. Neurosci. 34, 8825-8836 (2014).

117 Natural and Drug Rewards Act on Common Neural Plasticity Mechanisms with ΔFosB as a Key Mediator. Disponible en: https://www.ncbi.nlm.nih.gov/pmc/articles/PMC3865508/.

118 Nestler, E. J. Transcriptional mechanisms of addiction: role of ΔFosB. Philos. Trans. R. Soc. B Biol. Sci. 363, 3245-3255 (2008).

119 Natural and Drug Rewards Act on Common Neural Plasticity Mechanisms with ΔFosB as a Key Mediator. Disponible en: https://www.ncbi.nlm.nih.gov/pmc/articles/PMC3865508/.

120 Phillips-Farfán, B. V. & Fernández-Guasti, A. Endocrine, neural and pharmacological aspects of sexual satiety in male rats. Neurosci. Biobehav. Rev. 33, 442-455 (2009).

121 Garavan, H. et al. Cue-induced cocaine craving: neuroanatomical specificity for drug users and drug stimuli. Am. J. Psychiatry 157, 1789-1798 (2000).

122 Christiansen, A. M., Dekloet, A. D., Ulrich-Lai, Y. M. & Herman, J. P. 'Snacking' causes long term attenuation of HPA axis stress responses and enhancement of brain FosB/deltaFosB expression in rats. Physiol. Behav. 103, 111-116 (2011).

123 Belin, D. & Rauscent, A. DeltaFosB: a molecular gate to motivational processes within the nucleus accumbens? J. Neurosci. Off. J. Soc. Neurosci. 26, 11809-11810 (2006).

124 Hedges, V. L., Chakravarty, S., Nestler, E. J. & Meisel, R. L. Delta FosB overexpression in the nucleus accumbens enhances sexual reward in female Syrian hamsters. Genes Brain Behav. 8, 442-449 (2009).

125 Doucet, J. P. et al. Chronic alterations in dopaminergic neurotransmission produce a persistent elevation of deltaFosB-like protein(s) in both the rodent and primate striatum. Eur. J. Neurosci. 8, 365-381 (1996).

126 Natural and Drug Rewards Act on Common Neural Plasticity Mechanisms with ΔFosB as a Key Mediator. Disponible en: https://www.ncbi.nlm.nih.gov/pmc/ articles/PMC3865508/.

127 Wallace, D. L. et al. The influence of DeltaFosB in the nucleus accumbens on natural reward-related behavior. J. Neurosci. Off. J. Soc. Neurosci. 28, 10272-10277 (2008).

128 Natural and Drug Rewards Act on Common Neural Plasticity Mechanisms with ΔFosB as a Key Mediator. Disponible en: https://www.ncbi.nlm.nih.gov/pmc/ articles/PMC3865508/.

129 Wallace, D. L. et al. The influence of DeltaFosB in the nucleus accumbens on natural reward-related behavior. J. Neurosci. Off. J. Soc. Neurosci. 28, 10272-10277 (2008).

130 Teegarden, S. L., Nestler, E. J. & Bale, T. L. Delta FosB-mediated alterations in dopamine signaling are normalized by a palatable high-fat diet. Biol. Psychiatry 64, 941-950 (2008).

131 Werme, M. et al. Delta FosB regulates wheel running. J. Neurosci. Off. J. Soc. Neurosci. 22, 8133-8138 (2002).

132 Nestler, E. J. Transcriptional mechanisms of addiction: role of ΔFosB. Philos. Trans. R. Soc. B Biol. Sci. 363, 3245-3255 (2008).

133 Schiffer, W. K. et al. Cue-induced dopamine release predicts cocaine preference: positron emission tomography studies in freely moving rodents. J. Neurosci. Off. J. Soc. Neurosci. 29, 6176–6185 (2009).

134 Nestler, E. J. Is there a common molecular pathway for addiction? Nat. Neurosci. 8, 1445– 449 (2005).

135 Berridge, K. C., Robinson, T. E. & Aldridge, J. W. Dissecting components of reward: 'liking', 'wanting', and learning. Curr. Opin. Pharmacol. 9, 65–73 (2009).

136 Berridge, K. C., Robinson, T. E. & Aldridge, J. W. Dissecting components of reward: 'liking', 'wanting', and learning. Curr. Opin. Pharmacol. 9, 65–73 (2009).

137 Voon, V. et al. Neural correlates of sexual cue reactivity in individuals with and without mpulsive sexual behaviours. PloS One 9, e102419 (2014); Gola, M. et al. Can Pornography Addictive? An fMRI Study of Men Seeking Treatment for Problematic Pornography Use. europsychopharmacol. Off. Publ. Am. Coll. Neuropsychopharmacol. (2017). oi:10.1038/npp.2017.78

138 The Mix. Porn vs Reality | The Mix. (2012).

139 Pfaus, J. G. et al. Who, what, where, when (and maybe even why)? How the experience of sexual reward connects sexual desire, preference, and performance. Arch. Sex. Behav. 41, 31–62 (2012).

140 Tydén, T. & Rogala, C. Sexual behaviour among young men in Sweden and the impact of pornography. Int. J. STD AIDS 15, 590–593 (2004).

141 Stokes, P. R. A. et al. Nature or nurture? Determining the heritability of human striatal dopamine function: an [18F]-DOPA PET study. Neuropsychopharmacol. Off. Publ. Am. Coll. Neuropsychopharmacol. 38, 485–491 (2013).

142 Selemon, L. D. A role for synaptic plasticity in the adolescent development of executive function. Transl. Psychiatry 3, e238 (2013).

143 Galvan, A. et al. Earlier development of the accumbens relative to orbitofrontal cortex might underlie risk-taking behavior in adolescents. J. Neurosci. Off. J. Soc. Neurosci. 26, 6885–6892 (2006).

144 Banca, P. et al. Novelty, conditioning and attentional bias to sexual rewards. J. Psychiatr. Res. 72, 91–101 (2016).

145 University of Pittsburgh. Teen brains over-process rewards, suggesting root of risky behavior, mental ills. ScienceDaily. Disponible en: https://www.sciencedaily.com/releases/2011/01/110126121732.htm.

146 Nestler, E. J. Transcriptional mechanisms of addiction: role of ΔFosB. Philos. Trans. R. Soc. B Biol. Sci. 363, 3245–3255 (2008).

147 Galvan, A. et al. Earlier development of the accumbens relative to orbitofrontal cortex might underlie risk-taking behavior in adolescents. J. Neurosci. Off. J. Soc. Neurosci. 26, 6885-6892 (2006).

148 Voon, V. et al. Neural correlates of sexual cue reactivity in individuals with and without compulsive sexual behaviours. PloS One 9, e102419 (2014).

149 Doremus-Fitzwater, T. L., Varlinskaya, E. I. & Spear, L. P. Motivational systems in adolescence: possible implications for age differences in substance abuse and other risk-taking behaviors. Brain Cogn. 72, 114-123 (2010).

150 Weinberger, D. R., Elvevag, B. & Giedd, J. N. The Adolescent Brain: A Work in Progress. (June, 2005).

151 Doremus-Fitzwater, T. L., Varlinskaya, E. I. & Spear, L. P. Motivational systems in adolescence: possible implications for age differences in substance abuse and other risk-taking behaviors. Brain Cogn. 72, 114-123 (2010).

152 Flinders University. Best memory? You're likely to decide as a teen. Medical Xpress (2012). Disponible en: https://medicalxpress.com/news/2012-07-memory-youre-teen.html.

153 Brom, M., Both, S., Laan, E., Everaerd, W. & Spinhoven, P. The role of conditioning, learning and dopamine in sexual behavior: A narrative review of animal and human studies. Neurosci. Biobehav. Rev. 38, 38-59 (2014).

154 Griffee, K. et al. Human Sexual Development is Subject to Critical Period Learning: Implications for Sexual Addiction, Sexual Therapy, and for Child Rearing. Sex. Addict. Compulsivity 21, 114-169 (2014).

155 Rachman, S. & Hodgson, R. J. Experimentally-Induced "Sexual Fetishism": Replication and Development. Psychol. Rec. 18, 25-27 (1968).

156 Plaud, J. J. & Martini, J. R. The respondent conditioning of male sexual arousal. Behav. Modif. 23, 254-268 (1999).

157 Pfaus, J. G. et al. Who, what, where, when (and maybe even why)? How the experience of sexual reward connects sexual desire, preference, and performance. Arch. Sex. Behav. 41, 31-62 (2012).

158 Borg, C. & Jong, P. J. de. Feelings of Disgust and Disgust-Induced Avoidance Weaken following Induced Sexual Arousal in Women. PLOS ONE 7, e44111 (2012).

159 Seigfried-Spellar, K. C. Deviant Pornography Use: The Role of Early-Onset Adult Pornography Use and Individual Differences. Int. J. Cyber Behav. Psychol. Learn. IJCBPL 6, 34-47 (2016).

160 Banca, P. et al. Novelty, conditioning and attentional bias to sexual rewards. J. Psychiatr. Res. 72, 91-101 (2016); Gola, M. et al. Can Pornography be Addictive? An fMRI Study of Men Seeking Treatment for Problematic Por-

nography Use. Neuropsychopharmacol. Off. Publ. Am. Coll. Neuropsychopharmacol. (2017). Doi:10.1038/npp.2017.78; Klucken, T., Wehrum-Osinsky, S., Schweckendiek, J., Kruse, O. & Stark, R. Altered Appetitive Conditioning and Neural Connectivity in Subjects With Compulsive Sexual Behavior. J. Sex. Med. 13, 627–636 (2016).

161 Doidge, N. Sex on the Brain: What Brain Plasticity Teaches About Internet Porn. Hung. Rev. V, (2014).

162 Park, B. Y. et al. Is Internet Pornography Causing Sexual Dysfunctions? A Review with Clinical Reports. Behav. Sci. 6, (2016).

163 Steinberg, E. E. et al. A causal link between prediction errors, dopamine neurons and learning. Nat. Neurosci. 16, 966–973 (2013).

164 Giuliano, F. & Allard, J. Dopamine and male sexual function. Eur. Urol. 40, 601–608 (2001).

165 Pfaus, J. G. & Scepkowski, L. A. The biologic basis for libido. Curr. Sex. Health Rep. 2, 95–100 (2005).

166 Cera, N. et al. Macrostructural Alterations of Subcortical Grey Matter in Psychogenic Erectile Dysfunction. PLOS ONE 7, e39118 (2012).

167 Kühn, S. & Gallinat, J. Brain Structure and Functional Connectivity Associated With Pornography Consumption: The Brain on Porn. JAMA Psychiatry 71, 827–834 (2014).

168 Pitchers, K. K. et al. DeltaFosB in the nucleus accumbens is critical for reinforcing effects of sexual reward. Genes Brain Behav. 9, 831–840 (2010).

169 Olsen, C. M. Natural rewards, neuroplasticity, and non-drug addictions. Neuropharmacology 61, 1109–1122 (2011).

170 Johnson, P. M. & Kenny, P. J. Addiction-like reward dysfunction and compulsive eating in obese rats: Role for dopamine D2 receptors. Nat. Neurosci. 13, 635–641 (2010).

171 Szalavitz, M. Can Food Really Be Addictive? Yes, Says National Drug Expert. TIME.com (2012). Disponible en: http://healthland.time.com/2012/04/05/yes-food-can-be- addictive-says-the-director-of-the-national-institute-on-drug-abuse/.

172 Klein, S. Fatty foods may cause cocaine-like addiction - CNN.com. CNN.com (2010). Disponible en: http://www.cnn.com/2010/HEALTH/03/28/fatty.foods. brain/index.html

173 Lenoir, M., Serre, F., Cantin, L. & Ahmed, S. H. Intense Sweetness Surpasses Cocaine Reward. PLOS ONE 2, e698 (2007).

174 National Center for Health Statistics. Prevalence of Overweight, Obesity, and Extreme Obesity Among Adults Aged 20 and Over: United States, 1960-1962 Through 2013-2014. Centers for Disease Control and Prevention Disponible en: https://www.cdc.gov/nchs/data/hestat/obesity_adult_13_14/obesity_adult_13_14.htm.

175 ProvenMen. Pornography Survey Statistics (Conducted by Barna Group). Proven Men Disponible en: https://www.provenmen.org/pornography-survey-statistics-2014/.

176 Wéry, A. & Billieux, J. Online sexual activities: An exploratory study of problematic and non-problematic usage patterns in a sample of men. Comput. Hum. Behav. 56, 257-266 (2016); Kraus, S. W., Martino, S. & Potenza, M. N. Clinical Characteristics of Men Interested in Seeking Treatment for Use of Pornography. J. Behav. Addict. 5, 169-178 (2016).

177 Nestler, E. J. Is there a common molecular pathway for addiction? Nat. Neurosci. 8, 1445- 1449 (2005).

178 Volkow, N. D. et al. Addiction: Decreased reward sensitivity and increased expectation sensitivity conspire to overwhelm the brain's control circuit. BioEssays News Rev. Mol. Cell. Dev. Biol. 32, 748-755 (2010).

179 Internet and Video Game Addiction Brain Studies. Your Brain on Porn. Disponible en: https://yourbrainonporn.com/list-internet-video-game-brain-studies.

180 Volkow, N. D., Koob, G. F. & McLellan, A. T. Neurobiologic Advances from the Brain Disease Model of Addiction. N. Engl. J. Med. 374, 363-371 (2016).

181 Voon, V. et al. Neural correlates of sexual cue reactivity in individuals with and without compulsive sexual behaviours. PloS One 9, e102419 (2014); Brand, M. et al. Watching pornographic pictures on the Internet: role of sexual arousal ratings and psychological- psychiatric symptoms for using Internet sex sites excessively. Cyberpsychology Behav. Soc. Netw. 14, 371-377 (2011); Banca, P. et al. Novelty, conditioning and attentional bias to sexual rewards. J. Psychiatr. Res. 72, 91-101 (2016); Gola, M. et al. Can Pornography be Addictive? An fMRI Study of Men Seeking Treatment for Problematic Pornography Use. Neuropsychopharmacol. Off. Publ. Am. Coll. Neuropsychopharmacol. (2017). doi:10.1038/npp.2017.78; Schiebener, J., Laier, C. & Brand, M. Getting stuck with pornography? Overuse or neglect of cybersex cues in a multitasking situation is related to symptoms of cybersex addiction. J. Behav. Addict. 4, 14-21 (2015); Klucken, T., Wehrum- Osinsky, S., Schweckendiek, J., Kruse, O. & Stark, R. Altered Appetitive Conditioning and Neural Connectivity in Subjects With Compulsive Sexual Behavior. J. Sex. Med. 13, 627- 636 (2016); Mechelmans, D. J. et al. Enhanced Attentional Bias towards Sexually Explicit Cues in Individuals with and without Compulsive Sexual Behaviours. PLoS

ONE 9, (2014); Steele, V. R., Staley, C., Fong, T. & Prause, N. Sexual desire, not hypersexuality, is related to neurophysiological responses elicited by sexual images. Socioaffective Neurosci. Psychol. 3, (2013); Laier, C. & Brand, M. Empirical Evidence and Theoretical Considerations on Factors Contributing to Cybersex Addiction From a Cognitive-Behavioral View. Sex. Addict. Compulsivity 21, 305-321 (2014); Laier, C., Schulte, F. P. & Brand, M. Pornographic picture processing interferes with working memory performance. J. Sex Res. 50, 642-652 (2013); Laier, C., Pawlikowski, M., Pekal, J., Schulte, F. P. & Brand, M. Cybersex addiction: Experienced sexual arousal when watching pornography and not real-life sexual contacts makes the difference. J. Behav. Addict. 2, 100-107 (2013); Laier, C., Pekal, J. & Brand, M. Cybersex addiction in heterosexual female users of internet pornography can be explained by gratification hypothesis. Cyberpsychology Behav. Soc. Netw. 17, 505-511 (2014); Snagowski, J., Wegmann, E., Pekal, J., Laier, C. & Brand, M. Implicit associations in cybersex addiction: Adaption of an Implicit Association Test with pornographic pictures. Addict. Behav. 49, 7-12 (2015); Laier, C., Pekal, J. & Brand, M. Sexual Excitability and Dysfunctional Coping Determine Cybersex Addiction in Homosexual Males. Cyberpsychology Behav. Soc. Netw. 18, 575-580 (2015); Snagowski, J., Laier, C., Duka, T. & Brand, M. Subjective Craving for Pornography and Associative Learning Predict Tendencies Towards Cybersex Addiction in a Sample of Regular Cybersex Users. Sex. Addict. Compulsivity 23, 342-360 (2016); Banca, P., Harrison, N. A. & Voon, V. Compulsivity Across the Pathological Misuse of Drug and Non-Drug Rewards. Front. Behav. Neurosci. 10, (2016); Albery, I. P. et al. Exploring the Relationship between Sexual Compulsivity and Attentional Bias to Sex-Related Words in a Cohort of Sexually Active Individuals. Eur. Addict. Res. 23, 1-6 (2017); Snagowski, J. & Brand, M. Symptoms of cybersex addiction can be linked to both approaching and avoiding pornographic stimuli: results from an analog sample of regular cybersex users. Front. Psychol. 6, (2015); Laier, C. & Brand, M. Mood changes after watching pornography on the Internet are linked to tendencies towards Internet-pornography-viewing disorder. Addict. Behav. Rep. 5, 9-13 (2017).

182 Natural and Drug Rewards Act on Common Neural Plasticity Mechanisms with ΔFosB as a Key Mediator. Disponible en: https://www.ncbi.nlm.nih.gov/pmc/articles/PMC3865508/.

183 Hyman, S. E. Addiction: a disease of learning and memory. Am. J. Psychiatry 162, 1414- 1422 (2005).

184 Kühn, S. & Gallinat, J. Brain Structure and Functional Connectivity Associated With Pornography Consumption: The Brain on Porn. JAMA Psychiatry 71, 827-834 (2014).

185 Leyton, M. & Vezina, P. Striatal ups and downs: their roles in vulnerability to addictions in humans. Neurosci. Biobehav. Rev. 37, 1999-2014 (2013).

186 Kühn, S. & Gallinat, J. Brain Structure and Functional Connectivity Associated With Pornography Consumption: The Brain on Porn. JAMA Psychiatry 71, 827-834 (2014); Banca, P. et al. Novelty, conditioning and attentional bias to sexual rewards. J. Psychiatr. Res. 72, 91-101 (2016); Albery, I. P. et al. Exploring the Relationship between Sexual Compulsivity and Attentional Bias to Sex-Related Words in a Cohort of Sexually Active Individuals. Eur. Addict. Res. 23, 1-6 (2017); Prause, N., Steele, V. R., Staley, C., Sabatinelli, D. & Hajcak, G. Modulation of late positive potentials by sexual images in problem users and controls inconsistent with "porn addiction". Biol. Psychol. 109, 192-199 (2015); Kunaharan, S., Halpin, S., Sitharthan, T., Bosshard, S. & Walla, P. Conscious and Non-Conscious Measures of Emotion: Do They Vary with Frequency of Pornography Use? Appl. Sci. 7, 493 (2017); Seok, J.-W. & Sohn, J.-H. Neural Substrates of Sexual Desire in Individuals with Problematic Hypersexual Behavior. Front. Behav. Neurosci. 9, (2015).

187 Kühn, S. & Gallinat, J. Brain Structure and Functional Connectivity Associated With Pornography Consumption: The Brain on Porn. JAMA Psychiatry 71, 827-834 (2014); Negash, S., Sheppard, N. V. N., Lambert, N. M. & Fincham, F. D. Trading Later Rewards for Current Pleasure: Pornography Consumption and Delay Discounting. J. Sex Res. 53, 689- 700 (2016); Schiebener, J., Laier, C. & Brand, M. Getting stuck with pornography? Overuse or neglect of cybersex cues in a multitasking situation is related to symptoms of cybersex addiction. J. Behav. Addict. 4, 14-21 (2015); Messina, B., Fuentes, D., Tavares, H., Abdo, C. H. N. & Scanavino, M. de T. Executive Functioning of Sexually Compulsive and Non- Sexually Compulsive Men Before and After Watching an Erotic Video. J. Sex. Med. 14, 347-354 (2017); Leppink, E. W., Chamberlain, S. R., Redden, S. A. & Grant, J. E. Problematic sexual behavior in young adults: Associations across clinical, behavioral, and neurocognitive variables. Psychiatry Res. 246, 230-235 (2016); Cheng, W. & Chiou, W.-B. Exposure to Sexual Stimuli Induces Greater Discounting Leading to Increased Involvement in Cyber Delinquency Among Men. Cyberpsychology Behav. Soc. Netw. (2017). doi:10.1089/cyber.2016.0582; Klucken, T., Wehrum-Osinsky, S., Schweckendiek, J., Kruse, O. & Stark, R. Altered Appetitive Conditioning and Neural Connectivity in Subjects With Compulsive Sexual Behavior. J. Sex. Med. 13, 627-636 (2016); Laier, C., Schulte, F. P. & Brand, M. Pornographic picture processing interferes with working memory performance. J. Sex Res. 50, 642-652 (2013); Seok, J.-W. & Sohn, J.-H. Neural Substrates of Sexual Desire in Individuals with Problematic Hypersexual Behavior. Front. Behav. Neurosci. 9, (2015); Laier, C., Pawlikowski, M. & Brand, M. Sexual picture processing interferes with decision- making under ambiguity. Arch. Sex. Behav. 43, 473-482 (2014); Miner, M. H., Raymond, N., Mueller, B. A., Lloyd, M. & Lim, K. O. Preliminary investigation of the impulsive and neuroanatomical characteristics of compulsive sexual behavior. Psychiatry Res. 174, 146- 151 (2009); Schmidt, C. et al. Compulsive sexual behavior: Prefrontal and limbic volume and interactions. Hum. Brain Mapp. 38, 1182-1190 (2017); Reid, R. C., Karim, R., Mc-

Crory, E. & Carpenter, B. N. Self-reported differences on measures of executive function and hypersexual behavior in a patient and community sample of men. Int. J. Neurosci. 120, 120- 127 (2010).

188 Koob, G. F. & Le Moal, M. Addiction and the brain antireward system. Annu. Rev. Psychol. 59, 29-53 (2008).

189 Chatzittofis, A. et al. HPA axis dysregulation in men with hypersexual disorder. Psychoneuroendocrinology 63, 247-253 (2016); Jokinen, J. et al. Methylation of HPA axis related genes in men with hypersexual disorder. Psychoneuroendocrinology 80, 67-73 (2017); The role of neuroinflammation in the pathophysiology of hypersexual disorder. ResearchGate Disponible en: https://www.researchgate.net/publication/306419104_ The_role_of_neuroinflammation_in_the_pathophysiology_of_hypersexual_disorder.

190 Hilts, P. J. Is Nicotine Addictive? It Depends on Whose Criteria You Use. New York Times (1994).

191 Bőthe, B. et al. The Development of the Problematic Pornography Consumption Scale (PPCS). J. Sex Res. 1-12 (2017). doi:10.1080/00224499.2017.1291798; Out-of-control use of the internet for sexual purposes as behavioural addiction? 4th International Conference On Behavioral Addictions 6, 1-74 (2017).

192 Web addicts' withdrawal symptoms similar to drug users. BBC News (2013).

193 Romano, M., Osborne, L. A., Truzoli, R. & Reed, P. Differential Psychological Impact of Internet Exposure on Internet Addicts. PLOS ONE 8, e55162 (2013).

194 Bőthe, B. et al. The Development of the Problematic Pornography Consumption Scale (PPCS). J. Sex Res. 1-12 (2017). doi:10.1080/00224499.2017.1291798; Out-of-control use of the internet for sexual purposes as behavioural addiction? 4Th International Conference On Behavioral Addictions 6, 1-74 (2017); Wéry, A. & Billieux, J. Online sexual activities: An exploratory study of problematic and non-problematic usage patterns in a sample of men. Comput Hum Behav 56, 257-266, (2016).

195 Studies Find Escalation (and Habituation) in Porn Users | Your Brain On Porn. Disponible en: https://www.yourbrainonporn.com/studies-find-escalation-porn-users.

196 Hajela, R. & Love, T. Addiction Beyond Substances—What's Up with the DSM? Sex. Addict. Compulsivity 24, 11-22 (2017).

197 ASAM. Public Policy Statement: Definition of Addiction. (2011). Disponible en: https://www.asam.org/advocacy/find-a-policy-statement/view-policy-statement/ public- policy-statements/2011/12/15/the-definition-of-addiction.

198 Publicación del exdirector de la NIMH, Thomas Insel: Transforming Diagnosis (Disponible en: https://www.nimh.nih.gov/about/directors/thomas-insel/blog/2013/ transforming-diagnosis.shtml). National Institute of Mental Health (2013).

199 Krueger, R. B. Diagnosis of hypersexual or compulsive sexual behavior can be made using ICD-10 and DSM-5 despite rejection of this diagnosis by the American Psychiatric Association. Addiction 111, 2110-2111 (2016).

200 Disorders due to addictive behaviours. ICD-11 Beta Draft Disponible en: http://apps.who.int/classifications/icd11/browse/f/en#/http%3a%2f%2fid. who. int%2ficd%2fentity%2f499894965

201 Potenza, M. N., Gola, M., Voon, V., Kor, A. & Kraus, S. W. Is excessive sexual behaviour an addictive disorder? Lancet Psychiatry 4, 663-664 (2017).

202 Of 'Voting Booth Moments' and Porn. PornHelp.org Disponible en: http:// www.pornhelp.org/1/post/2017/05/of-voting-booth-moments-and-porn.html

203 Ahn, H. M., Chung, H. J. & Kim, S. H. Altered Brain Reactivity to Game Cues After Gaming Experience. Cyberpsychology Behav. Soc. Netw. 18, 474-479 (2015).

204 Johnson, P. M. & Kenny, P. J. Addiction-like reward dysfunction and compulsive eating in obese rats: Role for dopamine D2 receptors. Nat. Neurosci. 13, 635-641 (2010).

205 Kühn, S. & Gallinat, J. Brain Structure and Functional Connectivity Associated With Pornography Consumption: The Brain on Porn. JAMA Psychiatry 71, 827-834 (2014).

206 Pizzol, D., Bertoldo, A. & Foresta, C. Adolescents and web porn: a new era of sexuality. Int. J. Adolesc. Med. Health 28, 169-173 (2015).

207 Odgers, C. L. et al. Is it important to prevent early exposure to drugs and alcohol among adolescents? Psychol. Sci. 19, 1037-1044 (2008).

208 Lam, L. T. & Peng, Z.-W. Effect of pathological use of the internet on adolescent mental health: a prospective study. Arch. Pediatr. Adolesc. Med. 164, 901-906 (2010).

209 Dong, G., Lu, Q., Zhou, H. & Zhao, X. Precursor or Sequela: Pathological Disorders in People with Internet Addiction Disorder. PLOS ONE 6, e14703 (2011).

210 Lin, I.-H. et al. The association between suicidality and Internet addiction and activities in Taiwanese adolescents. Compr. Psychiatry 55, 504-510 (2014).

211 Huang, A. C. W., Chen, H.-E., Wang, Y.-C. & Wang, L.-M. Internet abusers associate with a depressive state but not a depressive trait. Psychiatry Clin. Neurosci. 68, 197–205 (2014).

212 Ko, C.-H. et al. The exacerbation of depression, hostility, and social anxiety in the course of Internet addiction among adolescents: a prospective study. Compr. Psychiatry 55, 1377–1384 (2014).

213 Tromholt, M. The Facebook Experiment: Quitting Facebook Leads to Higher Levels of Well-Being. Cyberpsychology Behav. Soc. Netw. 19, 661–666 (2016).

214 Deng, L.-Y. et al. Craving Behavior Intervention in Ameliorating College Students' Internet Game Disorder: A Longitudinal Study. Front. Psychol. 8, (2017).

215 Reset Your Child's Brain: A Four-Week Plan to End Meltdowns, Raise Grades, and Boost Social Skills by Reversing the Effects of Electronic Screen-Time: Victoria L. Dunckley MD: 9781608682843: Amazon.com: Books. Disponible en: https://www.amazon.com/Reset-Your-Childs-Brain-Screen-Time/dp/1608682846.

216 Beyens, I., Vandenbosch, L. & Eggermont, S. Early Adolescent Boys' Exposure to Internet Pornography: Relationships to Pubertal Timing, Sensation Seeking, and Academic Performance. J. Early Adolesc. 35, 1045–1068 (2015).

217 Kühn, S. & Gallinat, J. Brain Structure and Functional Connectivity Associated With Pornography Consumption: The Brain on Porn. JAMA Psychiatry 71, 827–834 (2014).

218 Pitchers, K. K. et al. DeltaFosB in the nucleus accumbens is critical for reinforcing effects of sexual reward. Genes Brain Behav. 9, 831–840 (2010).

219 de Oliveira, A. R. et al. Conditioned fear is modulated by D2 receptor pathway connecting the ventral tegmental area and basolateral amygdala. Neurobiol. Learn. Mem. 95, 37–45 (2011).

220 PET Scans Link Low Dopamine Levels and Aggression | Diagnostic Imaging. Disponible en: http://www.diagnosticimaging.com/nuclear-imaging/pet-scans-link-low-dopamine-levels-and-aggression.

221 Volkow, N. D. et al. Evaluating dopamine reward pathway in ADHD: clinical implications. JAMA 302, 1084–1091 (2009).

222 Trifilieff, P. et al. Increasing dopamine D2 receptor expression in the adult nucleus accumbens enhances motivation. Mol. Psychiatry 18, 1025–1033 (2013).

223 Volkow, N. D. et al. Motivation deficit in ADHD is associated with dysfunction of the dopamine reward pathway. Mol. Psychiatry 16, 1147-1154 (2011).

224 Robinson, D. S. The Role of Dopamine and Norepinephrine in Depression. Primary Psychiatry (2007). Disponible en: http://primarypsychiatry.com/the-role-of-dopamine-and-norepinephrine-in-depression/.

225 de Haan, L., Booij, J., Lavalye, J., van Amelsvoort, T. & Linszen, D. Subjective Experiences During Dopamine Depletion. Am. J. Psychiatry 162, 1755-1755 (2005).

226 Kim, S. H. et al. Reduced striatal dopamine D2 receptors in people with Internet addiction. Neuroreport 22, 407-411 (2011).

227 Sproten, A. How Abstinence Affects Preferences, http://www.alec-sproten.eu/language/en/2016/01/18/how-abstinence-affects-preferences/. (2016).

228 Ley, D. An Erectile Dysfunction Myth. Psychology Today (2013). Disponible en: http://www.psychologytoday.com/blog/women-who-stray/201308/erectile-dysfunction-myth.

229 Hsiao, W. et al. Exercise is associated with better erectile function in men under 40 as evaluated by the International Index of Erectile Function. J. Sex. Med. 9, 524-530 (2012).

230 MacRae, P. G., Spirduso, W. W., Walters, T. J., Farrar, R. P. & Wilcox, R. E. Endurance training effects on striatal D2 dopamine receptor binding and striatal dopamine metabolites in presenescent older rats. Psychopharmacology (Berl.) 92, 236-240 (1987).

231 Smith, M. A., Schmidt, K. T., Iordanou, J. C. & Mustroph, M. L. Aerobic exercise decreases the positive-reinforcing effects of cocaine. Drug Alcohol Depend. 98, 129-135 (2008).

232 Shevchuk, N. A. Adapted cold shower as a potential treatment for depression. Med. Hypotheses 70, 995-1001 (2008).

233 Researchers find time in wild boosts creativity, insight and problem solving. The University of Kansas (2012). Disponible en: https://news.ku.edu/2012/04/23/researchers-find-time-wild-boosts-creativity-insight-and-problem-solving.

234 Tranquil scenes have positive impact on brain. ScienceDaily Disponible en: https://www.sciencedaily.com/releases/2010/09/100914095932.htm.

235 Parker-Pope, T. Is Marriage Good for Your Health? - The New York Times. Disponible en: http://www.nytimes.com/2010/04/18/magazine/18marriage-t.html.

236 The underlying anatomical correlates of long-term meditation: larger hippocampal and frontal volumes of gray matter. - PubMed - NCBI. Disponible en: https://www.ncbi.nlm.nih.gov/pubmed/19280691.

237 Twohig, M. P. & Crosby, J. M. Acceptance and commitment therapy as a treatment for problematic internet pornography viewing. Behav. Ther. 41, 285–295 (2010).

238 "How I Recovered from Porn-related Erectile Dysfunction" | Your Brain On Porn. Disponible en: https://yourbrainonporn.com/how-i-recovered-from-porn-related-erectile-dysfunction

239 Barlow, D. H., Sakheim, D. K. & Beck, J. G. Anxiety increases sexual arousal. J. Abnorm. Psychol. 92, 49–54 (1983).

240 Avena, N. M., Rada, P. & Hoebel, B. G. Evidence for sugar addiction: Behavioral and neurochemical effects of intermittent, excessive sugar intake. Neurosci. Biobehav. Rev. 32, 20–39 (2008).

241 Natural and Drug Rewards Act on Common Neural Plasticity Mechanisms with ΔFosB as a Key Mediator. Disponible en: https://www.ncbi.nlm.nih.gov/pmc/articles/PMC3865508/.

242 Cottone, P. et al. CRF system recruitment mediates dark side of compulsive eating. Proc. Natl. Acad. Sci. 106, 20016–20020 (2009).

243 Becker, H. C., Diaz-Granados, J. L. & Weathersby, R. T. Repeated ethanol withdrawal experience increases the severity and duration of subsequent withdrawal seizures in mice. Alcohol Fayettev. N 14, 319–326 (1997).

244 Cameron, C. M., Wightman, R. M. & Carelli, R. M. One month of cocaine abstinence potentiates rapid dopamine signaling in the nucleus accumbens core. Neuropharmacology 111, 223–230 (2016).

245 Grubbs, J. B., Stauner, N., Exline, J. J., Pargament, K. I. & Lindberg, M. J. Perceived addiction to Internet pornography and psychological distress: Examining relationships concurrently and over time. Psychol. Addict. Behav. J. Soc. Psychol. Addict. Behav. 29, 1056–1067 (2015).

246 Why does a vivid memory 'feel so real?' ScienceDaily. Disponible en: https://www.sciencedaily.com/releases/2012/07/120723134745.htm.

247 Toates, F. How sexual desire works: The enigmatic urge. (Cambridge University Press, 2014).

248 Seigfried-Spellar, K. C. Deviant Pornography Use: The Role of Early-Onset Adult Pornography Use and Individual Differences. Int. J. Cyber Behav. Psychol. Learn. IJCBPL 6, 34–47 (2016); Seigfried-Spellar, K. C. & Rogers, M. K. Does deviant pornography use follow a Guttman-like progression? 29, 1997–2003 (2013).

249 Reddit/NoFap. Porn Genre Survey April 2012 - Summary Results.pdf. Reddit/ NoFap. Disponible en: https://docs.google.com/file/d/0B7q3tr4E-V02wbkpTTVk4R 2VGbm8/edit?pli=1&usp=embed_facebook.

250 Miner, M. H. et al. Understanding the Personality and Behavioral Mechanisms Defining Hypersexuality in Men Who Have Sex With Men. J. Sex. Med. 13, 1323-1331 (2016); Štulhofer, A., Jurin, T. & Briken, P. Is High Sexual Desire a Facet of Male Hypersexuality? Results from an Online Study. J. Sex Marital Ther. 42, 665-680 (2016); Carvalho, J., Štulhofer, A., Vieira, A. L. & Jurin, T. Hypersexuality and high sexual desire: exploring the structure of problematic sexuality. J. Sex. Med. 12, 1356-1367 (2015).

251 Tarek Pacha, DO. Part #1: Porn Induced Erectile Dysfunction (PIED): problem and scope. (2016).

252 Thompson, D. Study sees link between porn and sexual dysfunction. Disponible en: https://medicalxpress.com/news/2017-05-link-porn-sexual-dysfunction.html.

253 Patel, A. This is the real reason young men suffer from erectile dysfunction. Netdoctor (2017). Disponible en: http://www.netdoctor.co.uk/healthy-living/sexual-health/a26930/the- real-reason-young-men-suffer-from-erectile-dysfunction/.

254 Ko, C.-H. et al. The exacerbation of depression, hostility, and social anxiety in the course of Internet addiction among adolescents: a prospective study. Compr. Psychiatry 55, 1377- 1384 (2014).

255 Park, B. Y. et al. Is Internet Pornography Causing Sexual Dysfunctions? A Review with Clinical Reports. Behav. Sci. 6, (2016); Stark, R. & Klucken, T. Neuroscientific Approaches to (Online) Pornography Addiction. in Internet Addiction 109-124 (Springer, Cham, 2017). doi:10.1007/978-3-319-46276-9_7; Love, T., Laier, C., Brand, M., Hatch, L. & Hajela, R. Neuroscience of Internet Pornography Addiction: A Review and Update. Behav. Sci. Basel Switz. 5, 388-433 (2015); Phillips, B., Hajela, R. & Hilton, D. L. JR. Sex Addiction as a Disease: Evidence for Assessment, Diagnosis, and Response to Critics. Sex. Addict. Compulsivity 22, 167-192 (2015); Kraus, S. W., Voon, V. & Potenza, M. N. Neurobiology of Compulsive Sexual Behavior: Emerging Science. Neuropsychopharmacology 41, 385-386 (2016); Kraus, S. W., Voon, V. & Potenza, M. N. Should compulsive sexual behavior be considered an addiction? Addiction 111, 2097-2106 (2016); Kühn, S. & Gallinat, J. Neurobiological Basis of Hypersexuality. in (ed. Neurobiology, International Review of Neurobiology) (Academic Press); Griffiths, M. D. Compulsive sexual behaviour as a behavioural addiction: the impact of the internet and other issues. Addiction 111, 2107-2108 (2016); Brand, M. & Laier, C. Cybersexsucht. Suchttherapie 16, 173-178 (2015); Kraus, S. W., Voon, V., Kor, A. & Potenza, M. N. Searching for clarity in muddy water: future considerations for classifying compulsive sexual

behavior as an addiction. Addiction 111, 2113-2114 (2016); Brand, M., Young, K. S., Laier, C., Wölfling, K. & Potenza, M. N. Integrating psychological and neurobiological considerations regarding the development and maintenance of specific Internet-use disorders: An Interaction of Person-Affect-Cognition-Execution (I-PACE) model. Neurosci. Biobehav. Rev. 71, 252-266 (2016); Hilton Jr., D. L., Carnes, S. & Love, T. L. The Neurobiology of Behavioral Addictions. in Neurobiology of Addiction 176-190 (Oxford University Press, 2016).

256 Goldsmith, K., Dunkley, C. R., Dang, S. S. & Gorzalka, B. B. Pornography consumption and its association with sexual concerns and expectations among young men and women. Can. J. Hum. Sex. (2017). doi:10.3138/cjhs.262-a2

257 Perry, S. L. & Schleifer, C. Till Porn Do Us Part? A Longitudinal Examination of Pornography Use and Divorce. J. Sex Res. 1-13 (2017). doi:10.1080/002244 99.2017.1317709

258 Wright, P. J., Tokunaga, R. S. & Kraus, A. A Meta-Analysis of Pornography Consumption and Actual Acts of Sexual Aggression in General Population Studies. J. Commun. 66, 183-205 (2016).

259 Steele, V. R., Staley, C., Fong, T. & Prause, N. Sexual desire, not hypersexuality, is related to neurophysiological responses elicited by sexual images. Socioaffective Neurosci. Psychol. 3, (2013).

260 Prause, N., Steele, V. R., Staley, C., Sabatinelli, D. & Hajcak, G. Modulation of late positive potentials by sexual images in problem users and controls inconsistent with "porn addiction". Biol. Psychol. 109, 192-199 (2015).

261 Nikky Prause (client). media 2x3 Disponible en: http://media2x3.com/category/ nikky- prause/.

262 New Brain Study Questions Existence of "Sexual Addiction". Psychology Today Disponible en: http://www.psychologytoday.com/blog/the-sexual-continuum/201307/ new- brain-study-questions-existence-sexual-addiction.

263 Park, B. Y. et al. Is Internet Pornography Causing Sexual Dysfunctions? A Review with Clinical Reports. Behav. Sci. 6, (2016); Banca, P. et al. Novelty, conditioning and attentional bias to sexual rewards. J. Psychiatr. Res. 72, 91-101 (2016); Kunaharan, S., Halpin, S., Sitharthan, T., Bosshard, S. & Walla, P. Conscious and Non-Conscious Measures of Emotion: Do They Vary with Frequency of Pornography Use? Appl. Sci. 7, 493 (2017); Love, T., Laier, C., Brand, M., Hatch, L. & Hajela, R. Neuroscience of Internet Pornography Addiction: A Review and Update. Behav. Sci. Basel Switz. 5, 388-433 (2015); Hilton, D. L. 'High desire', or 'merely' an addiction? A response to Steele et al. Socioaffective Neurosci. Psychol. 4, (2014).

264 Prause, N., Steele, V. R., Staley, C., Sabatinelli, D. & Hajcak, G. Modulation of late positive potentials by sexual images in problem users and controls inconsistent with "porn addiction". Biol. Psychol. 109, 192-199 (2015).

265 Kühn, S. & Gallinat, J. Brain Structure and Functional Connectivity Associated With Pornography Consumption: The Brain on Porn. JAMA Psychiatry 71, 827-834 (2014).

266 Banca, P. et al. Novelty, conditioning and attentional bias to sexual rewards. J. Psychiatr. Res. 72, 91-101 (2016).

267 Park, B. Y. et al. Is Internet Pornography Causing Sexual Dysfunctions? A Review with Clinical Reports. Behav. Sci. 6, (2016); Kunaharan, S., Halpin, S., Sitharthan, T., Bosshard, S. & Walla, P. Conscious and Non-Conscious Measures of Emotion: Do They Vary with Frequency of Pornography Use? Appl. Sci. 7, 493 (2017); Love, T., Laier, C., Brand, M., Hatch, L. & Hajela, R. Neuroscience of Internet Pornography Addiction: A Review and Update. Behav. Sci. Basel Switz. 5, 388-433 (2015); Kraus, S. W., Voon, V. & Potenza, M. N. Neurobiology of Compulsive Sexual Behavior: Emerging Science. Neuropsychopharmacology 41, 385-386 (2016); Kraus, S. W., Voon, V. & Potenza, M. N. Should compulsive sexual behavior be considered an addiction? Addiction 111, 2097-2106 (2016); Gola, M. Decreased LPP for sexual images in problematic pornography users may be consistent with addiction models. Everything depends on the model. (Commentary on Prause, Steele, Staley, Sabatinelli, & Hajcak, 2015). Biol. Psychol. 120, 156-158 (2016).

268 Gola, M. Decreased LPP for sexual images in problematic pornography users may be consistent with addiction models. Everything depends on the model. (Commentary on Prause, Steele, Staley, Sabatinelli, & Hajcak, 2015). Biol. Psychol. 120, 156-158 (2016).

269 Stark, R. & Klucken, T. Neuroscientific Approaches to (Online) Pornography Addiction. in Internet Addiction 109-124 (Springer, Cham, 2017). doi:10.1007/978-3-319-46276-9_7; Kühn, S. & Gallinat, J. Neurobiological Basis of Hypersexuality. in (ed. Neurobiology, International Review of Neurobiology) (Academic Press).

270 ICD-11 Beta Draft, Comment by Nicole Prause. (2017). Disponible en: http://apps.who.int/classifications/icd11/browse/f/en#/http%3a%2f%2fid. who. int%2ficd%2fentity%2f1630268048.

271 NoFap April 2012 Survey - Summary Results.pdf. NoFap 20112 Survey -Google Docs. Disponible en: https://drive.google.com/a/reuniting.info/file/d/0B7q3tr4EV02weTFmV0oySnpJZjA/view?usp=drive_web&usp=embed_facebook.

272 Wilson, G. Eliminate Chronic Internet Pornography Use to Reveal Its Effects. ADDICTA Turk J Addict 3, 1-13 (2016).

273 Hatch, L. The Bogus Sex Addiction 'Controversy' and the Purveyors of Ignorance. Psych Central.com. Disponible en: http://blogs.psychcentral.com/sex-addiction/2014/03/the-bogus-porn-addiction-controversy-and-the-purveyors-of-ignorance/

274 Marston, C. & Lewis, R. Anal heterosex among young people and implications for health promotion: a qualitative study in the UK. BMJ Open 4, e004996 (2014).

275 Researchers find time in wild boosts creativity, insight and problem solving. The University of Kansas (2012). Disponible en: https://news.ku.edu/2012/04/23/ researchers-find- time-wild-boosts-creativity-insight-and-problem-solving.

276 Banca, P. et al. Novelty, conditioning and attentional bias to sexual rewards. J. Psychiatr. Res. 72, 91–101 (2016).

277 Janssen, E. & Bancroft, J. The Psychophysiology of Sex., Chapter: The Dual-Control Model: The role of sexual inhibition & excitation in sexual arousal and behavior. in The Psychophysiology of Sex 197–222 (Indiana University Press, 2007); Downing, M. J., Schrimshaw, E. W., Scheinmann, R., Antebi-Gruszka, N. & Hirshfield, S. Sexually Explicit Media Use by Sexual Identity: A Comparative Analysis of Gay, Bisexual, and Heterosexual Men in the United States. Arch. Sex. Behav. (2016). doi:10.1007/s10508-016-0837-9

278 Blair, O. Virtual reality pornography could raise issues about consent, researchers warn | The Independent. Disponible en: http://www.independent.co.uk/ life-style/love-sex/porn- virtual-reality-pornography-consent-issues-reality-fantasy-tech-a7744536.html.

279 Zolo, M. I tried VR porn, and we are F******KED. | Naughty Nomad, disponible en http://naughtynomad.com/2016/11/02/i-tried-vr-porn-and-we-are-fked.

Kraus, S. W., Martino, S. & Potenza, M. N. Clinical Characteristics of Men Interested in Seeking Treatment for Use of Pornography. J. Behav. Addict. 5, 169–178 (2016).

www.ingramcontent.com/pod-product-compliance
Lightning Source LLC
Chambersburg PA
CBHW070546010526
44118CB00012B/1242